파수록

옛 선비들의 심심타파

파수록 옛 선비들의 심심타파

초판 1쇄 2014년 9월 24일

지은이 미상 ● 옮긴이 김명환·김동건 ● 펴낸이 김기창
기획 임종수 ● 표지 정신영 ● 본문 최은경

펴낸곳 도서출판 문사철
주소 서울 종로구 명륜동 2가 93번지 두리빌딩 207호
전화 02 741 7719 ● 팩스 0303 0300 7719
홈페이지 wwww.lihiphi.com ● 전자우편 lihiphi@lihiphi.com
출판등록 제300-2008-40호

ISBN 978-89-93958-85-0

* 값은 뒤표지에 있습니다.

파수록
옛 선비들의 심심타파

지은이 미상 옮긴이 김명환·김동건

도서출판문사철

책머리에

이 책은 미국 하버드대학교 옌칭 도서관에 소장된 『파수록罷睡錄』(청구기호. TK5568.5-6168)을 번역한 것이다. '파수罷睡'란 잠을 깨운다는 의미로, 공부하다 지칠 때에 심심풀이로 읽었다는 말이다. 이러한 이야기를 '야담野談'이라고 부르는데, 현재까지 매우 다양한 야담집이 전해지고 있다. 야담은 당시 사람들 사이에 전해오던 이야기를 기록해두었던 것이, 여러 사람들의 손을 거치면서 이야기가 변형되거나 추가되어 이루어졌다.

그러나 야담을 단순히 잠이 올 때 심심풀이로 읽었다고 여기기는 어렵다. 야담에는 역사에 대한 준엄한 평가가 들어 있다. 조금만 들춰 보면 당시 직접 말로 하기 어려운 사실에 대하여 그 잘못을 분명히 지적하고 있다. 『파수록』을 읽어보면 임진왜란壬辰倭亂 때 조령鳥嶺을 포기했던 신립申砬, 병자호란丙子胡亂을 야기한 인조반정仁祖反正, 노론老論을 몰락시켰던 신임사화辛壬士禍 등에 대한 평가를 확인할 수 있다. 야담의 기록자는 잘못된 행위를 분명히 밝히고 잘한 인물을 부각시켜 나름의 역사를 기록했던 것이다. 어쩌면 몰랐던 사실을 일깨워 준다는 의미에서 '파수罷睡'일지도 모르겠다.

하버드-옌칭 도서관본 『파수록』은 『계서야담』 및 『기문총화』와 관련이 깊으나 그 영향이 어떤 방향인지는 분명하지 않다. 다만 두

야담집의 내용보다 서술이 더 자세하고 이야기의 배치에 미세한 변동이 있어 일정한 편찬의식이 확인된다. 하버드-옌칭 도서관본 『파수록』은 83화의 이야기가 수록되어 있다. 조선 후기에 이르면 『파수록』이라는 이름을 가진 다양한 필사본들이 유행하는데, 하버드-옌칭 도서관본 『파수록』은 그 사이에 출현했던 것으로 보인다.

야담에는 다양한 인간 군상들이 보여주는 삶의 모습이 생생하게 나타난다. 또한 당시 사회적인 문제나 역사적인 사건에 대한 평가도 들어 있다. 이 책을 통해 당시 사람들이 세상을 어떻게 살아가야 하는가에 대한 진지한 질문을 들여다 볼 수 있다. 어떻게 사는 것이 옳은지는 앞으로 세상을 살아갈 사람들에게도 끊임없이 던져질 화두이다. 야담에 실린 이야기가 지금 현재를 살아가는 우리들에게 어떤 의미가 될지 생각해 볼만하다.

번역을 한다는 것은 욕먹기 쉬운 일이다. 오역이 없도록 노력했으나 없을 수는 없다. 이 책의 원문은 '한국고전적종합목록시스템(www.nl.go.kr/krocis)'에서 확인할 수 있다. 어려운 사정에도 불구하고 책을 낼 수 있도록 도와주신 도서출판 문사철의 김기창 사장님께 깊은 감사를 드린다.

2014년 9월 김명환, 김동건

차례

책머리에 5

이야기 하나. 가난한 선비의 운명 11
이야기 둘. 까치소리로 급제한 선비 14
이야기 셋. 장원급제한 이석의 사연 16
이야기 넷. 자신의 수명을 벗에게 준 정렴 19
이야기 다섯. 검소한 이정구의 부인 22
이야기 여섯. 처녀를 구해 준 서경덕의 제자 24
이야기 일곱. 용골대와 마부대를 쫓아낸 박엽 27
이야기 여덟. 누르하치의 군대를 물리친 박엽 29
이야기 아홉. 호랑이에게서 아이를 구한 박엽 31
이야기 열. 박엽의 세 가지 선택 36
이야기 열하나. 정충신의 비범한 이야기 38
이야기 열둘. 남편을 출세시킨 이기축의 아내 40
이야기 열셋. 이항복의 운명을 예견한 귀신 43
이야기 열넷. 이정구와 사귄 중국 선비 왕세정 47
이야기 열다섯. 도적이 된 벗의 의리 49
이야기 열여섯. 효종의 북벌론 57
이야기 열일곱. 음란한 중을 죽인 유생 59

이야기 열여덟. 도적의 무리를 이끈 김생 66

이야기 열아홉. 사람을 잘 알아본 김수항의 부인 74

이야기 스물. 호랑이를 잡은 이덕재 77

이야기 스물하나. 술을 좋아한 민정중, 민유중 형제 79

이야기 스물둘. 사람을 알아본 신임과 사위 유척기 80

이야기 스물셋. 아이를 가르친 해인사의 스님 87

이야기 스물넷. 세 여인을 거느린 선비 94

이야기 스물다섯. 지조 있는 조태채의 청지기 100

이야기 스물여섯. 조태억의 처에게서 살아난 어린 기생 102

이야기 스물일곱. 뛰어난 힘을 지닌 이일제의 어린 시절 106

이야기 스물여덟. 불이 난 배에서 피한 이일제 108

이야기 스물아홉. 기이한 의원 김응립 109

이야기 서른. 귀신의 재산으로 부자가 된 최가 111

이야기 서른하나. 죄인의 말로 목숨을 건진 조운규 113

이야기 서른둘. 은혜를 알고 따라다닌 까치 115

이야기 서른셋. 절개를 지킨 기생 매화 117

이야기 서른넷. 아들 덕에 목숨을 건진 좌수 122

이야기 서른다섯. 잊지 못할 두 명의 남자 124

이야기 서른여섯. 이경무와의 의리를 지킨 기생 무운 129

이야기 서른일곱. 신통력을 지닌 곽사한 132

이야기 서른여덟. 은혜를 갚은 김여물의 종 137

이야기 서른아홉. 김우항의 은혜를 갚은 권 아무개 140

이야기 마흔. 소실의 말을 듣고 공을 세운 정충신 147

이야기 마흔하나. 이여송의 신통력과 이를 알아본 유성룡 152

이야기 마흔둘. 사람을 알아본 김상서와 금동이 155

이야기 마흔셋. 지혜로운 소실을 얻은 이안눌 161

이야기 마흔넷. 이설 허생전 165

이야기 마흔다섯. 천하일색을 얻은 이여송의 역관 171

이야기 마흔여섯. 왜란을 예견한 청지기의 사위 178

이야기 마흔일곱. 나무꾼에게 검술을 얻은 임경업 185

이야기 마흔여덟. 절개를 지킨 이 씨 부인 190

이야기 마흔아홉. 동굴을 탐험하는 나무꾼의 꿈 193

이야기 쉰. 상사병을 고쳐 준 여인 196

이야기 쉰하나. 죽은 신부의 한을 풀어준 신랑 200

이야기 쉰둘. 항우의 귀신에게 빌어 아들을 살린 부자 203

이야기 쉰셋. 이 씨 부인의 기지 207

이야기 쉰넷. 점쟁이의 시와 일치한 운명 212

이야기 쉰다섯. 임금을 만나 과거에 급제한 선비 215

이야기 쉰여섯. 배를 따먹는 노인을 막은 아이의 기지 219

이야기 쉰일곱. 임금께 배를 진상한 송길 221

이야기 쉰여덟. 정려문을 세워 준 협객 224

이야기 쉰아홉. 여우에게 홀린 선비 226

이야기 예순. 여인을 죽게 한 청년의 운명 228

이야기 예순하나. 도적을 소탕한 암행어사 233

이야기 예순둘. 오유 선생의 절개 237

이야기 예순셋. 사기꾼을 죽여 의인이 된 나장 243

이야기 예순넷. 처녀 귀신의 원한을 풀어준 이상사 248

이야기 예순다섯. 아비의 원수를 갚으려던 종 252

이야기 예순여섯. 힘 센 스님의 특이한 내력 255

이야기 예순일곱. 호랑이를 잡은 장사 258

이야기 예순여덟. 두 사람의 꿈 260

이야기 예순아홉. 호랑이로부터 처녀를 구한 용사 263

이야기 일흔. 스님을 죽인 문덕철 265

이야기 일흔하나. 점괘를 잘못 해석한 박엽의 운명 267

이야기 일흔둘. 이항복의 인물됨을 인정한 정충신 269

이야기 일흔셋. 문형이 되고자 한 신익성 271

이야기 일흔넷. 기개를 꺾지 않은 윤강 273

이야기 일흔다섯. 바른말로 상을 받은 윤강 275

이야기 일흔여섯. 동병상련의 마음으로 아전을 용서한 충익공 277

이야기 일흔일곱. 유척기의 벼슬을 알아본 조문명 279

이야기 일흔여덟. 관상으로 운명을 안 김수 281

이야기 일흔아홉. 풍류 있는 선비 장붕익 284

이야기 여든. 호랑이를 쫓아낸 이우 287

이야기 여든하나. 은혜를 베풀어 죽음을 면한 남윤묵의 아들 289

이야기 여든둘. 왜란을 미리 알고 집안을 구한 며느리 292

이야기 여든셋. 백인걸의 마음을 얻은 안생의 기지 298

찾아보기 303

이야기 하나. 가난한 선비의 운명

성종은 가끔씩 신분을 숨기고 선비 차림으로 민심을 살폈다. 달빛이 눈에 반사되어 환한 어느 겨울 밤, 임금은 신하 서넛과 옷을 갈아입고 거리를 돌아다니고 있었다. 행차가 남산 아래에 이르렀을 때 마침 삼경三更, 밤 11시에서 새벽 1시 사이을 지나고 있었다. 고요한 가운데 산 밑에 있는 조그만 집의 등불이 깜빡이고 있었고 그 안에서는 책 읽는 소리가 들려왔다. 도포에 복건 차림을 한 임금이 지게문을 두드리니, 주인이 놀라 일어나 방에서 나와 임금을 자리로 권하며 물었다.
"어디에서 온 나그네이길래 깊은 밤에 이처럼 누추한 곳까지 오셨습니까?"
임금이 말하였다.
"우연히 집 앞을 지나다가 책 읽는 소리가 들려 들어오게 되었습니다. 주인께서는 어떤 책을 읽고 계십니까?"
"『주역周易』을 읽고 있었습니다."
임금이 그에게 『주역』의 난해한 부분을 물어보자, 물 흐르듯 대답하는 것이었다. 참으로 훌륭한 선비였다.
"연세가 어떻게 되십니까?"
"이제 오십이 되었습니다."

"과거공부는 그만두지 않으셨습니까?"

"여러 차례 기이한 일이 있어서 번번이 과거에 떨어졌습니다."

"당신이 쓴 글들을 볼 수 있겠습니까?"

곧 꺼내 보여 주는데 모두 훌륭한 명작名作이었다. 임금이 이상하게 여기며 말하였다.

"이처럼 재주가 출중한데 아직도 과거에 합격하지 못했으니 이는 분명 시험을 맡은 사람들의 책임입니다!"

"지극히 곤궁한데 어찌 과거에 합격하기를 바라겠습니까?"

임금이 그 형편을 딱하게 여겨 따르던 신하에게 백미 한 섬과 고기 열 근을 보내도록 하고 떠났다.

임금은 궁에 돌아온 후 과거를 실시하라고 명했다. 신하들이 시험의 제목을 내려주길 기다리자, 전날 밤에 보았던 선비의 글 제목으로 내걸었다. 답안지가 들어오기를 기다리니 얼마 지나지 않아 시권試券, 시험의 답안지이 바쳐졌는데, 과연 어젯밤 선비의 집에서 보았던 부賦, 한문 문체 중 하나였다.

임금이 크게 칭찬하며 상을 내리고 어비御批, 임금이 내려주는 비답를 내려 장원으로 뽑았다. 급제한 사람의 명단을 올릴 때, 신은新恩, 과거에 급제한 사람을 불러들이니, 어젯밤에 보았던 유생이 아닌 한 어린 유생이었다.

임금이 궁금하여 그가 제출한 시권을 가리키며 물었다.

"이 글은 네가 지은 것이냐?"

"제가 지은 것이 아닙니다. 시험 제목이 소신小臣의 스승의 글과 합치되어 써서 바친 것입니다."
"네 스승은 어찌하여 시험을 치르지 않았느냐?"
"신의 스승은 오랜만에 쌀밥과 고기를 배불리 먹자, 갑자기 배탈이 나서 시험장에 들어올 수가 없었습니다. 그리하여 소신이 그 글을 품어 왔습니다."
임금은 한동안 가만히 앉아 있다가 그를 물러가도록 했다.
그 선비는 아마 하사한 쌀과 고기를 굶주린 상태에서 과하게 먹어서 병이 났을 것이다. 이것으로 보면 어찌 운명이 아니겠는가? 이 선비는 이 병 때문에 끝내 일어나지 못했다고 한다.

이야기 둘. 까치소리로 급제한 선비

어느 날 밤, 성종은 민심을 살피기 위해 또 선비차림으로 어떤 마을을 지나고 있었다. 그 마을은 궁벽진 곳에 있었는데 멀리 사립문이 열린 집이 보였다. 거기서 한 여인이 나오자 문 앞의 나무에서 까치소리가 들렸다. 그 여인은 주위를 둘러보고 아무도 없는 것을 확인하자 그 나무 아래로 가서 까치소리를 냈다. 또 입으로 나뭇가지를 물고 나무에 오르니 나무 위에서 까치소리를 내며 화답하였다. 임금이 그 모습을 보고 매우 궁금한 마음이 들어 헛기침을 하니 그 여인은 깜짝 놀라 사립문 안으로 몸을 피했고, 또 한 사람도 나무 위에서 뛰어내려 사립문으로 들어가 버렸다. 임금이 쫓아가 그 연유를 물으니 그 사람이 대답했다.

"저는 어려서부터 과거공부를 해 왔는데, 나이가 오십이 되도록 급제하지 못했습니다. 예전에 집의 남쪽에 까치가 둥지를 틀면 급제할 수 있다는 말을 듣고서 이 나무를 심었는데 십년이 지나도록 까치가 와 둥지를 틀지 않았습니다. 그래서 오늘 밤, 저는 늙은 아내와 암수 까치가 화답하는 소리를 내면서 나뭇가지를 물어와 둥지를 만들고 있었습니다. 그런데 어떤 분의 헛기침소리를 듣고 늙은 아내는 깜짝 놀라 집안으로 들어갔고 저만 당신을 만나게 된 것입니다. 당신이 먼저 그 까닭을 물으셨는데 어떤 분이시길래 깊은 밤

이런 곳까지 오셨는지요?"
임금이 그 말을 듣고 가련하게 여겨 자신은 지나가는 나그네라 대답하고 궁으로 돌아왔다.
이튿날, 임금은 과거를 시행하라는 명령을 내리고 과거의 시험 제목을 '사람 까치[人鵲]'로 냈다. 시험장에 온 선비들은 모두 그 뜻을 이해하지 못하였는데, 이 선비만이 그것을 알아 답장을 써 올려 급제하였다. 남쪽에 둥지 트는 까치의 신령스러움이 이와 같으니 이 역시 적당한 때를 만났기 때문이다.

이야기 셋. 장원급제한 이석의 사연

성종은 어느 날 밤 황룡 한 마리가 숭례문을 통해 들어와 자신의 이마 위에 이석李石이라는 글자를 쓰는 꿈을 꾸었다. 임금이 놀라 잠에서 깨어 내시內侍에게 밤이 언제쯤 되었는지 묻자 내시가 대답했다.
"거의 파루罷漏*가 되었습니다."
임금은 곧바로 한 별감別監*에게 명하였다.
"즉시 숭례문 안쪽으로 가서 문의 자물쇠가 열리고 가장 처음으로 들어오는 사람을 붙잡으라. 그가 어떤 사람인지 따지지 말고 일단 너희 집에 데려가 머물게 한 후, 나에게 아뢰도록 하라."
별감이 명을 받들고 나가 문 안에서 기다렸다. 얼마 후 문이 열리자 한 총각이 숯을 지고 들어왔다. 별감이 그를 붙잡고 못 가게 하니 그 사람은 깜짝 놀라 벌벌 떨며 두려워하였다. 그를 데리고 별감의 집으로 데리고 간 후 임금에게 아뢰었다. 때는 마침 알성과謁聖科*가 겨우 며칠 남지 않았는데 임금은 다시 별감에게 명하였다.
"그 자를 일단 너희 집에 머무르게 하고 밥을 먹여주어라. 며칠 후 과거보는 날이 되면 관과 유건儒巾, 청포青袍를 준비해 주고 시지試紙*와 붓과 먹을 마련하라. 그리고 그와 시험장에 함께 들어가되 다만 그가 어떻게 행동하는지만 살피도록 하라."
별감은 명을 받들고 나와 그 아이에게 물었다.

"너는 과장科場, 과거 시험장에 들어가고 싶으냐?"

"소인은 무식한 사람으로 숯 파는 일을 하고 있사온데 무슨 이유로 과장 안에 들어가겠습니까?"

시험 날이 되자 별감은 임금의 명에 따라 유건과 청포를 갖춰주고, 억지로 과장에 들어가게 하였다. 그들은 함께 장원봉壯元峯에 앉아 그저 다른 사람들이 시험 보는 것을 구경할 뿐이었다. 날이 저물어 급제자를 발표할 때가 오자 여러 선비들이 장원봉 아래에 모였다. 옆에 어떤 백발의 늙은 선비가 있었는데 그가 갑자기 숯장수의 손을 잡고 아이를 요모조모 뜯어가며 자세히 살펴보는 것이었다. 뒤이어 그 아이에게 물었다.

"너는 이석이 아니냐?"

"그렇습니다."

늙은 선비는 아이의 손을 잡고 눈물을 흘리며 말했다.

"네가 정말로 이 세상에 살아있었느냐! 나는 네 아비와 절친한 친구였다. 네 아비와 함께 공부를 한 것이 몇 년인지도 모르겠구나. 예전에 전염병이 돌아 너희 집안사람들 전부가 병으로 죽었다. 이때 네 유모乳母가 너를 데리고 병을 피해 달아났었다고 하더구나. 그때 네 나이는 불과 두세 살이었으니 지금 장성한 너를 내가 어떻게 찾아낼 수 있겠느냐? 지금 여기서 서로 만나니 내 마음이 갑자기 슬퍼지는구나. 네 소식을 알게 되었으니 이것이 어찌 하늘의 뜻이 아니겠느냐? 네 아비의 원고가 나에게 있는데 마침 오늘 시험 문제는 내가 네 아비와 공부할 때 오랫동안 구상한 것이다. 나는 내가 구상한 것을 썼는데 지금 남아있는 부분은 네 아비가 지은 것이다. 너는 벌써 시험을 보았느냐?"
"어찌 감히 과거를 보겠습니까? 제가 과장에 들어온 것은 궁궐 안의 위엄을 구경하기 위해 들어온 것입니다."
"내게 아직 쓰지 않은 정초正草, 과거시험에 쓰는 시험지가 있으니 너도 시험을 볼 수 있다!"
시험지에 그 아버지의 글을 써서 밀봉하고 '이석李石'이라고 쓴 후 답안을 올렸다. 얼마 후 합격자 명단이 나왔는데 이석이 장원이었다.

급제한 후 임금이 그를 궐 안으로 불러들여 물어보았다.
"이 글을 네가 쓴 것이냐?"
이석이 사실대로 아뢰니 임금이 그 늙은 선비를 불러들여 명하였다.
"네게는 참랑參郞의 벼슬을 제수한다. 그리고 이석에게 글을 가르치도록 하라."
이석에게는 일재랑一齋郞을 제수하고 이석은 그에게 수업을 받도록 했다. 훗날 이석은 벼슬이 참판에 이르고 성종조의 명신이 되었다.

이야기 넷. 자신의 수명을 벗에게 준 정렴

북창北窓, 정렴의 호*의 벗 한사람은 병이 심해져서 어떤 약도 듣는 지경이 되었다. 그의 늙은 아버지가 북창의 신이神異한 능력을 알고 그에게 가서 묻자 북창이 대답했다.
"그는 정해진 수명이 다했습니다. 미안하지만 구할 방법이 없습니다."
늙은 아버지가 눈물을 주룩주룩 흘리며 아들을 구할 수 있는 방법을 알려달라고 애걸했다. 북창이 그 사정을 딱하게 여겨 대답했다.
"그렇다면 어쩔 수 없이 제 수명 10년을 줄여, 그것을 어르신의 아드님께 더해 드리겠습니다."
그리고 곧이어 말하였다.
"어르신께서는 내일 밤 삼경三更, 밤 11시에서 새벽 1시 사이이 지난 뒤에 혼자서 남산 꼭대기에 오르면 분명히 붉은 옷과 검은 옷을 입은 스님이 서로 마주하여 앉아있을 것입니다. 그들 앞에 엎드려 아들의 목숨을 애걸하십시오. 그 스님들이 비록 화를 내거나 쫓아내더라도 절대 물러서지 마십시오. 설령 몽둥이로 때린다 하더라도 물러서지 말고 정성을 다해 빈다면 아드님을 살릴 방법을 알 수 있을 것입니다."

노인은 북창의 말을 따라서 그날 밤 혼자서 달빛을 맞으며 남산에 오르니 두 스님이 있었는데 북창의 말 그대로였다. 곧장 그 앞으로 가서 눈물을 흘리며 아들의 목숨을 살려달라고 간청하니 두 스님이 놀라며 말하였다.
"지나는 산승山僧이 이곳에서 잠깐 쉬는 것뿐인데, 그대는 어떤 사람이길래 여기까지 와서 이상한 소리를 하시오? 당신 아들의 목숨을 우리가 어떻게 알겠소? 속히 물러가시오!"
그 노인은 못들은 척하며 한결같이 애걸하니 그 스님이 화를 내며 말했다.
"이 작자가 미쳤군! 때려서 쫓아내야겠다!"
이어 몽둥이를 들어 노인을 두드려 팼다. 노인은 참을 수 없을 정도로 아팠으나 그대로 엎드려 울며 애걸했다. 얼마 후 붉은 옷의 스님은 매질을 그치고 웃으며 말했다.
"이 일은 분명 정렴鄭磏이 가르쳐 준 것이렷다! 그놈이 사람의 목숨을 늘여줄 수는 없는 일이니 그놈의 수명 십 년을 줄여서 이 노인의 아들에게 더해주어도 나쁠 것은 없겠지."
검은 옷을 입은 스님이 머리를 끄덕이며 말했다.
"그렇습니다."
두 스님이 그제야 지팡이를 짚고 일어나며 말했다.
"그럼 해볼까?"
검은 옷을 입은 스님이 소매 안에서 한 책자를 꺼내어 붉은 옷의 스님에게 줬다. 붉은 옷의 스님이 책을 달빛에 비춰보며 붓을 들어 글자를 쓰며 말하였다.

"당신 아들의 수명은 지금부터 10년이 늘어났소. 그러니 이제 돌아가시오. 그리고 정렴 그놈한테는 두 번 다시 천기天機를 누설치 말라고 전하시오."

말이 끝나자 두 스님은 홀연히 사라져 보이지 않았다. 붉은 옷의 스님은 남두성南斗星이고 검은 옷의 스님은 북두성北斗星*이었다. 노인은 집으로 돌아갔고 그 아들의 병은 점점 낫게 되었다. 그리고 10년을 살다가 죽었다. 북창은 나이 50이 넘어서 죽었는데, 그 스님의 말대로 다시는 천기를 누설하지 않았다.

이야기 다섯. 검소한 이정구의 부인

월사月沙 이정구李廷龜*의 부인은 판서 권극지權克智의 딸이다. 두 아들 백주白洲 이명한李明漢과 현주玄洲 이소한李昭漢이 모두 현달하였으나 집안을 검소하게 꾸렸고 일찍이 비싸고 화려한 옷은 입어본 적이 없었다. 아무개 공주의 집에서 며느리를 맞이하는 날 임금이 모든 조정 대신의 부인들도 잔치에 참여하라고 명하였다. 여러 집안의 아녀자들이 앞다투어 화려하고 사치한 장신구를 하고 와 서로 예쁘다며 칭찬하기 바빴으니, 이날의 잔치에서 본 구슬과 비취, 화려한 비단 같은 것들에 사람들의 눈길이 사로잡혔다.

잔치가 열린지 얼마가 지나자 가마가 들어왔는데, 한 늙은 부인이 가마에서 내려 지팡이를 짚고 들어왔다. 그녀는 베로 짠 치마를 입었는데 매우 가난해 보였다. 그 노인이 마루에 오르려고 하자 주인 공주가 버선발로 내려가 맞이하였다. 젊은 부인들은 그 노인을 손가락질 하며 비웃다가 깜짝 놀라 의아해 하였는데, 그 노인이 어느 집안 부인인지 알 수가 없었다. 주인이 맞이하여 상석上席에 앉히고 예의를 갖춰 공손히 대하니 사람들은 더욱 궁금해 하였다.

잔치 음식이 모두 나온 후 늙은 부인이 먼저 돌아가겠다고 고하자, 주인이 날이 아직 이르니 더 있다 가시라고 말렸다. 그러자 노

부인이 말했다.

"저희 집 대감이 약원도제조藥院都提調로서 새벽에 대궐로 갔고, 큰 아이는 정관政官, 이조와 병조에 속한 관원으로 정석政席에 나갔으며 작은 아이는 승지承旨로 당직하고 있습니다. 그러하니 이 늙은이는 집으로 돌아가 저녁으로 보내줄 음식을 차려야 합니다."

그 말을 듣고 자리에 있던 사람들이 크게 뉘우쳤고 그제서야 그 노부인이 월사 이정구의 부인이라는 것을 알았다.

이야기 여섯. 처녀를 구해 준 서경덕의 제자

화담 서경덕徐敬德*은 박학다식하여 천문 지리 술수 등의 학문에 모두 통달하였다. 장단長湍의 화담 가에 자리를 정하여 살며 그것을 자신의 호로 삼았다. 하루는 학도들을 모아놓고 강연을 하는데 갑자기 한 노승이 와서 절을 한 후 뭔가 대화한 후 가버렸다. 화담은 스님을 보낸 후 탄식을 그치지 않았다. 학도들이 그 까닭을 묻자, 화담이 말하였다.
"너희들은 저 스님을 아느냐?"
"모릅니다."
"그 스님은 어떤 산신의 호랑이다. 어떤 사람의 딸이 마침 신랑을 맞이하려는데 호환虎患을 입게 될 것이라고 하니 참 불쌍하구나."
한 학도가 물었다.
"선생님께서 미리 알고 계시니 구할 방도가 있지 않겠습니까?"
"있기는 하지만 보낼만한 사람이 없구나."
"제가 가고 싶습니다."
"그렇다면 좋다."
화담이 한 권의 책을 주며 말하였다.
"이것은 불경佛經이다. 그 집에 가서 아무 사실도 발설치 말고, 다만 대청에다 제상祭床과 촛불을 갖추어 두어라. 그리고 그 처녀를 방

안에 두되 사방의 문을 모두 잠그고 주위에는 건장한 노비 대여섯으로 하여금 단단히 지키게 해라. 그리고 너는 대청에 올라 이 책을 읽되 구두句讀를 잘못 끊지 말아야 한다. 닭이 울 시간이 지나면 그 처녀는 무사할 수 있을 것이다. 매우 신중해야 한다."

그 제자는 화담의 가르침을 받들고 그 집으로 달려갔다. 그 집에 도착하니 위 아랫사람들이 모두 분주했는데, 그 까닭을 물으니 내일 사위를 맞는데 지금 막 신랑 집에서 온 예물을 받았다고 하였다. 제자는 주인을 만나 인사한 후 말하였다.
"오늘 밤에 주인집에 큰 재앙이 있을 것인데 저는 이를 막기 위해 때문에 왔습니다. 만일 벗어나기를 바란다면 제가 말씀드리는 대로 하시면 됩니다."
주인은 믿지 못하고 말했다.
"어느 곳에서 온 나그네이기에 나쁜 소문을 지어내시오?"
"나쁜 소문인지 따질 일이 아닙니다. 오늘 밤이 지나면 저절로 알게 됩니다. 오늘 밤이 지난 후에 제 말이 만일 영험함이 없다면 그때 쫓아내도 되지 않겠습니까? 지금은 일단 제 말씀대로 하는 것이 좋을 것입니다."
주인은 매우 의심스러웠지만 그의 말대로 준비해 주고 밤을 기다렸다. 그의 딸도 그의 말을 따라 방 안에 있었다.

그 제자는 대청 가운데 촛불을 밝혀두고 단정히 앉아 불경을 읽었다. 삼경三更 즈음에 갑자기 천둥소리가 나니 집안사람들은 무서워

덜덜 떨면서 모두 달아나 버렸다. 그 제자는 커다란 호랑이 한 마리가 뜰아래 웅크리고 앉아 포효하고 있는 것을 보았으나, 안색도 변하지 않고 계속해서 불경을 읽었다. 그때 처녀는 마침 똥이 마렵다며 한사코 나가고자 하였다. 여러 여종이 좌우에서 그녀를 붙잡았으나, 그녀가 날뛰어 감당이 되지 않았다. 갑자기 그 호랑이는 크게 포효하면서 창의 나무를 세 번 물어뜯고 곧바로 사라져 나타나지 않았다. 그러자 처녀는 혼절하였다. 집안사람들은 겨우 정신을 수습하고 그녀에게 따뜻한 물을 먹여 정신을 차리게 하였다. 그제야 제자는 불경 읽기를 마치고 집 밖으로 나가려 하였는데 온 집안사람들이 사례하며 신인神人으로 여겨, 수백 금의 돈을 주며 보답하려 했다. 그가 말했다.

"저는 재물을 탐내어 온 것이 아닙니다."

이어 옷을 털고 가겠다고 인사하고 집을 나섰다.

그가 화담에게 돌아와 인사드리고 있었던 일을 말하자, 화담이 웃으며 말하였다.

"너는 어째서 세 곳을 잘못 읽었느냐?"

"잘못 읽은 곳은 없습니다."

"조금 전 그 스님이 또 왔다 갔는데, 사람을 살려줘서 고맙다고 하였다. 그리고 불경에서 세 부분을 잘못 읽었기 때문에 창의 나무를 물어뜯어 표시했다고 하였다."

그가 가만히 생각해보더니 과연 잘못 읽었기에 그렇다고 대답하였다.

이야기 일곱. 용골대와 마부대를 쫓아낸 박엽

박엽朴燁*은 광해군 때 사람이다. 장수다운 지략이 있었으며, 천문, 지리, 수학, 술수 등 통달하지 않은 분야가 없었다. 그는 광해군과 동서지간으로 관서關西 지방의 관찰사가 되어, 십 년 동안 교체되지 않았다. 그의 위엄이 관서 지방에 떨치자 북쪽 오랑캐들은 감히 침범하지 못하였다. 하루는 막객幕客*을 불러 술과 안주를 준비하도록 하면서 말했다.

"이것을 가지고 중화中和, 평안남도 남쪽 끝에 있는 마을의 구현駒峴 아래로 가라. 그곳에서 기다리고 있으면 분명 건장한 사내 둘이 어떤 책을 가지고 지나갈 것이니 그들에게 다음과 같이 내 뜻을 전해주어라."

'너희들이 우리나라에 오간 지 이미 여러 달이 되었다. 다른 사람들은 너희를 모른다지만 나는 이미 알고 있다. 행역行役, 길을 다니는 일은 진실로 괴로운 것 아니겠느냐? 너희를 위해 술과 안주를 보내니 실컷 마시고 먹은 후 속히 돌아가는 것이 좋으리라.'

막객이 구현에 가 기다리니 과연 두 사람이 지나가고 있었다. 막객이 박엽의 말을 전하니, 두 사람이 서로 돌아보며 실색하여 답하였다.

"우리들이 비록 이곳에 왔을 때 어찌 대충 숨기고 다녔겠는가? 그런데도 우리를 찾아냈으니 박 장군은 신인神人같도다. 박 장군이 있는 동안에 우리들이 어찌 감히 다시 오겠는가."

그리고는 술을 마신 후 떠나버렸다. 이들은 용골대龍骨大와 마부대馬夫大*였다. 몰래 우리나라에 와서 허실을 염탐하여, 간혹 임금의 명령을 출납하는 승정원承政院에 소속된 하인이 된 일까지 있었는데도 사람들은 알아채지 못했다. 그런데 박엽 혼자 그것을 알았던 것이다.

이야기 여덟. 누르하치의 군대를 물리친 박엽

박엽에게 아끼는 기녀가 있었다. 하루는 그녀에게 물었다.
"오늘 밤 나를 따라 경치 좋은 곳에 가 보지 않으려느냐?"
"그렇게 하겠사옵니다."
밤이 되자 박엽이 몸소 푸른 말을 끌고 와 안장을 얹고 말에 탔다. 앞에는 기녀를 앉히고 명주 끈으로 그녀의 허리를 자기 몸에 묶고 눈을 감도록 하였다.
"절대로 눈을 뜨지 말라."
그러고 나서 채찍을 가하니 기생에게는 귓가에 바람소리만 들려올 뿐이었다. 어떤 곳에 도착하자, 박엽은 기녀에게 눈을 뜨라고 하였다. 기녀가 정신을 수습하고 눈을 떠 살펴보니 광활한 들판에 군막軍幕이 높이 펼쳐 있었고 등불이 밝게 빛나고 있었다. 박엽은 장막아래의 평상 밑에 기녀를 엎드려 숨게 하고 혼자 평상 위에 앉았다. 잠시 후 징 울리는 소리가 나더니 수많은 오랑캐 기마병이 맹렬히 달려왔다. 대장이 말에서 내려 검을 쥐고 군막에 들어와 웃으며 박엽에게 말하였다.
"네가 왔구나!"
"그렇다."
"오늘에야말로 검술을 겨뤄 자웅雌雄을 가려야겠다!"

"좋다."

박엽은 검을 쥐고 일어나 평상을 내려가, 평원에서 오랑캐 장수와 마주하여 대결을 준비하였다. 서로 검을 쥐고 대치하더니 곧이어 두 사람은 흰 무지개로 변하여 하늘 위로 솟구쳤고, 공중에서 칼이 부딪치는 소리가 들려왔다. 그렇게 한참을 싸우더니 오랑캐 장수는 땅으로 떨어져 쓰러졌고, 박엽은 공중에서 내려와 쓰러져 있는 오랑캐 장수의 가슴에 걸터앉았다. 박엽이 물었다.

"어떠한가?"

오랑캐 장수는 여러 차례 고개를 숙이며 말했다.

"이후로는 두 번 다시 함께 겨루지 않을 것이오."

박엽이 웃으며 그와 함께 군막 안으로 들어가 기녀에게 술을 가져오게 하여 마셨다. 오랑캐 장수가 먼저 일어나 돌아가겠다고 하니, 오랑캐 기마병 또한 전과 같이 장수를 앞뒤로 에워싸고 출발했다. 그들이 몇 마장 못 갔을 때쯤 포성이 들려오더니, 수많은 오랑캐 병사들은 연이어 말을 끌고 모두 하늘 위로 끌려가버렸고 연기와 화염이 하늘에 가득하였다. 결국 오랑캐 장수 한 사람만 남게 되고, 그는 박엽에게 달려와 살려달라고 빌었다. 그제야 박엽은 고개를 끄덕이며 돌아갈 것을 허락하였다. 곧이어 기생을 불러 말을 내어 타고 올 때와 같은 방법으로 돌아갔다. 그곳은 금나라를 세운 칸인 누르하치[魯花志]가 병사를 훈련하던 곳인데, 오랑캐 장수는 곧 그 사람이었다. 이때 병사 수만 기가 한꺼번에 타죽었다고 한다.

이야기 아홉. 호랑이에게서 아이를 구한 박엽

박엽이 관서의 안찰사로 있을 때였다. 친척인 재상이 그의 아들을 보내 맡기면서 부탁하였다.
"이 아이는 아직 스물도 안 되었는데, 점쟁이에게 운수를 점쳐보게 하니 올해 큰 액운이 있다고 하였네. 그런데 자네 곁에 두면 무사히 넘길 수 있다고 하여 이렇게 아이를 보내네. 부디 데리고 있으면서 무사히 재앙을 넘길 수 있게 해 주시게."
박엽은 그 아이를 맡기로 하였다. 하루는 아이가 낮잠을 자고 있었는데 박엽이 깨우면서 말했다.
"오늘 밤 네게 큰 재앙이 닥칠 것이다. 만약 내 말대로 한다면 벗어날 수 있고 그렇지 않으면 벗어나지 못할 것이다."
"말씀대로 따르겠습니다."
"일단 기다려라."
날이 저물어 황혼이 되자 박엽은 자신이 타던 말을 끌고 와 안장을 얹고 그 아이를 태운 후 말했다.
"너는 이것을 타되 말이 가는대로 맡겨두어라. 이 말이 몇 리쯤 가서 어떤 곳에 도착하면 가지 않고 서 있을 것이다. 그때 말에서 내려 곧장 샛길을 찾아 몇 리쯤 가면, 오래되어 황폐해진 절이 나온다. 그 절의 상방上房을 찾아 들어가면 큰 호랑이 가죽 하나가 있을 텐데, 일단 그 가죽을 쓰고 있어라. 그러면 한 노승이 와서 그 가죽을 달라고 할 것이다. 절대로 주면 안 된다. 만약 그것을 빼앗길 것 같으면 칼로 가죽을 자르려는 시늉을 해라. 노승은 감히 빼앗지 못할 것이다. 그렇게 대치하면서 시간을 보내 닭이 우는 아침까지 넘긴다면 너는 무사할 것이다. 닭이 운 후에는 가죽을 줘도 괜찮다. 네가 할 수 있겠느냐?"
"삼가 말씀을 따르겠습니다."

곧이어 말을 타고 문을 나서니 나는 듯 빨라서, 두 귀에 바람 소리만 들릴 뿐 어느 곳을 향해가는지 분간할 수가 없었다. 산을 넘고 고개를 지나 어떤 계곡 입구에 이르자 말에서 내렸다. 교교한 달빛을 받으며 풀길을 찾아 몇 리쯤 가니 과연 절이 있었고 상방의 지게문을 열어보니 방 안에는 먼지가 가득 쌓였는데 아랫목에 호랑이 가죽 한 장이 놓여 있었다. 박엽의 말대로 그 가죽을 쓰고 누워 있었는데, 몇 식경食頃 뒤에 갑자기 문을 두드리는 소리가 들리더니 험상궂은 생김새의 노승 하나가 들어와 말하였다.
"아이가 왔느냐?"
곧이어 가까이 다가와 말하였다.
"어째서 호랑이 가죽을 뒤집어쓰고 누워 있느냐? 어서 내놓아라!"
아이는 아무 대답 없이 태연자약하게 누워 있었다. 그 중이 빼앗으려 하자, 아이는 가죽을 칼로 자르려고 하니 노승은 물러나 앉았다. 이러기를 대여섯 번 하며 버티고 있으니 먼 마을에서 꼬끼오하며 닭이 우는 소리가 들려왔다. 그러자 노승이 미소를 띠며 말하였다.

"이것은 박엽이 시킨 짓이렷다? 이제는 어쩔 수가 없구나."
이어 그 아이더러 일어나라고 하고는 말하였다.
"이제 가죽을 내게 돌려줘도 괜찮다. 일어나거라."
그 아이가 박엽의 말을 들었던지라 노승에게 가죽을 줬다. 노승이 다시 말하였다.
"네 위아랫도리를 벗어 내게 다오. 그리고 절대 문을 열어봐서는 안 되느니라."
아이가 그의 말대로 옷을 벗어 주니, 노승은 옷과 가죽을 가지고 밖으로 나갔다. 아이는 창문 틈으로 엿보니 노승이 가죽을 뒤집어쓰더니 큰 호랑이로 변하는 것이었다. 그리고 큰 소리로 포효하고서 옷을 물고 발기발기 찢었다. 곧이어 호랑이가 가죽을 벗더니 다시 노승이 되어 문을 열고 들어왔다. 그는 낡은 상자에서 승복을 꺼내어 아이에게 입도록 하였다. 또 두루마리 하나를 꺼내 펼쳐서 보더니, 붉은붓으로 그의 이름에 점을 찍고 말하였다.
"이제 가도 된다. 그리고 박엽에게는 천기天機를 누설해서는 안 된다고 말하거라. 너는 이제부터 호랑이 무리 속으로 들어갈 터이나 결코 해를 입지 않을 것이니 염려하지 말거라."
또 기름 먹인 종잇조각 하나를 주면서 말하였다.
"이것을 가지고 가거라. 만약 길을 막는 자가 있거든, 이 종이를 내어 보여주거라."

아이가 그 말대로 문을 나서자, 구비마다 호랑이가 길을 막아섰다. 그때마다 그 종이를 보여주면 꼬리를 내리고 사라졌다. 아이가 사는 마을 입구에 이르자 또 호랑이 하나가 앞을 막아섰다. 그 종이를 내어 보여주어도 돌아보지 않고 잡아먹으려고 하자 아이가 말하였다.

"이렇다면 나와 함께 절로 가서 노승 앞에서 결판을 내자."

호랑이가 머리를 끄덕여 함께 절로 가자 노승은 아직 거기에 있었다. 정황을 말하자 중이 그 호랑이를 꾸짖었다.

"너는 어째서 명을 어기려 하느냐!"

"모르는 것이 아니지만 굶은 지 벌써 사흘이나 되었습니다. 고기를 보았는데 어떻게 그냥 보내줄 수 있겠습니까? 비록 명을 어길지라도 보내줄 수는 없사옵니다."

"그렇다면 다른 것으로 대신하면 어떻겠느냐?"

"대신하는 것은 괜찮사옵니다."

"동쪽으로 반 리쯤 가면 전립 쓴 사람이 오고 있을 것이다. 네 요기 거리로 삼으라."

호랑이가 그 말대로 문을 나섰는데, 몇 식경 후에 갑자기 총소리가 멀리서 들려왔다. 노승이 웃으며 말하였다.

"그 놈은 죽었겠군."

아이가 이유를 묻자 중이 대답하였다.

"그 놈은 내 졸개인데 명령을 따르지 않았다. 그래서 아까 동쪽으로 보내 포수에게 내어 준 것이다."

아까 전립을 쓴 사람이라고 한 것은 바로 포수였다. 아이가 하직 인사를 하고 골짜기를 나오자 날이 밝아왔고 말은 풀을 뜯고 있었다. 말을 타고 돌아와 박엽을 만나 있었던 일을 말하였다. 박엽은 머리를 끄덕이더니 짐을 꾸려 아이의 집으로 돌려보냈다. 훗날 그 아이는 크게 현달했다고 한다.

이야기 열. 박엽의 세 가지 선택

계해년1623년 3월, 인조반정* 후 박엽은 홀로 촛불아래 앉아서 검을 어루만지며 탄식하고 있었다. 창밖에서 헛기침소리가 들려서 누구인지 물었다.

"막객幕客 아무개입니다."
"어떤 일로 왔느냐?"
"사또께서는 앞으로 어떻게 하시겠습니까?"
"네게 물어본다면, 너는 어찌하겠느냐?"
"소인에게 상중하上中下의 세 가지 계책이 있습니다. 사또께서는 셋 중에서 하나를 택하시면 됩니다."
"상책은 무엇이냐?"
"사또께서 군사를 일으켜 반란하시되 북으로 금나라 사람들과 통하면, 임진강 이북은 조정에서 어찌할 수 없을 것이니 이것이 상책입니다. 적어도 위타尉佗와 같은 꾀*는 될 것입니다."
"중책은 무엇이냐?"
"급히 군사 삼 만을 일으켜 소인에게 맡겨주시면, 북을 올리며 한양으로 진군할 것입니다. 다만 승패는 알 수 없으니 이것이 중책입니다."
"하책은 무엇이냐?"

"사또께서는 대대로 국록을 받은 신하이니 순순히 국명國命을 받는 것인데, 이것이 하책입니다."

박엽은 고개를 숙이고 한참 동안 생각하다가 탄식하며 말하였다.

"나는 하책을 따르겠다."

"그렇다면 소인은 이제 떠나겠습니다."

그는 어디로 갔는지 알 수가 없었다. 그 사람이 누구인지 성명도 전해지지 않는다고 한다.

이야기 열하나. 정충신의 비범한 이야기

금남군錦南君 정충신鄭忠信*은 광주 사람이다. 그의 부친은 향임鄕任으로 향청鄕廳에 있었는데, 나이가 예순에 가까웠는데도 자식을 두지 못했다. 어느 날 밤 무등산無等山이 갈라지며 푸른 용이 튀어나와 자신의 몸을 휘감는 꿈을 꾸었다. 그는 깜짝 놀라 깨어나니 땀이 등에 흥건했다. 그는 마음속으로 이상한 생각이 들었으나, 다시 잠을 청했다. 그러자 이번에는 북쪽 산이 갈라지며 흰 용이 튀어나와 가슴에 안기는 꿈을 꾸었다. 또 놀라 깨어나게 되자 잠이 달아나버렸다. 밤은 한창 깊어 달빛이 뜰에 가득히 내려앉아 있는데 그는 섬돌을 내려가 달빛을 맞으며 거닐었다.

그러다가 누군가가 부엌 구석에서 자고 있는 것이 보여, 가까이 가보니 밥을 하는 여종이었다. 갑자기 마음이 동하여 그녀와 관계를 갖게 되었다. 그로부터 여종은 태기胎氣가 있어 마침내 충신을 낳았는데 골격이 비범하였다. 그가 자라서는 광주의 지인知印, 수령의 잔심부름을 하던 구실아치이 되었는데, 도원수都元帥 권율權慄*이 목사로 와 있을 때 그를 보고 기특하게 여겼다. 그가 보통 사람이 아니라는 것을 알고 서울로 데려와서 사위인 오성 이항복의 집에 보내어 그의 시중을 들게 하며 길렀다. 그는 훗날 임진왜란을 당하자 훌륭한 공을 많이 세웠는데, 지위는 부원수에 이르렀으며 금남군에 봉해졌다.

그가 북쪽 변방에 있을 때 누르하치와 친하게 지냈다. 하루는 누르하치가 함께 술을 마시자고 청하여 마시고 있는데, 누르하치는 아들들을 충신에게 인사시켰다. 차례로 와서 절을 할 때는 모두 비스듬히 앉아서 절을 받았는데, 여섯 째 아들에 이르러서는 충신이 찬찬히 보더니 일어나 공경을 표했다. 그가 이유를 물었다.
"그대는 어째서 이 아이를 보고 일어나 공경을 표했습니까?"
"뜻하지 않게 진시황秦始皇이 다시 나왔습니다."
누르하치가 웃으며 말하였다.
"그대는 아직 모르시는구려. 이 아이는 당태종唐太宗처럼 훌륭한 인물이 될 것이오."
이 사람은 훗날 금나라의 칸이 되고, 명明을 멸망시킨 후 청淸을 세워 천자天子가 되었다.

이야기 열둘. 남편을 출세시킨 이기축의 아내

이기축李起築*은 가게에 고용된 노비였는데, 사람됨이 매우 노둔하여 아무것도 알지 못하고 단지 배불리 먹기만 하면 좋아할 뿐이었다. 그러나 절륜한 힘이 있어 가게 주인이 종으로 부리고 있었다. 주인집에는 시집 갈 나이가 된 딸이 하나 있었는데 글을 좀 읽을 줄 알았으며 성품 또한 영민하였다. 그 부모가 그녀를 몹시 사랑하여 좋은 사위를 골라 시집 보내려고 하였으나, 딸은 싫다고 하며 말했다.

"제 남편은 제가 택하겠어요. 저는 기축이에게 시집가고 싶어요."

이기축은 기축己丑 생이었기 때문에 그것을 이름으로 불렀던 것인데, '기축起築'으로 개명한 것이었다. 그녀의 부모가 깜짝 놀라며 질책했다.

"네가 무엇을 보고서 종에게 시집가려 하느냐?"

그리고 두 번 다시 그런 말을 못하게 했다. 그러나 딸은 죽기로 작정하고 다른 사람은 돌아보지도 않았다. 부모가 그녀를 꾸짖기도 하고 달래기도 하였으나 끝내 뜻을 굽히지 않았다. 어쩔 도리가 없어 마침내 허락하였다.

"기왕에 기축이로 짝을 삼기로 했으니 이곳에서 살고 싶지 않아요. 함께 서울로 올라가서 오두막집이라도 사서 살아보겠어요."

그녀의 부모도 딸을 종과 결혼시켰다는 비웃음을 살까 저어하여, 차라리 분가하는 것이 낫겠다고 여기고 가산을 나눠 주어 서울로 보냈다. 그녀는 기축이와 함께 상경하여 장동에 집을 사서 술을 빚어 파는 것을 업으로 삼았는데, 그녀가 빚은 술은 매우 맑고 시원하여 모든 사람들이 칭찬했다.

하루는 『사략史略』 첫 권을 남편에게 주더니 '이윤伊尹이 태갑太甲을 폐하여 동궁으로 쫓아내다.'* 편에 찌를 붙여 보여주며 말하였다.
"이 책을 가지고 신무문 뒤에 있는 소나무로 가면 그늘 아래 사람들이 모여 있을 것입니다. 이 부분을 그 앞에 보여주며 배우기를 청하세요."
기축이 그 말대로 가보니 과연 일고여덟 명의 사람이 둥글게 모여 수작을 하고 있다가 기축의 말을 듣고 깜짝 놀라며 말하였다.
"누가 시킨 것이냐?"
"소인의 아내가 이렇게 하라고 한 것이옵니다."
사람들은 그의 집이 어딘지를 물어 함께 갔는데 그녀는 그들을 맞아들여 술과 안주를 내놓으며 대접하더니 부탁하였다.
"어르신들께서 하시려는 일을 첩이 이미 알고 있사옵니다. 저희 지아비는 비록 어리석으나 완력이 있으니 나중에 쓰일 데가 있을 것이옵니다. 일을 성공시킨 뒤에 공훈록功勳錄에 들어갈 수만 있다면 다행이겠습니다. 저희 집에는 술도 있고 맛있는 안주도 많으니 일을 의논하실 때마다 첩의 집에 모이셔도 나쁘지 않을 것이옵니다. 첩의 집은 조용하고 외지니 다른 사람이 알 리도 없사옵니다."

그들은 모두 놀랍고 기이하게 여기며 허락하였다. 이들은 승평군昇平君, 박이온(朴而溫)과 연평군延平君, 이귀(李貴) 등이었는데 그 뒤 의거를 일으켜 창의문彰義門으로 들어갈 때 이기축이 앞장서서 장군목將軍木*을 부수어 궁궐로 돌입했다. 거사를 성공시키고 나서 이기축은 2등 공신에 책록冊錄되었다.

이야기 열셋. 이항복의 운명을 예견한 귀신

오성은 문학과 재주, 덕행과 절개를 겸비하여 당시 제일가는 인물로 추앙받았다. 그가 어릴 적 이웃에 사는 재상 댁의 아들과 친하여 서로 왕래하였는데 그 아이는 여러 해 고질병을 앓더니 점차 어떻게 해볼 수 없는 지경에까지 이르렀다. 그 아버지는 외아들의 병 때문에 밤낮으로 노심초사勞心焦思하면서 의원을 찾기도 하고 점쟁이에게 묻기도 하는 등 하지 않는 것이 없었다.

하루는 어떤 유명한 점쟁이가 있었는데 사람의 생사를 안다는 말을 들었다. 즉시 말을 보내 맞이하여 아들의 운명을 점을 치게 하였다. 점쟁이가 괘를 지어놓고 주문을 외며 점을 쳤는데 곧 고개를 저으며 말했다.

"분명 불행한 일이 있습니다. 이 아이는 올해 몇 월 몇 시에 죽을 것입니다."

그 아버지가 눈물을 흘리며 말하였다.

"혹시라도 살릴 방도가 없겠는가?"

"살릴 수 있는 길이 하나 있기는 하지만 절대 발설할 수가 없습니다."

"제발 말해주게!"

"발설한다면 반드시 제가 죽게 됩니다. 어찌 다른 사람을 대신하여 죽을 수 있겠습니까?"

그 아버지는 계속해서 울며 방법을 가르쳐 달라고 하자, 점쟁이는 발끈 화를 내며 말하였다.

"주인의 말씀이 인정人情에 어긋납니다! 살기를 좋아하고 죽기를 싫어하는 것은 인지상정人之常情이거늘 당신은 자식을 위하면서 저는 제 자신을 위할 수 없는 것입니까? 다시 묻지 말아주십시오!"

그 말을 들은 주인은 어쩔 수 없이 눈물을 흘리고 있을 수밖에 없었다. 갑자기 그 병자의 아내가 안에서 작은 칼을 가지고 튀어나와 점쟁이의 목을 쥐고 말했다.

"나는 병자의 부인이다. 지아비가 죽으면 나도 따라 죽기로 결심했다. 당신이 점괘를 몰랐으면 그만이겠지만, 내 남편을 구할 방법이 있다고 해 놓고서 죽을 것이라며 끝내 살릴 방법을 말해주지 않고 있다. 내가 이미 그 말을 들었는데 이런 지경에 여자라고 가만히 있을 수 있겠느냐? 어차피 나는 죽기로 결심했으니 널 찔러죽이고 나도 죽을 것이다. 네가 죽는다면 세 명이 죽는 것이고 말을 해준다면 두 명의 목숨을 살리는 것이다. 어째서 말해주지 않는가!"

점쟁이는 한동안 멍하니 있다가 말하였다.

"한 번 입 밖에 낸 말은 사마四馬로도 붙잡을 수 없다더니* 정녕 이를 두고 한 말이군요. 말하겠으니 놓아주십시오."

그를 놓아주자 이어 말했다.

"이항복李恒福*이라는 사람이 있습니까?"

"있습니다. 바로 우리 집 아이의 친구입니다."

"오늘부터 이 사람을 데려다가 함께 있게 하되 잠시라도 떨어지지 않게 하십시오. 어느 날을 지나면 무사할 것입니다."
"저는 그날 죽게 될 것입니다. 제가 죽은 후에 처자를 잘 돌봐주십시오. 한 집안 사람처럼 대해주시면 좋겠습니다."
그리고 인사하고 가버렸다.

주인은 오성을 맞이하여 있었던 일을 말하고 함께 있어 달라고 부탁했다. 오성은 허락하고 그날부터 그 집에 머물며 병든 사람과 함께 지냈다. 그날 밤 오성은 병자와 함께 누워 자고 있었다. 삼경이 되었을 때 갑자기 음산한 바람이 문으로 들어오며 촛불이 깜빡거렸다. 병든 사람은 정신없이 자고 있었는데 오성은 누운 채 촛불 쪽을 보니 멀찍이 귀졸鬼卒 하나가 험상궂은 모습으로 검을 짚고 서 있었다. 그가 오성의 이름을 부르며 말했다.
"이항복! 너는 병자를 내놓아라!"
"도대체 무슨 소리냐?"
"이자는 나와 전생의 원한이 있는데 이제야 원수를 갚게 된 것이다. 이때를 놓친다면 언제 다시 기회가 올지 모른다!"
"이 집 사람들이 나에게 이 사람을 맡겼는데, 어떻게 네게 주어 죽게 하겠느냐?"
"그를 넘기지 않으면 너도 같이 죽일 것이다!"
"내가 죽는다면 몰라도 죽기 전에는 결코 넘기지 못한다!"
귀신은 크게 화를 내며 검을 휘둘러 오성을 베려했다. 그러나 갑자기 몸을 움츠리며 물러났다. 이러기를 세 차례나 하더니 결국 검을 던지고 엎드려 청하였다.

"대감께서는 저를 가엾게 여겨 부디 그 자를 내어 주시옵소서!"
"어째서 나를 죽이지 않는가?"
"대감은 나라의 동량으로 이름을 영원히 죽백竹帛*에 드리울 정인군자正人君子, 학식과 덕행이 높은 인물이신데 제가 어찌 감히 해칠 수 있겠습니까? 제발 그 자를 내어주시길 바랄 뿐입니다."
"나를 죽이는 것 외에는 다른 방법이 없다!"
그러면서 병든 사람을 안고 누워버렸다. 이때 먼 마을에서 닭이 울었다. 귀신은 큰 소리로 울며 말하였다.
"이제 언제 원수를 갚을지 모르게 되었으니 어찌 원통하지 않겠습니까! 이는 분명 그쪽에 사는 점쟁이가 알려준 것일 테니 그 자에게라도 분풀이를 해야겠습니다!"
귀졸은 곧장 검을 짚고 문을 나서는데 간 곳을 알 수 없었다. 이때 갑자기 병든 사람이 혼절하였는데 따뜻한 물을 입에 흘려 넣어주자 다시 정신을 차렸다. 다음날 아침 점쟁이의 부고訃告가 왔다. 그 주인집에서는 장례비용을 넉넉히 주었을 뿐만 아니라 그의 처자를 잘 돌봐주었다고 한다.

이야기 열넷. 이정구와 사귄 중국 선비 왕세정

월사 이정구李廷龜가 연경燕京에 갔을 때, 엄주 왕세정王世貞*과 친하여 문장으로 벗을 맺었다. 하루는 이른 아침에 가서 만났는데 엄주가 조복을 갖추어 입고 일어나며 말하였다.
"마침 입궐할 일이 있어서 잠깐 일을 보고 돌아오겠습니다. 그대는 서루書樓, 서재에서 여러 책을 읽으면서 제가 오기를 기다려 주십시오."
이어서 하인에게 아침을 갖추어 올리라고 당부하였다. 엄주가 문을 나간 후에 떡과 국수, 술과 어육, 과일들이 계속 이어서 나왔다. 월사는 그것들을 먹으며 책을 보았다. 때가 좀 늦어서 엄주가 궐에서 나와 집으로 돌아왔다. 그가 아침을 먹었는지 묻자 월사가 대답하였다.
"아침은 아직 먹지 못했습니다."
엄주가 깜짝 놀라며 꾸짖으니 하인들이 대답하였다.
"아까 올렸습니다요."
그러자 엄주가 크게 웃으며 말했다.
"조선 사람은 쌀밥 한 그릇과 미역국을 아침저녁으로 먹는다. 어찌 우리들이 먹는 것과 같겠느냐? 어서 빨리 밥을 준비해 오너라. 너희에게 이것을 미리 말해줬어야 했는데 내가 깜빡했구나."

다른 날 월사가 엄주에게 가 보니 촉군蜀郡의 태수가 그 부친의 비문碑文을 구하며 예단을 보내왔다. 예단은 촉나라 비단 한 수레와 쌍륙雙陸* 한 수레와 미인의 청홍 치마 각각 열다섯 벌로 황금으로 장식된 것이었다. 대국은 선물의 풍성함도 이와 같았다.

이야기 열다섯. 도적이 된 벗의 의리

양파陽坡 정태화鄭太和*는 젊을 적에 친구 두 사람과 함께 산사山寺에서 글공부를 했다. 하루는 품은 생각을 이야기하다가 각자 평생의 소원을 말하게 되었다. 한 사람이 말했다.
"나는 벼슬을 원하지 않으니 산 맑고 물이 좋은 아름다운 곳에 살면서 평생 산수山水를 즐기고 싶다네."
그런데 한 사람이 소원을 말하지 않고 있어서 두 사람이 소원을 말하라고 채근하니, 그 사람이 말했다.
"나는 불행히 궁벽한 나라에 태어나 스스로 이 세상을 돌아보면 내가 용납될 곳이 없네. 그러니 맘대로 하며 사는 것이 제일 좋을 것 같네. 나는 큰 도적의 우두머리가 되어 심산궁곡深山窮谷에 웅거해 수만 명의 무리를 거느리고, 의롭지 못한 재물을 빼앗아 군량으로 삼고 산 속을 누비고 다니려네. 또한 가동歌童과 무희舞姬를 앞에 세워두고, 산해진미山海珍味를 실컷 먹는 것이네. 이같이 지낸다면 좋겠네."
두 사람이 크게 웃으며 의롭지 않다고 책망하였다.
그 후 양파는 과연 과거 급제하여 지위가 영상領相에 이르렀고, 한 사람은 포의布衣로 늙었는데, 도적이 되고 싶다던 사람은 어떻게 되었는지 알 수 없었다.

양파가 북관北關, 함경도 지역을 다스리고 있을 때, 포의였던 선비는 가난하여 살 방도가 없는 지경이 되었다. 그는 한때 함께 공부했던 우정을 믿고, 거지꼴로 걸으며 북관으로 향해 갔다. 회양淮陽 땅에 이르니, 그의 앞에 갑자기 건장한 종 하나가 나타났다. 그는 준마에 안장을 얹어 놓고 맞이하며 말하였다.

"소인은 사또의 명령을 받들고 이곳에 온 지 오래입니다. 어서 이 말을 타고 가시지요."

그 사람이 이상하게 여기며 물었다.

"너희 사또가 어디에 계신 누구시더냐?"

"가 보시면 바로 알게 되실 것입니다."

그 사람이 말에 올라 달리니 나는 듯이 빨리 달렸다. 몇 리를 가니 또 말 한 마리가 기다리고 있었고 술상까지 내 왔다. 이상하게 여겨 또 물으니 같은 대답을 했다. 몇 리를 가니 또 이와 같이 하여 점점 깊은 협곡 속으로 들어가는데 밤이 되었는데도 멈추지 않고 횃불을 켜서 앞을 밝히며 갔다. 그 사람은 어디로 가는지도 모른 채 다만 그 종의 말대로 따라갔다. 다음날 낮이 되어서야 한 마을 입구로 들어가니 깊은 산 가운데 인가가 즐비했고 가운데에는 붉은 문 하나가 있었다. 중문을 세 차례나 지나고 말에서 내려 들어가니 섬돌 아래 한 사람이 머리에 자주색 말총갓을 쓰고 몸에 구름무늬의 남색 비단 철릭을 입고, 허리에는 붉은 허리띠를 두르고, 검은 가죽신을 신고 있었다. 신장이 팔 척이었으며 얼굴에 분을 바른 듯 희었고 눈과 입이 시원스럽게 생겼으며 의표가 당당하고 위풍이 늠름했다. 그가 시원하게 웃으며 반 거지꼴을 한 사람의 손을 잡고 함께 계단을 오르며 말했다.

"자네는 헤어진 후로 잘 지냈는가?"

그는 처음에 누구인지 알아보지 못하다가 자리에 앉아 찬찬히 뜯어보니 바로 어릴 적에 산사에서 동고동락할 때 도적의 대장이 되겠다던 사람이었다. 그 사람이 깜짝 놀라며 말했다.

"우리들이 절에서 헤어진 후로는 서로 종적을 몰랐네. 어쩌다가 이렇게 되었는가?"

그 친구가 웃으며 말했다.

"내가 예전에 말하지 않았던가? 나는 지금 내 뜻을 이루었으니 세상의 부귀富貴가 부럽지 않다네. 사람이 세상에 나서 누구든 공명功名을 향해 내닫지 않는가? 그러나 그 운명이란 다른 자의 손에 달려 있으니 머리를 굽실대고 자취를 조심하며 평생토록 파리처럼 손을 비비고 개처럼 아양을 떠는 작태를 면할 수 없는 것이네. 그러다가 한번이라도 실수를 저지르면 형벌을 받아 시체가 시장에 내걸리고 처자妻子들은 노비가 되니 어떻게 이따위 것을 바랄 수 있겠는가? 내가 지금 속세를 벗어나 깊은 산에 들어와 수만의 무리를 거느리고 재물이 산처럼 쌓였으니 나는 쥐나 개처럼 훔치고 주머니를 더듬고 벽을 뚫는 짓으로 먹고 사는 좀도둑과는 다르네. 나의 졸개들은 팔도에 두루 펴져 있어서 연경燕京이나 왜관倭館의 물건*도 구해 올 수 있고, 또한 탐관오리의 재물은 반드시 빼앗으니 권세와 부유함이 왕공王公 부럽지 않다네. 사람이 살면 얼마나 살겠는가? 나는 내 뜻대로 유유자적할 뿐이라네."

그가 술상을 올리라고 명하자 미녀 여러 쌍이 상을 받들고 왔는데 온갖 산해진미가 다 차려져 있었다. 좋은 술과 풍성한 안주로 벗과 함께 즐기며 부어라 마셔라 하였다. 그는 벗과 함께 같은 자리에서 밥을 먹었고 같은 침상에서 잠을 잤다. 다음날 그는 벗과 함께 군중에 있는 재물을 살펴보고, 웅거한 소굴을 둘러싼 산수의 경치를 실컷 구경하였다. 도적의 장수인 벗이 말했다.

"자네가 이번 행차에 양파에게 가려는 것은 원하는 바가 있는 것이 아닌가?"

"그렇다네."

"이 사람아! 그 친구 배포를 자네도 알지 않는가. 비록 주는 것이 있더라도 자네가 바라는 것에는 미흡할 것이네. 여기 며칠 머물렀다가 그대로 돌아가는 것이 좋겠네."

"분명 그렇지 않을 것이네. 옛날 함께 공부한 정을 그가 어찌 잊겠는가?"

"그가 주는 돈은 아마 몇 냥을 넘지 않을 것이네. 어찌 이 돈 때문에 먼 길을 가려는가? 차라리 내가 돈을 줄 터이니 가지 않는 것이 좋겠네."

그 사람이 말을 듣지 않고 가려는 뜻을 정하자 벗이 말했다.

"자네가 그렇게 하겠다면 더는 말리지 않겠네. 자네 마음대로 하게."

그 후 며칠 더 머무르다가 그 사람이 가려고 하니, 적장이 종을 시켜 올 때처럼 말로 호송하게 했다. 떠날 때가 되자 벗이 말했다.

"자네는 양파를 만나더라도 절대 내가 여기에 있다고 말하지 말게. 그 친구가 나를 잡으려 해도 불가능할 것이네. 자네가 그 말을 하게 되면 내가 들을 것이고, 그렇다면 자네를 살려둘 수가 없네. 부더 조심하여 말하지 말아 주시게."
그는 맹세하며 말했다.
"어찌 그럴 일이 있겠는가?"
적장이 웃으며 전송하여 문을 나섰다. 그는 올 때처럼 말을 탔는데 산을 벗어나 큰 길에 이르자 종을 하직하고 떠났다.

그 사람은 걸어서 북영北營에 이르렀다. 감사監司, 정태화를 만나 인사를 끝낸 후에 그 사람은 낮은 소리로 밀고密告하였다.
"영공令公은 소시 적에 산사에서 함께 글을 읽던 아무개의 거처를 아는가?"
"한번 헤어진 후로 어찌 되었는지 모르네."
"지금 영공이 다스리는 도 안에 있는데, 큰 도적이 되었네. 그의 말로는 수만 명의 도당徒黨이 있는데, 전국 각지에 흩어져서 산재해 있다고 하였네. 그러나 그 본거지는 막상 부하가 많지 않고 오합지졸일 뿐이었네. 영공이 내게 영리한 병사 삼사십 인을 맡겨주면 당장 감영으로 잡아오겠네."
감사가 웃으며 말했다.
"그가 비록 도적의 괴수라고 해도 아직 마을에 폐단을 일으킨 적이 없네. 그리고 자네의 용기와 지략이 그에게 미치지 못하지 않겠는가. 공연히 화를 부르지 말고 쉬고 있게."
그 사람이 발끈하여 발했다.
"영공은 어찌 큰 도적이 경내에 있는 것을 알고서도 덮어둔 채 잡지 않는가? 만약 훗날 도적이 더욱 크게 퍼진다면 그 책임이 누구에게 돌아가겠는가? 영공이 만약 내 말을 따르지 않는다면 내가 돌아간 후 마땅히 상부에 고변告變하겠네!"
감사는 어쩔 수 없이 허락하였다. 그를 며칠간 머무르게 했다가 전송했는데 그가 전별할 때 준 물건도 얼마 되지 않았으니 도적 친구가 말했던 대로였다. 그리고 양파는 그가 원하는 수효대로 교졸校卒, 관아에 속한 군관과 나졸을 붙여주었다.

그는 교졸들을 이끌어 도적 친구가 웅거한 산으로 가서 수풀 사이에 매복시킨 후 교졸들에게 경계시키며 말했다.
"내가 먼저 들어갈 터이니 너희들은 일단 대기하고 있거라."
몇 리를 가니 접때 말을 끌고 나와 맞이하던 사람이 또 와서 함께 오라는 적장의 말을 전하였다. 그런데 말을 보내지 않았는지라 마음속으로 괴이하게 여겼다. 마을 어귀에 이르자 '잡아라!'라는 소리가 나더니, 건장한 병사들이 무수히 나와 그를 밧줄로 묶었다. 앞에서 막고 뒤에서 밀어 마치 송골매가 토끼를 잡아채는 듯 했다. 그 사람은 숨도 제대로 고르지 못한 채 뜰 아래로 잡혀왔다. 그가 적장 친구를 우러러보니, 위엄 있는 모습으로 노한 채 꾸짖었다.
"너는 무슨 낯으로 나를 보러 왔느냐!"
"내가 무슨 죄가 있기에 나를 이렇게 욕되게 하는가?"
적장 친구가 꾸짖으며 말했다.
"내가 말하지 않았더냐? 네가 북영에 가서 얻는 것이 내 말대로 많지 않을 것이라고. 그리고 너는 내 일을 북영北營에 발설하였으니 떠날 때에 부탁한 것을 생각지 않은 것이다. 그러고도 어떻게 오히려 혀를 놀릴 수 있느냐?"
"하늘의 해가 위에서 굽어보고 있거늘, 나는 그런 짓을 하지 않았네. 자네는 어디에서 소문을 듣고서 나를 의심하는가?"
그러자 적장이 졸개들에게 호령하였다.
"북영의 교졸들을 잡아들여 오너라!"
말이 끝나기도 전에 자신이 이끌고 왔던 북영의 교졸 수십 명이 일시에 묶인 채로 계단 아래 끌려왔다. 적장이 그를 가리키며 말했다.
"이놈들은 어떤 놈들이냐?"
그는 얼굴이 흙빛이 되어 말을 못하고 죽을죄를 지었다고만 할 뿐이었다. 적장이 차갑게 웃으며 말하였다.
"썩은 쥐새끼와 여우 새끼 같은 네놈 때문에 어찌 내 칼을 더럽힐 수 있겠느냐? 곤장이나 치는 게 마땅하리라!"
그리고는 곤장 십여 대를 내리치고 전과 같이 묶었다. 그리고 교졸들은 풀어주며 말했다.
"너희들이 고생이 많다. 무엇 때문에 이 인간을 따라와 명을 재촉하려 하느냐?"
그들에게 각각 은자 스무 냥을 내려주고 보내주며 말했다.
"돌아가면 너희 상전에게 앞으로는 절대 이런 놈들의 말을 듣지 말라고 아뢰어라."
그리고 부하들을 시켜 모든 창고에 쌓아놓은 재물과 비단, 은전, 그릇 등의 물건을 꺼내어 말에 싣거나 등에 짊어지게 하고서 모든 건물에 불을 질러 태워버리도록 하고 말했다.
"이미 다른 사람이 알게 되었으니 더 이상 이곳에서 살 수 없다."

그리고 부하 한 명을 시켜 그 사람을 산 밖의 큰 길로 쫓아냈다. 그 부하는 어디로 갔는지 모르게 사라졌다.

그는 간신히 도적의 손아귀에서 벗어나 길을 갔다. 원래 집으로 갔더니, 이미 다른 동네로 이사 가 있었다. 그는 집을 찾으니 문의 크기부터 전에 살던 곳 보다 훨씬 컸다. 부인에게 물으니 북영北營에 있을 때 편지와 물건들을 보내주지 않았느냐고 했다. 그가 놀라고 의아하여 그 편지를 보니, 자신의 필적筆跡과 흡사하였으나 본인이 쓴 것은 아니었다. 보내온 돈과 포목 비단의 수효가 매우 많았는데 가만히 생각해 보니 이것은 벗이었던 도적 대장이 보내준 것으로, 편지는 자신의 필적을 본뜬 것이었다. 이 일로 그는 자신의 잘못을 뉘우쳤다고 한다. 어떤 이는 북관의 수령이 양파 정태화가 아니라고 하는데 알 수 없다.

이야기 열여섯. 효종의 북벌론

효종 또한 간간이 미행微行을 하였는데 하루는 궁궐 담 뒤를 걸으며 나가고 있었다. 마침 눈 내린 밤이라 몹시 추웠는데 군포軍舖*에 수직守直 한 명이 밖에서 들어오며 말하였다.
"추위가 이렇게 심한데 어떻게 밤을 샌담?"
그러자 다른 사람이 말했다.
"그러게 말이오. 오늘 밤은 어찌 이리 춥지?"
"무슨 소린가? 우리들이 요동遼東, 지금의 요령성 동남부 일대 들판에서 노숙하면 오늘 밤 추위를 추웠다고나 할 수 있을 것 같은가?"
"우리들이 왜 요동에서 노숙을 하는가?"
"임금께서 지금 북벌을 의논하고 계시네. 이러한 때에 우리가 어떻게 정벌 길을 따르지 않을 수 있겠는가."
"허허. 절대로 그럴 일은 없으니 걱정 말게."
"아니네. 회덕懷德 송상宋相, 송시열(宋時烈) 대감께서 일전에 궐에 들어와 독대獨對*하였는데 그때 이미 계책을 정했다고 하더군."
"내가 걱정 말라고 하지 않는가? 절대 그럴 일은 없네."
"자네는 어찌 아는가?"
"주상께서는 위엄과 과단성이 없으신데 어떻게 그런 큰일을 해 내시겠는가?"

"그것은 또 어떻게 아는가?"
"주상께서 만약 강단이 있으셨다면 예전에 왕자로서 강화도를 지키고 있을 때 어째서 김경징金慶徵*의 목을 베지 않으셨는가? 김경징 같은 자 한 놈의 죄도 바로잡지 못하면서 중국을 정벌한다는 것이 말이 되는가? 나는 이것으로 알 수 있다네."
효종은 이 말을 듣고 분을 참지 못한 채 환궁했다고 한다.

이야기 열일곱. 음란한 중을 죽인 유생

글짓기를 그만두고 무예를 닦던 한 유생이 있었다. 하루는 그가 모화관慕華館에서 활쏘기를 익히다가 석양이 지자 그만두고 돌아가는데, 한 부인이 가마를 타고 오는 것을 보았다. 가마는 뒤따르는 배행陪行도 없이 다만 어린 여종만 뒤를 따랐는데 꽤나 귀엽고 예뻤다. 유생이 그 모습을 보자 홀딱 반하여 허리에 화살을 차고 어깨에는 활을 메고 앞서거니 뒤서거니 하며 따라갔다. 바람이 불어오자 주렴이 걷히며 잠깐 가마 안이 보였다. 한 여인이 소복素服을 하고 앉아 있었는데 참으로 경국지색傾國之色이었다. 유생은 정신이 황홀해져서 마음속에 '이 여인은 뉘 집 사람일까? 일단 따라가서 사는 집을 알아내야지.'라고 생각하면서 뒤를 따랐다.
가마는 큰 길을 따라 돈의문[新門]으로 들어가더니 남촌南村*의 어떤 동의 한 큰 집으로 들어갔다. 유생은 그 집 대문 밖에서 맴돌며 방황하다가 날이 저물었다. 그는 주막으로 가서 밥을 사먹고 다시 활과 화살을 차고서 그 집 앞 뒤를 두루 살폈으나 들어갈 수 있는 곳이 없었다. 다만 그 집의 뒷담이 작은 언덕을 끼고 있었는데 그다지 높지 않았기에 그 언덕에 올라 그 집을 내려다보았다. 담 안에는 화원이 있어 꽃이 만발하고 있어서 몸을 숨길만 하였고, 달빛이 내리고 있어 더욱 마음이 동하였다.

유생은 화원의 담을 넘어 내려가니 곧 그 여인이 거처하는 건물의 뒤편이었다. 건물의 동서쪽 방에는 등불이 환히 밝혀져 있어서 창 아래로 가서 동쪽 방 안을 엿보았다. 한 노부인이 베개에 기대어 있었고, 아까 봤던 여인은 등불 밑에서 언문諺文으로 된 책을 읽고 있는데 목소리가 낭랑하여 옥소리가 나는 듯 했다. 유생은 몰래 창 아래 엎드린 후 다시 창틈으로 방안을 엿보았다. 얼마쯤 지나자 노부인이 여인에게 말하였다.

"오늘은 분명 피곤할 테니 네 방으로 돌아가 쉬거라."

그 여인은 물러나 서쪽 방으로 돌아왔다. 유생은 또 서쪽 방으로 가서 창밖에서 엿보았다. 그 여인이 어린 여종을 불러놓고 말했다.

"길을 걸은 뒤라 너도 피곤하겠구나. 나가서 네 어미 방에서 자도 된다. 대신 내일 아침 일찍 돌아와야 한다."

어린 여종이 문을 나서자 여인은 일어나 위에 있는 창문을 닫았다. 유생은 몰래 기뻐하며 말했다.

"이 여자가 혼자 있으니, 내가 틈을 타 들어가면 되겠구나!"

숨을 죽이고 엿보니, 여인은 장롱을 열어 비단 이불을 꺼내어 깔았다. 그리고 담배를 피우며 등불 아래 앉아 있는데 마치 그리워하는 사람이 있는 듯하였다. 유생은 마음속으로 의아하게 여겼는데, 얼마 후 갑자기 후원後園의 대나무 숲에서 사람 소리가 들려왔다. 놀란 유생은 겁이 덜컥 나서 그곳을 피해 몸을 숨겼다. 그러자 어떤 대머리 화상和尙이 대나무 숲을 헤치고 와서 여인의 방을 두드리는 것이었다. 이윽고 창문이 열리더니 여인이 화상을 맞아들였다. 유생은 그 뒤를 따라 창문으로 엿보았다. 그 화상은 여인을 여러 차례

안았고 온갖 음란한 짓을 다 하면서 희롱하였다. 얼마 후 그 여인은 자리에서 일어나 탁자에 술병과 안주를 내려놓고 술을 가득히 따라 권하니 화상은 단숨에 들이켜고 나서 물었다.
"오늘 묘소에 다녀왔을 텐데 과연 슬픈 마음이 들던가?"
여인이 웃음을 머금고 말했다.
"저는 당신만 있으면 되는데 무슨 슬픈 마음이 들겠어요? 또 그 묘는 허장虛葬*한 곳인데 슬픈 마음이 든다는 게 말이 되나요?"
말이 끝나자 또다시 화상과 함께 한바탕 음란한 짓을 하더니, 알몸으로 이불 속에 들어가 서로 안고 누웠다. 유생은 처음에 일었던 음란한 마음이 구름이 흩어지고 안개가 씻기듯이 사라져 버리고, 분개심이 크게 일어났다. 이에 창밖에서 화살을 메겨 힘껏 활을 당겨 쏘니 화살은 화상의 대머리 정수리에 정통으로 명중하여 꽂혔다. 그 여인은 깜짝 놀라며 일어나 덜덜 떨더니 급히 이불로 화상의 시신을 싸서 다락으로 옮겨 놓았다. 유생은 그 동정動靜을 자세히 살핀 후 뒷담을 넘어 나갔다. 올 때는 이미 파루罷漏*를 하였기에 집으로 돌아올 수 있었다.

유생은 그날 밤 잠을 자는데 비몽사몽간에 푸른 도포를 입은 소년 유생이 나왔다. 나이는 십칠 팔세 쯤 되었는데 그의 앞에 와 절을 하며 말했다.
"당신이 제 원수를 갚아주셨군요! 정말 감사드립니다. 이에 사례하러 찾아왔습니다."
유생이 놀라며 물었다.

"당신은 어떤 사람이며 누구의 원수를 갚았다는 거요? 나는 원수를 갚은 일이 없소. 또 무엇 때문에 감사하다는 겁니까?"

그 소년은 눈물을 닦으며 대답하였다.

"저는 어느 동네에 사는 어느 재상의 아들입니다. 제가 산사山寺에서 글을 읽을 적에 주지로 하여금 양식과 찬거리를 가지러 집에 왕래하게 하였는데, 음부淫婦가 그를 보고 음심을 품었다가 끝내 통간通姦을 했습니다. 제가 집안 어른을 뵈러 집으로 돌아올 때, 이 중이 같이 가다가 사람이 없는 곳에서 저를 발로 차서 살해했습니다. 제 시체는 산 뒤에 있는 바위굴에 숨겼는데, 그것이 벌써 삼 년 전입니다. 원통하게 죽어 원수를 갚을 길이 없었는데 이제야 한을 풀었습니다. 어젯밤에 당신이 쏴 죽인 자가 바로 그 중이고, 또 그 계집은 제 처입니다. 원수를 이미 갚았으니 정말 고맙습니다. 다만 한 가지 부탁드릴 것이 있습니다. 부디 저희 부친을 뵙고 제 시체가 있는 곳을 알려주셔서 묻어주신다면 은혜가 더욱 클 것입니다."

어린 유생의 말이 끝나자 홀연히 사라져 간 곳을 알 수 없었다. 유생은 잠에서 깨자 마음속으로 매우 이상하게 생각되었다.

이튿날 유생은 다시 그 집에 가서 통자通刺*하고 들어가니 재상이 일어나 맞이하였다. 좌정坐定하고 나서 유생이 물었다.

"자제 분이 몇이나 되십니까?"

그러자 주인이 눈물을 흘리며 말했다.

"이 늙은이는 운명이 궁박하여 자녀가 없소. 오십 후에야 아이 하나를 얻어 손 안의 구슬처럼 사랑했는데, 겨우 혼례를 치르고 절에 가서 과거공부를 하다가 호랑이에게 물려가 버렸소. 아직 그놈의 상喪도 끝나지 않았소."
"소생에게 이상한 일이 일어났는데, 아드님의 시신을 찾기 위해 저를 따라 오시겠습니까?"
주인이 놀라며 말했다.
"당신이 어째서 그곳을 아십니까?"
"일단 가보는 것이 좋겠습니다."
주인은 즉시 안장을 얹은 말을 마련하여 그와 함께 갔다. 그 절에 이르자 말에서 내려 산을 올랐다. 절 뒤를 돌아 몇 리쯤 가니 어린 유생이 말한 듯한 바위가 있었고 바위에는 구멍이 있었다. 입구가 흙으로 막혀 있어서 종을 시켜 치우게 하였다. 손으로 더듬어 보니 시체 한 구가 있었다. 시체를 꺼내어 살펴보니 과연 그의 아들이었고, 안색이 살아있던 때와 똑같았다. 노 재상은 시체를 안고 곡하다가 기절해버렸다. 얼마 후 그가 깨어나더니, 그가 유생에게 말했다.
"그대는 이것을 어떻게 알았는가? 이는 분명 그대가 한 짓이로다!"
유생이 웃으며 말했다.
"만약 제가 한 짓이라면 공을 만나 이야기 할 수 있겠습니까? 일단 아드님의 상례를 치르고 난 후에 당신 며느리에게 이유를 물어보십시오. 그녀의 다락방에 증거가 될 만한 것이 있을 것입니다. 공은 어서 즉시 제 말씀대로 하십시오."
노 재상은 아들의 시신을 절로 옮겨 상을 치를 채비를 하는 한편, 귀가하여 곧바로 며느리의 방으로 들어가 물었다.
"내가 조복朝服*을 네 방 다락에 두었더구나. 내가 궐로 갈 일이 있으니 다락문을 열거라."

그 며느리가 황망히 여기며 대답하였다.

"그것은 제가 가져오겠습니다. 어찌 아버님께서 몸소 찾으시려 하십니까?"

대답하는 며느리의 기색이 보통 때와는 달랐다. 노 재상이 다락의 자물쇠를 열자 지독한 냄새가 났다. 냄새가 어디서 나는지 찾아보니, 장롱 뒤에 이불로 싼 것이 있어서 꺼내 보았다. 그것은 어느 살찐 화상和尙의 시신이었는데 화살이 정수리에 꽂혀 있었다.

노 재상이 물었다.

"이것이 어떻게 된 일이냐?"

그 며느리는 얼굴이 흙빛이 되어 덜덜 떨면서 감히 대답하지 못했다. 그리하여 노 재상은 곧장 밖으로 나가 친정 아비와 오라비를 불러 벌어진 일을 이야기하고 며느리를 쫓아냈다. 그 아비는 딸을 칼로 찔러 죽였다고 한다. 노 재상은 아들의 시신을 선산 아래에 다시 묻었다.

어느 날 밤 그 유생은 또 꿈을 꾸었는데, 그 소년이 다시 와서 크게 감사해하며 말했다.

"그대의 은혜를 갚을 길이 없었는데 다행히 과거가 멀지 않았습니다. 과장에 나올 문제는 제가 평소 지었던 글입니다. 제가 외워드릴 터이니 그대는 이것을 써두었다가 시험장에 들어가 답안지를 내면 급제할 수 있을 것입니다."

그가 부賦 한 수를 외워주었는데, 부의 제목은 '가을바람 불어오니 후회스런 마음이 생겨나네[秋風悔心萌]'였다. 그 유생은 그것을 받아 써두었다가, 얼마 후 과거 기일이 되어 시험장에 들어갔다. 시험 문제는 과연 소년이 말해준 대로 나왔기에 그는 부를 써서 답안지를 냈다. 그런데 유생이 '가을바람 쓸쓸히 석양에 부는데, 하늘은 광활하고 한껏 높다.[秋風颯兮夕起, 玉宇廓而崢嶸]'는 구절에서, '추秋'자를 '금金'자로 잘못 썼다. 이때 죽천竹泉 김진규金鎭圭* 공이 시험을 감독하였는데 이 답안지를 보고 말했다.

"이 부는 너무나 잘 지어서 마치 귀신이 쓴 것 같다. 우리들의 시 고르는 안목을 시험하려는 것인가?"

그랬다가 그 유생이 잘못 쓴 '금풍삽혜석기金風颯兮夕起'라는 구에 이르자 웃으며 말하였다.

"그럼 그렇지! 귀신이 지은 것은 아니로군!"

이에 그 작품을 장원으로 뽑았다. 사람들이 그 이유를 묻자 죽천이 대답했다.

"귀신은 쇠를 싫어하는데, 만약 귀신이 지은 것이라면 절대로 '쇠 금[金]'자는 쓰지 않았을 것이네. 그래서 귀신이 지은 것이 아님을 알았네."

방이 나오니 과연 그 유생이 장원이었다. 그 성명은 과장을 살피면 누구인지 알 수 있을 터이나, 미처 살펴보지는 못하였다.

이야기 열여덟. 도적의 무리를 이끈 김생

김 진사 아무개는 뛰어난 지략이 있었으나 집이 가난하였다. 품은 기상이 컸지만 뜻을 펼 기회를 얻지 못해 항상 우울하게 지냈다. 하루는 재상의 아들인 어떤 친지와, 내일 함께 동교東郊에서 치르는 친구의 반우返虞*에 가서 조문하기로 약속하였다. 그날 날이 밝기도 전에 창 밖에 어떤 이가 와서 말하였다.
"아무개 댁 아무개가 말을 보내시며 다음과 같이 말씀하셨습니다."

'친구 아무개의 반우가 곧 출발한다고 하니 우리들도 새벽에 성을 나가야 하네. 사람과 말을 보내니 빨리 타고 오게.'

김 진사는 이를 믿고 전혀 의심하지 않은 채 말을 달려 성문을 나섰는데 그 빠르기가 나는 듯하였다. 종암鐘巖, 지금의 고려대 뒷산 부근에 이르렀는데 아직도 해가 뜨지 않았다. 김생이 견마 잡이에게 물었다.
"너희 집 상전은 어디에 계시느냐?"
마부가 말했다.
"앞쪽에 계십니다."
곧바로 채찍을 가하여 누원樓院에 이르렀다. 다시 큰 길을 따라 가다가 어느 곳에 도착하자 어떤 건장한 사내 하나가 안장을 얹은 말을 갖추어 기다리고 있었고, 다른 한 사람은 술과 안주를 마련해 두고 있었는데 김 진사더러 드시라고 하는 것이었다. 김 진사는 더욱 괴이한 생각이 들어 물어보았다.

"너희들은 누구냐? 그리고 지금 무엇을 하는 것이냐?"

그 사람이 답하였다.

"일단 차려놓은 음식을 드십시오. 말을 갈아타고 가보시면 절로 알게 되실 것입니다."

김생은 어쩔 수 없이 그 말을 따라 말을 갈아타고 출발했다. 오육십 리쯤 가자 또 아까처럼 안장 얹은 말과 술상을 차려놓았다. 김생은 전처럼 먹고 마신 후에 말을 갈아타고 출발했다. 이러기를 밤낮으로 며칠째 그치지 않았는데, 매번 오육십 리쯤 가면 반드시 자신을 기다리는 사람이 있었다. 다시 철령鐵嶺, 강원도와 함경도의 경계에 있는 산을 경유하여 산길로 들어가 언덕을 넘고 산을 넘으며 며칠을 가서 어느 곳에 이르렀다.

사방이 산으로 둘러싸인 가운데 동네 하나가 있었고 인가가 즐비하였다. 관아의 모양과 같은 커다란 집이 있었는데 붉은 문 세 개가 세워진 곳에 이르자 말에서 내릴 수 있었다. 중문을 지나 들어가니 어떤 대장부가 이불을 덮은 채 누워있었다. 좌우에 모시고 있던 미인들이 몇이 그를 부축하여 일어나 앉혔는데 금방 숨이 끊어질 듯 호흡이 약하고 위태로웠다. 그가 김생을 향해 말했다.

"나도 자네와 같은 한양 사람인데 이곳에 잘못 들어온 지 여러 해가 되었네. 이제 병들어 죽게 되었으나 내 뒤를 이을 만한 사람이 없었다네. 자네에게 뛰어난 지략이 있다고 들었기에 이처럼 맞이하게 되었으니 굳이 사양하지 말게. 만약 자네가 내 청을 거절하려 한다면 반드시 큰 화가 있을 것이니 부디 삼가도록 하게. 내 휘하의 군졸들은 천여 명 가량 되며 창고에 재물 또한 가득하니 나를 대신하여 잘 다스려 보게. 내 비록 도적의 우두머리지만 의롭지 못한 짓은 한 적이 없네. 탐관오리貪官汚吏의 재물이나 부유한 백성들로 인색하여 베풀 줄 모르는 자들의 것만 빼앗았네. 또한 연경과 왜관에서 물건을 교역하여 얻은 재물로, 얻을 수 있는 것은 모두 얻어서 군수軍需에 사용하고 있으니 자네 또한 이처럼 하면 될 것이네. 사람이 이 세상에 태어나 공명功名을 이루는 것은 하늘에 달려있어 사람이 어떻게 할 수 있는 것이 아니네. 차라리 이곳에서 군중軍中을 호령하고, 가희歌姬, 무녀舞女와 함께 산해진미山海珍味를 부족함 없이 누리는 것도 공경公卿과 바꾸지 않을 만하지 않겠는가? 부디 힘써주게."
그는 말을 마치자 누워 다시 말이 없었다. 김생은 그제야 그가 도적의 우두머리임을 알았으나, 놀랍고 의아하여 이곳을 벗어날 계책은 생각지도 못하고 그저 대청 위에 앉아있을 뿐이었다. 군교軍校, 오늘날의 장교 같은 자 십여 인이 뜰아래 와서 절하였고 다른 군졸들이 일시에 와서 배알하였다. 그들은 사립과 남색 도포를 걸쳐 주었는데 김생은 어쩔 수 없이 받아 입었다. 그들이 대접하는 음식은 매우 풍성하고 깔끔했다. 김생은 건넌방에 있었는데 이날 밤 도적의 우두머리가 운명하자 군중이 모두 슬퍼하며 지극한 효성으로 상례를 치렀으니 그 화려함이 대단하였다. 성복成服 후에 산 뒤의 기슭에 묻었다.

김생은 요모조모 생각해 보아도 탈출할 방법이 없었는데 칠팔 일 후에 군중에서 하는 말을 듣게 되었다.

"옛 원수께서 돌아가시고 새 원수가 대신한 것이 거의 열흘이나 되었네. 그런데도 훌륭한 뜻을 펼친 적이 없으니 아마도 이 자는 밥주머니일 뿐일지도 모르네. 앞으로 이런 자를 어디에 쓰겠는가? 다시 며칠을 기다렸는데도 이와 같다면 죽이지 않을 수 없으니 그때는 다른 사람을 구해야 좋을 것이네."

김생은 몰래 이 말을 듣자 크게 겁이 났다. 그는 다음 날 아침 대청에 앉아 군교軍校 중 우두머리를 불러 분부하였다.

"그간에 옛 원수의 상례를 마치지 못했기에 겨를이 없어 묻지 못했다. 지금 군중에서 쓸 것이 부족하지 않느냐?"

"약간 저축해 두었던 것은 상례의 제물로 거의 다 써버려 지금 남은 것이 많지 않아 마침 이 때문에 고민하던 차입니다."

"내일부터 군령을 나누어 낼 것이니 군령판軍令板, 군령을 적어놓은 판을 들여오너라."

그 군교가 명을 받들고 물러가더니 얼마 후에 들어왔다. 군령판 뒤에는 털 만한 집들이 죽 적혀 있었다. 김생은 이에 영흥永興의 주朱 진사의 집에 줄을 그어 내어주니 군교가 엎드려 청하였다.

"이 집은 과연 거부巨富이나 실제로 털 가망이 없습니다. 그 동네에 있는 사오백 호가 모두 그 집 노비의 무리이고 집집마다 문미門楣, 문이나 창문 위에 가로댄 나무에 큰 방울이 하나씩 달려있는데 그 새끼줄 끝이 모두 한 곳인 주인집으로 모여 있습니다. 만일 문제가 일어날 경우 끈을 한번만 흔들면 수많은 방울이 한꺼번에 울립니다.

한 번 털러 들어간 후에는 빠져 나올 방법이 전혀 없으니 이를 어떻게 하시겠습니까?"

김생이 그를 꾸짖으며 말했다.

"장수가 이미 명령을 내렸으면 비록 물이나 불속이라도 마다하지 않아야 할 것인데 어찌 감히 말을 어지러이 하여 군심軍心을 흔드느냐!"

즉시 잡아들여 엄히 곤장 예닐곱 대를 친 후 분부하였다.

"이곳은 내가 직접 가겠다!"

이튿날 김생은 감영監營의 비장裨將의 모습으로 변장했는데 푸른 철릭[天翼]에 장패將牌*를 차고 커다란 상자와 대롱 같은 것을 수십 바리나 말에 실었다. 뒤 따르는 사람들은 모두 역졸驛卒의 모습으로 꾸미고 출발했다. 날이 저물자 주 진사의 집으로 달려가 함경도 감영에 진상하는 물건을 가지고 가는 비장이라고 하며 문에 들어섰다. 주 진사는 김생을 황망히 영접하였는데 안부 인사를 나눈 후 주인에게 말했다.

"이것은 영문營門에 특별히 진상하는 물건입니다. 중요한 것이 있어서 밖에다 둘 수가 없으니 대청에다 두었으면 합니다."

주인은 그 말대로 그것을 대청에다 두고 저녁밥을 마련하여 대접하였다. 밤이 되자 김생은 주인과 베개를 나란히 하고 잤다. 주인이 잠을 자는데 가슴이 답답하여 깨어나 눈을 떠 보니 아까의 영비營裨, 감영의 비장라는 자가 가슴에 걸터앉은 채 손으로 장검을 쥐고 있는 것이었다. 그가 말하였다.

"만약 네가 소리를 지른다면 당장 칼로 목을 벨 것이니 겁이 나더라도 절대 소리 내지 말라. 나는 영비가 아니라 도적의 우두머리다. 군량을 빌리기 위해 왔으니 돈과 비단을 둔 곳을 말하라. 말하면 살 수 있고 그렇지 않으면 네 목숨은 오늘 밤에 끝난다. 목숨이 중하겠는가, 돈과 비단이 중하겠는가?"
주인이 얼굴이 흙빛이 되어 당황하며 쩔쩔 매더니 애걸하였다.
"말씀하신대로 모두 하겠습니다. 제발 살려주십시오."
적장이 허락하고 함께 따라온 졸개를 불러서 창고를 열어 일일이 수색했다. 이 때 온 집안이 놀라 동요하였는데 혹 뭔가 그에게 가까이 가 수작을 부리려는 자가 있으면 주 진사가 소리치며 말했다.
"내게 가까이 오지 말거라! 창고 속의 물건도 가져가게 두어라!"
도적의 무리는 창고로 난입하여 들어가 포목, 비단 등과 은전을 꺼내어 실었다. 아울러 주인집의 소와 말에도 물건을 실었다. 도적들은 물건을 동구로 운반하면서 왼손으로는 주인의 손을 잡고 오른손으로는 장검을 잡은 채 동행하였다. 동구 밖에 이르자 주인의 손을 뿌리치고 말에 올라서 가는데 마치 풍우가 몰아치는 듯 빨랐다. 이번 행차에 얻은 것은 거의 수만 금이 넘었으니 군중은 모두들 귀신같은 계책이었다며 칭송하였다.

사오일이 지난 후에 또 사람을 시켜 군령판을 들여오게 하더니 석왕사釋王寺, 지금의 강원도 고산군에 있음에 표시를 하고 내어주었다. 그러자 수교首校가 아뢰었다.
"이 절의 골짜기로 통하는 길은 단지 하나 뿐입니다. 만약 깊이 들어갔다가 관군이 동구洞口를 막으면 탈출할 길이 없으니, 이를 어찌

하려고 하십니까?"
김생이 역시 그를 질책하고 물러가라며 말했다.
"그럼 이번에도 내가 행차하겠노라."
그리하여 함흥咸興의 중군中軍, 군영의 대장으로 변장하고 교졸校卒, 장교와 나졸을 많이 따르게 하였다. 적도賊盜 몇몇은 붉은 끈으로 결박하여 뒤를 따르게 하며 절로 들어갔다. 그는 절의 누각 위에 앉아서 결박했던 도적놈의 죄를 심문하니 중들의 죄를 거짓으로 실토하였다. 이에 절의 승려 사오백 명을 모두 결박하고 돈이 되는 불상이나 돈 포목 등속을 말에 실어 차례대로 내보냈다. 이때 몇 명의 중이 산에서 나무를 하다가 그 사태를 보고 급히 안변安邊의 군수에게 아뢰니, 군수는 크게 놀라 급히 노령奴令, 군영의 대장과 군교軍校들을 파견하여 동구를 막았다. 도적의 무리가 이 소식을 듣고 급히 김생에게 알리니, 김생은 적도 중에서 네다섯 사람을 삭발시켜 승려의 모습으로 꾸미고, 이들이 얼굴에 검댕을 칠하였다. 그들을 군교 앞에 달려가 다음과 같이 말하도록 했다.
"적도가 뒷산을 넘어 갔으니 관군은 속히 뒷길을 추적하시오! 이 골짜기엔 적도가 없으니 들어올 필요가 없습니다."
관군은 그 말을 듣고 일제히 뒷산을 넘어갔다. 김생은 이에 동구로 유유히 달아났다. 이번에 얻은 돈과 포목이 수백여 바리였으니 군수 물자로 쓰기에 넉넉하였다. 이와 같이 계교를 꾸며 거두어들인 것을 이루 다 적을 수가 없었다.

수삼 년 후에 김생은 졸개들을 모아놓고 말했다.

"너희들은 모두 보통 백성이었는데, 추위와 배고픔에 시달리다 끝내 이런 짓을 하게 된 것이다. 그러나 이것은 오래 갈 계책이 못된다. 그리고 우리가 모은 돈과 비단을 각자 나눠 가지면 의식이 풍족할 것인데, 하필 이런 짓을 해야겠느냐? 나 역시 이곳에 오래 살 사람이 아니다. 창고에 쌓인 물건을 각각 고르게 나눠가지고 고향으로 돌아가 일반 백성으로 사는 것이 좋지 않겠느냐? 그러나 너희들의 뜻이 어떠한지 모르겠구나."
여러 사람이 모두 말하였다.
"오직 장군의 명을 따르겠습니다!"
김생이 이에 쌓인 재물을 각자 고르게 나눠주었다. 또한 살던 곳을 불태운 뒤 말을 타고 산을 나가 비로소 고향집으로 돌아갔다고 한다.

이야기 열아홉. 사람을 잘 알아본 김수항의 부인

문곡 김수항金壽恒*의 부인은 나羅 씨이다. 부인은 명촌明村 나양좌羅良佐*의 누이로 사람을 알아보는 예지력이 있었다. 딸을 위해 사위를 가리려고 셋째 아들 삼연으로 하여금 민 씨의 여러 소년들을 보고 정혼하도록 하였다. 삼연三淵*이 가서 보고 아뢰었다.
"민 씨 집 아이들이 모두 키가 짧은 데다 생김새도 시원치 않아 적당한 사람이 없습니다."
"이 집은 명망이 있는데 후손들이 그럴 리 없다."
그 뒤에 삼연은 이 씨 집 아이를 택하고 말하였다.
"이제 과연 괜찮은 사내를 얻었습니다."
"어떤 아이냐?"
"풍채와 거동이 아름답고 재주가 탁월하니 큰 그릇이 될 사람입니다."
"그렇다면 좋다."
사위를 맞아들여 혼례를 올리는 날 부인이 탄식하며 말하였다.
"셋째가 눈은 있어도, 사람 보는 눈은 없구나."
삼연이 괴이쩍어 여쭈어보자 부인이 말하였다.
"신랑이 곱기는 곱지만 수명이 매우 부족하여 서른을 넘기지 못하겠는데, 너는 무엇을 보고 정혼하였단 말이냐?"

이윽고 자세히 보더니 탄식하며 말하였다.
"내 딸이 먼저 죽게 생겼으니 이 일을 또 어찌하겠는가?"
이러면서 삼연을 책망해 마지않았으나 삼연은 끝내 그리리라고 여기지 않았다.

하루는 민 씨 집안의 약관인 종형제들인 치재恥齋 민진후閔鎭厚*와 단암丹巖 민진원閔鎭遠* 등이 마침 일이 있어 왔다. 삼연이 들어가 아뢰었다.
"어머니께서 늘 민 씨 집안과 혼사를 맺지 못해 한이시더니 이제 민 씨 집안의 소년들이 왔습니다. 어머니께서 창문 틈으로 몰래 보실 수 있을 테니 반드시 소자의 말이 거짓이 아니라는 것을 아실 것입니다."
부인이 그 말대로 몰래 보고서 다시 책망하였다.
"너는 과연 사람 보는 눈이 없구나! 이 소년들은 모두 귀인貴人으로, 이름이 후세까지 드리울 큰 그릇인 것을… 아깝다! 이 아이들과 혼사를 맺지 못하다니!"
그 뒤 과연 그 말과 부합하여 민 씨 자제들은 모두 크게 현달하였다. 그리고 이 씨는 과연 나이 겨우 서른이 지나서 참봉으로 요절하였는데, 부인의 딸 역시 1년 앞서 죽었다.

부인이 일찍이 비단 세 필을 짰는데 한 필은 남편인 문곡文谷의 관복을 짓고 두 필은 깊이 간직해 두었다. 그러다가 둘째 아들 농암農巖이 급제하여서도 조복을 짓는 것을 허락하지 않았다. 그 뒤 첫째 아들 몽와가 음관으로 급제하자 이에 조복을 짓도록 하고, 한 필은 다시 간직해 두었다. 그러다가 손녀사위 조문명趙文命이 급제하자 다시 조복을 짓도록 하였다. 세 사람이 모두 지위가 삼공三公*에 이르렀으니, 부인의 뜻으로는 삼공에 이르지 못한 사람은 허락할 수 없다고 여겼던 까닭이다.

농암이 급제하고 들어가 아뢸 때 부인이 눈썹을 찡그리며, "어찌 산림山林의 처사處士와 같은 꼴인가?"라고 하였고, 그 뒤 몽와夢窩가 급제하고 들어가 아뢰자 부인이 웃으며, "대신께서 오셨소?"라고 하였다.

이야기 스물. 호랑이를 잡은 이덕재

삼연三淵 김창흡金昌翕은 만년에 설악산에서 거처했는데 자신이 지내는 암자 이름을 '영시永矢'라고 하였다. 그는 승려와 함께 지냈는데 하루는 그 승려가 호랑이에게 물려갔다. 연옹淵翁, 김창흡을 말함이 글을 지어 조문해 주었으나 참담한 슬픔을 이길 수가 없었다.
며칠 후 사위 이덕재李德載가 와서 절하는데, 이때 나이 열 예닐곱 살이었다. 연옹이 이전 상황을 말하며 밖에 나가지 말라고 조심시켰다. 저녁 식사 후에 사위가 사라졌는데 간 곳을 몰랐다. 그를 계속 불렀으나 어디서도 대답이 없었다. 그는 크게 놀라 승려들을 모아 횃불을 밝혀 찾았다. 달빛이 밝아 낮 같았는데 사위는 홀로 뒷산 꼭대기에 앉아 있었다. 연옹이 그를 보고 크게 꾸짖었다.
"내가 말하지 않았더냐? 일전에 같은 방에서 지내던 승려가 호랑이에게 물려갔다. 이런 밤에 어린아이가 혼자서 사람이 없는 곳에 왔다가, 혹시 호랑이나 표범을 만나면 어찌 하려 하였느냐? 너는 어른의 말을 듣지 않느냐!"
이공李公, 이덕재를 말함이 웃음을 머금으면서 말하였다.
"연옹께서 같은 방 스님이 호랑이에게 물려간 것 때문에 오래 지나면 더욱 마음의 병이 깊어지실 듯했습니다. 그래서 소자가 아까 산 위에서 호랑이를 찔러 죽여 스님의 원수를 갚았습니다."

연옹이 믿지 못하며 말했다.
"어떻게 그럴 수가 있느냐?"
다음 날 아침 여러 승려들이 모여서 가 보니 산 아래 구렁에 큰 호랑이가 난자亂刺되어 엎어져 있었다. 이공은 보통 사람을 뛰어넘는 힘이 있고 검을 잘 쓰는 까닭에 이와 같이 할 수 있었다고 한다.

이야기 스물하나. 술을 좋아한 민정중, 민유중 형제

노봉老峯 민정중閔鼎重과 아우 여양驪陽 민유중閔維重은 우애가 돈독하였다. 일찍이 술을 좋아하였지만 부친 감사監司 공*이 매번 금하여 마음대로 마시지 못하게 하였다. 감사공이 원영을 다스리고 있으니 형제가 함께 뵈러가서 며칠 동안 머물렀다. 그러자 형은 아전亞銓, 이조참판에 임명되고 아우는 부학副學, 부제학에 임명되는 명이 한꺼번에 도착하였다.

아버지 민공은 이 날 만큼은 실컷 마시기를 허락하니 형제가 대작하며 많이 취한 뒤에 객사로 나갔다. 객사의 대청에 앉아서 계속 술을 올리게 하였으나, 하인이 사또의 분부라며 감히 계속 올리지는 못한다고 말하였다. 두 공이 취중에 큰 소리로 "너의 사또께서 별성別星*을 이렇게 접대하시는 것은 정말 부당하다!"
라고 하더니 모두 잠이 들었다.

깨어난 후에 취중에 실언하였음을 알고 형제는 크게 놀라 문 밖에서 석고대죄席藁待罪*를 하였으나 공은 껄껄 웃으며 책망하지 않았다.

이야기 스물둘. 사람을 알아본 신임과 사위 유척기

판서 신임申銋*의 호는 한죽당寒竹堂인데 사람을 알아보는 능력이 있었다. 그는 외아들을 잃고 유복녀인 손녀가 있었는데 이제 겨우 열다섯 살이었다. 청상과부가 된 며느리는 매번 시아버지께 청하였다.

"이 아이의 신랑감은 아버님께서 직접 관상을 보시고 골라 주셔야 합니다."

신공이 웃으며 말했다.

"너는 어떤 신랑을 구하느냐?"

며느리가 대답하였다.

"수명은 팔십까지 해로하고, 지위는 대관에 이르며, 가세는 부유하고, 아들을 많이 낳을 신랑을 원합니다."

공이 웃으며 말했다.

"세상에 어찌 이와 같이 겸비한 사람이 있겠느냐? 만약 네 소원에 부합하려면 갑작스레 얻기는 어렵겠구나!"

그 후로 출입하고 돌아오면 반드시 신랑감으로 마땅한 자가 있더냐고 물었는데, 매번 이런 식의 대화가 오갔다.

하루는 공이 가마를 타고 장동壯洞*을 지나갔다. 여러 아이들이 즐겁게 놀고 있는 가운데, 나이는 십여 세 쯤 된 아이가 쑥대머리에 죽마를 타고 좌우로 뛰며 돌아다니고 있었다. 공이 가마를 멈추고 찬찬히 바라보니, 옷이 몸을 가리지 못했으나 눈과 입이 시원시원하고 골격이 비범하였다. 하인으로 하여금 그 아이를 불러오도록 하니 고개를 저으며 내켜하지 않았다. 하인들에게 붙들어오게 하니, 그 아이가 소리 내어 울며 말했다.
"무슨 관원이기에 갑자기 나를 잡아가는 거요? 내가 무슨 죄가 있다고 이러시오?"
여러 하인들이 끌어안고 가마 앞에 이르자 공이 말했다.
"너는 벌열閥閱, 집안이 어찌 되는 사람이냐?"
"문벌은 알아서 무얼 하시렵니까? 저는 양반입니다."
공이 또 물었다.
"네 나이는 몇이고, 네 집이 어디에 있으며 네 성명을 무엇이라고 하느냐?"
"군정의 파기疤記*를 쓰시렵니까? 성명과 사는 곳은 또 왜 물으십니까? 제 성은 유兪요, 나이는 열 셋이고, 집은 건넌 마을에 있습니다. 빨리 놓아주십시오."
공이 곧 놓아 보내고 그 집을 따라가니 비바람도 가리지 못하는 오두막집이었다. 단지 과부로 사는 모부인만 있었는데 계집종을 불러내 전갈하였다.
"나는 아무 동에 사는 신 아무개입니다. 제게 손녀 하나가 있어 곧 사위를 구하고 있는데, 오늘 댁 도령하고 정혼하고자 왔습니다."
그리고는 하인에게 집에 돌아가거든 말을 조심하여 함부로 소문내지 말라고 타일렀다.

마침 해가 저물어 집으로 돌아가니 과부가 된 며느리가 또 신랑감을 물어 오므로 공이 웃으며 대답하였다.
"너는 어떤 신랑감을 구하느냐?"
청상의 며느리가 또 전과 같이 말하자, 공이 웃으며 대답했다.
"오늘 드디어 구했구나."
며느리가 기뻐하며 물었다.
"누구 집 아들이며 집은 어디에 있습니까?"
공이 말하였다.
"집은 알 필요 없다. 나중에 저절로 알게 될 것이다."
납채納采*하는 날이 다가와서야 비로소 어느 집이라고 이야기 해 주었다. 며느리는 안에서 급히 사리를 잘 아는 늙은 여종 하나를 보내어 그 가계의 빈부貧富와 신랑 외모의 미추美醜를 살펴보게 하였다. 늙은 여종이 돌아와 고하였다.
"집은 두어 칸 오두막으로 비바람도 제대로 가리지 못하였고, 아궁이 밑은 이끼가 피고, 솥에는 거미줄이 쳐 있었습니다. 신랑의 외모는 눈이 광주리 같이 움푹하고 흐트러진 머리는 쑥대 같아 취할 데가 하나도 없었습니다. 우리 소저小姐께서 그 집에 들어간 후에는 분명히 절구도 직접 잡으셔야 할 것 같습니다. 우리 소저께서는 꽃이나 옥같이 자라셔서 비단 같은 약질弱質인데 어찌 이런 집으로 보낼 수 있겠습니까?"
며느리가 이 말을 듣자 혼이 날아가고 간이 떨어질 지경이었지만 당장 납채를 받는 날이라 일을 어찌할 수 없는 지경이었다. 그래서 울음을 삼키고 신랑을 맞을 차비를 차리었다. 다음 날 신랑이 돌아와 예를 행하는데 며느리가 자세히 보니 정말로 여종의 말과 부합하였다. 워낙 밉살맞게 생겨먹은 신랑인지라 마음이 찢어지는 듯하였다.

식을 치르고 사흘이 지난 후에 신랑을 보냈는데 저녁식사 때에 신랑이 다시 왔다. 신공이 물었다.
"너는 어찌하여 다시 왔느냐?"
신랑이 말했다.
"집에 가야하니 저녁밥은 기약할 수 없고 돌아오는 인마가 있는지라 돌아왔습니다."
공이 왔으면서 말하였다.
"그러면 머무르거라."
그는 늘 신부의 집에 머무르면서 연일 아내의 방에서 잠을 잤다. 신부는 체질이 허약했는데 매일 밤마다 남편에게 시달리다가 거의 병이 날 지경에 이르렀다. 공이 염려하여 깨우쳐 주었다.
"너는 어찌하여 날마다 아내 방에서 자느냐? 오늘은 밖에 나와서 나와 함께 자는 것이 좋겠다."
"삼가 말씀을 받들겠습니다."
밤이 되어 공이 취침하자 신랑은 침구를 앞에 폈다. 잠깐 눈을 붙였는데 신랑이 손으로 공의 가슴을 쳐 공이 놀라서 말했다.
"지금 뭐하는 짓이냐?"

"저는 잠자리가 불편하면 잠결에 이러는 경우가 있습니다."
"이후로는 이러지 말거라."
"그렇게 하겠습니다."
오래지 않아 또 발길질을 하니 공이 다시 놀라 깨었으나 책망할 따름이었다. 다시 손발로 때리거나 차는 바람에 공이 그 고통을 견디지 못하여 말했다.
"너는 안방으로 들어가 자거라. 네 잠버릇 때문에 함께 잘 수 없겠다."
신랑이 침구를 말아서 매고 안방으로 들어가니 마침 신부와 신부의 친척 아낙네들이 신방에 모였다가 놀라서 일어나 피하였다. 신랑이 큰 소리로 말하였다.
"여러 집 아낙들은 모두 피해주시고, 유서방의 부인만 남는 것이 좋겠습니다."
이와 같이 하는 까닭에 위아래 사람이 다 그를 싫어하며 괴롭게 여겼다.

신공이 해변海藩, 황해도의 안찰사가 되어 내행을 거느리고 가는데 유랑俞郎, 유 씨 신랑도 배행하여 가게 되었다. 과부 며느리가 말했다.
"유랑은 데리고 가면 좋지 않을 것 같으니, 이곳에 남겨두면 어떻겠습니까? 딸을 잠시 쉬게 하는 것이 좋겠습니다."
공은 허락하지 않고 그를 데리고 갔다.
먹[墨]을 진상하는 때가 되자 공이 유랑을 불러서 물었다.
"너는 먹을 가지고 싶으냐?"

대답하였다.

"그렇습니다."

공이 먹을 가리키며 말했다.

"마음대로 골라 가거라."

유랑이 직접 큰 것으로 골라 백 동同*을 따로 두었다. 그러자 감영의 비장이 아뢰었다.

"만약 이렇게 하면 봉물封物*할 수량이 모자랄까 염려됩니다."

공이 말했다.

"그렇다면 빨리 더 만들게 하라."

유랑이 서실로 돌아와 하인들에게 나누어 주었는데, 남은 것이 하나도 없었다고 한다.

유랑은 곧 재상 유척기兪拓基다. 나이는 팔십으로 수를 누렸고, 지위는 영상에 이르렀으며 아들은 넷을 두었다. 가세 또한 부유하였으니 과연 신공의 말과 부합하였다.

훗날 유공이 해백海伯, 황해도 관찰사이 되어 사위인 남원南原 홍익洪益을 데리고 갔다. 마침 먹을 진상할 때가 되자 홍랑을 불러 그에게 원하는 대로 고르라고 하니 홍랑은 큰 것 두 동과 중간 것 세 동, 그리고 작은 것 다섯 동을 따로 빼놓았다. 공이 말했다.

"어째서 더 갖지 않느냐?"

홍이 말했다.

"무릇 물건은 쓸 곳이 정해져 있습니다. 제가 만약 원하는 수대로 가져간다면 진상은 어떻게 하며 서울의 친구분들에게는 무엇으로 문안하시겠습니까? 이 정도면 제가 넉넉히 쓸 만합니다."
공이 그를 가만히 지켜보고 웃으며 말했다.
"속이 찼군. 더 없이 속이 차어. 적어도 음관蔭官 재목은 되겠구나."
과연 그 말과 같았다.

이야기 스물셋. 아이를 가르친 해인사의 스님

합천 태수 아무개는 나이 육십에 겨우 얻은 아들 하나가 있었는데 지나치게 사랑한 나머지 제대로 가르칠 시기를 놓쳐버렸다. 아들의 나이가 열셋이 되었는데도 여전히 목불식정目不識丁이었다. 해인사에 큰 스님이 있었는데 전부터 태수와 친하여 관아를 왕래하였다. 하루는 그가 와서 말하였다.

"아이의 나이가 이미 성동成童, 15세인데 아직 배우기를 시작하지도 못했으니 앞으로 어찌하려 하십니까?"

"비록 글을 가르치려 해도 게을러서 도무지 말을 듣지 않습니다. 차마 회초리를 칠 수가 없어 이 지경에 이르고 말았으니 몹시 고민스럽습니다."

"사대부의 자제로 어릴 적부터 배우지 못하면 세상에서 버림받게 될 것입니다. 자애로운 사랑만 할 줄 알고 공부를 시키지 않으면 되겠습니까? 아이의 인물과 행동 등을 여러모로 살펴보면 뭔가 큰일을 할 것 같은데 이처럼 포기하시면 너무나 애석합니다. 소승이 가르쳐 보고자 하니 관가官家께서 허락하실 수 있겠습니까?"

"정말 좋은 생각입니다. 감히 청하지 못하겠으나 진실로 바라는 바입니다. 대사께서 가르치셔서 정신을 차릴 수 있다면 얼마나 다행이겠습니까?"

"그렇다면 한 가지 맹세할 일이 있습니다. 아이의 생사를 제 뜻대로 하며 과업을 엄하게 세우라는 뜻을 문기文記, 문서로 쓰시고 인장을 찍어 소승에게 주십시오. 또 한 번 산문山門, 절에 보내신 후로는 임기 동안 노비들도 절대로 만날 수 없게 하며 애틋한 마음이 들더라도 냉정히 끊어버리셔야 합니다. 의복과 음식 같이 필요한 것들도 소승이 스스로 마련할 수 있으니 만일 보내려는 것이 있으면 승도들이 왕래하는 편으로 소승에게 보내십시오. 관가께서는 제가 말씀드린 대로 행하시렵니까?"

"오직 말씀하신 대로 따르겠습니다."

곧 그의 말대로 문기를 써 주었다. 그리고 그날로 아이를 절에 보내고 이후로는 왕래를 끊고 어떠한 연락도 하지 않았다.

그 아이는 절에 들어온 후 사방으로 뛰어다니며 노승을 업신여겼다. 욕하고 뺨을 때리기 일쑤였고 온갖 못된 짓은 다 하고 다녔다. 대사는 보고도 못 본 척하며 멋대로 하게 내버려 두었다. 대엿새가 지난 이른 아침, 대사는 고깔과 도포를 단정히 하고서 책상을 마주하여 무릎을 꿇고 앉자 그의 제자 삼사십 인이 줄을 맞추어 앉아 모시고 있으니 예의가 정숙하였다. 대사가 한 사리승에게 명령하여 그 아이를 잡아들이라고 하니, 그 아이는 목 놓아 울면서 꾸짖기도 하고 욕을 하기도 하였다.

"너는 승도로서 어찌 감히 양반을 이렇게 모욕하느냐! 내 돌아가면 아버님께 고하여 너를 때려죽일 것이다! 천 번 만 번 죽어도 쌀 도적놈! 중대가리야!"

그가 한사코 말을 듣지 않자 대사가 큰 소리로 꾸짖으며 여러 승려들을 책망하며 결박하라고 하였다. 그러자 승려들이 일제히 달려들어 결박하여 대사 앞에 무릎 꿇렸다. 대사가 아이의 부모가 써 주었던 문기文記를 꺼내 보이며 말했다.

"너희 어르신께서 이것을 써서 내게 주셨으니 이제부터 네가 죽고 사는 것은 내 손에 달려있다. 너는 양반집 자제로 아는 것도 전혀 없으면서 온갖 패악을 일삼으니 살아서 무엇 하겠느냐! 네가 이런 버릇을 버리지 못한다면 네 집안은 망하고 말 것이다. 일단 내가 주는 벌이나 받아라!"

곧이어 송곳 끝을 불에 달구어 벌겋게 되기를 기다렸다가 넓적다리를 푹 찔렀다. 아이는 고통에 겨워하다가 혼절하였다. 아이가 한참 지나서야 깨어나자, 대사는 또 송곳을 달구어 찌르려 하였다. 아이가 애걸복걸하며 말했다.

"이제부터 대사의 말씀을 다 듣겠으니 제발 찌르지 마시오!"

대사가 송곳을 쥐고서 꾸짖었다 어르다 하더니 한참 후에야 풀어 주었다. 그에게 가까이 오라고 하여 『천자문千字文』을 내 주었다. 매일 공부할 일과표를 빽빽이 짜놓고 공부를 시켜서 오래 쉴 수도 없도록 했다.

그 아이는 나이가 있고 장성했기 때문에 생각하는 것도 자라 있어, 하나를 들으면 열을 알고 열을 들으면 백을 알았다. 사오 삭 사이에 『천자문千字文』과 『통감通鑑』을 배워 통달하더니 밤낮으로 그치지 않고 부지런히 공부하였다. 일 년 사이에 문리文理를 크게 이루었고 절에 머무른 지 삼 년 만에 공부를 완성하였다. 그러나 아이는 독서할 때 마음속으로 다음과 같이 다짐하였다.
"내가 공부 때문에 산속의 중놈에게 모욕을 당한 것은 모두 배우지 못해서 일어난 일이다. 내가 부지런히 공부하여 등과登科한 후에는 반드시 그 중놈을 때려 죽여서 이날의 수치를 씻을 것이다."
이런 일념으로 게으름을 피우지 않고 더욱 공부에 더욱 힘썼다. 대사는 과거공부를 익히게 하더니 어느 날은 앞으로 가까이 오라고 한 후에 말했다.
"네 공부가 충분하니 과거보는 선비가 될 만하구나. 내일 함께 하산下山하자."
다음날 그 아이를 데리고 관아에 와서 말했다.
"이제 문장이 크게 성취하였으니 등과한 후에도 문임文任*을 다른 이에게 양보하지 않을 것입니다. 소승小僧은 이제 물러가겠습니다."
드디어 아이를 남겨두고 떠나갔다.

그 아이는 그제야 혼인을 의논하여 성혼하였으며 상경한 후 과장에 출입하여 몇 년 만에 급제하였다. 그리고 수십 년 후에 영백嶺伯, 경상도 관찰사이 되자, 그는 속으로 크게 기뻐하며 말하였다.
"이제부터 내가 그 해인사의 중놈을 때려죽여 전일의 울분을 씻을 것이다!"
안찰사가 되어 고을을 순시하러 나갈 때가 되자 형리刑吏에게 특별히 곤장을 만들도록 하고 매질 잘하는 놈 서넛을 따라 오도록 하였으니 산문山門, 절에 이르게 되면 그 중을 죽이려는 생각이었다. 행차가 홍류동紅流洞에 이르자, 그 노승老僧이 여러 중들을 거느리고 길

왼편에 서서 공손하게 맞이하는 것이었다. 그 모습을 본 안찰사가 그간의 생각을 깜빡 잊고 황망히 가마에서 내려 그의 손을 잡으며 정성을 다했다. 노승이 기쁜 얼굴로 웃으며 말했다.
"늙은 중이 일찍 죽지 않고 다행히 순찰사의 위엄 있는 모습을 보게 되니 더할 나위 없이 다행입니다."
같이 절로 들어가자 노승이 청하였다.
"소승이 거처하는 방은 바로 사또께서 전에 공부하던 곳입니다. 오늘밤에는 거처를 옮겨서 노승과 베개를 나란히 하는 것도 괜찮지 않겠습니까?"
순찰사가 허락하고 한 방에서 같이 잤다. 밤이 깊어지자 노승이 말하였다.
"사또께서 어릴 적 수학할 적에 소승을 반드시 죽이려는 마음이 있으셨지요?"
"그렇습니다."
"등과 후에 관찰사로 등용될 때까지 쭉 이런 마음이셨지요?"
"그렇습니다."
"순시를 떠날 때 소승을 때려죽이기로 맹세하시고 형장을 특별히 만들고 곤장을 때리는 관리도 고르셨지요?"
"그렇습니다."
"그러면 어찌 저를 때려죽이지 않으시고 가마에서 내려 정성을 다하셨습니까?"
순찰사가 말했다.
"지난 번 한을 마음에 잊지 못하였는데 그대의 얼굴을 마주하자 그런 마음은 눈이 녹고 구름이 흩어지듯 사라지고 저절로 기쁜 마음이 일어났기 때문입니다."
노승이 말했다.
"소승도 이미 추측으로 알고 있었습니다. 사또의 지위는 대관大官에 이르게 될 것인데 어느 해 어느 달 어느 날에 기성箕城, 평양 안찰사로 계실 것입니다. 이때가 되면 소승이 상좌上座를 보낼 것이니 사또께서는 반드시 소승을 본 듯이 예를 다하십시오. 그리고 그날 밤은 반드시 그와 함께 주무십시오. 부디 잊지 마시고 제가 드린 말씀대로 하십시오."
순찰사가 그러마고 허락하였다. 노승은 또 종이 한 장을 꺼내며 말했다.
"이것은 사또를 위하여 평생의 운수를 헤아려 해에 따라 기록한 것입니다. 향년이 얼마이며 지위가 몇 품에 이르는 지 환하게 알 수 있을 것입니다. 조금 전에 말한 기영箕營, 평양 감영의 일을 삼가 절대 잊지 마십시오."
순찰사가 공손히 대답하였다.
"잘 알겠습니다."
다음 날에는 쌀과 베, 돈과 땔나무 등을 많이 주고 떠났다.

몇 년 후 그는 과연 기백이 되었다. 하루는 문지기가 와서 고하였다.
"경상도 합천의 해인사에서 스님이 왔는데 들어와 알현하고자 합니다."
순찰사가 깜짝 놀라며, 그를 즉시 들어오게 하였다. 순찰사는 그에게 온 정성을 다하며 방으로 맞이하고 마주 앉아 사부의 안부를 물었다. 또 저녁은 그와 상을 나란히 하여 먹었고 밤이 되자 그와 잠자리를 나란히 하고 잤다.

밤이 깊은데 방구들이 너무 뜨거워 순찰사는 승려와 잠자리를 바꾸어 누웠다. 정신없이 자다가 갑자기 지독한 비린내가 풍겨서 손으로 승려를 더듬어 보니, 승려가 누워있던 곳에 뭔가 고여 있어 손이 젖는 것이었다. 지인知印, 구실아치을 불러 불을 밝혀보니 누군가 칼로 승려의 배를 난자하여 오장五臟이 전부 튀어나와 있었고, 그 피가 바닥에 흘러 고여 있었다. 순찰사는 크게 놀라 시체를 밖에 내놓고 철저히 조사하였다.

알고 보니 순찰사가 총애하던 기생이 하나 있었는데 그 기생은 원래 관노官奴와 사통하던 사이였다. 둘은 서로 크게 빠져 있었기 때문에 순찰사에게 유감을 품었던 것이다. 순찰사를 죽이려고 들어왔는데 두 사람이 자고 있어서 아랫목에 누워 있는 사람을 순찰사라고 생각하고 죽이게 된 것이었다. 관노를 즉시 잡아들여 엄히 그 정상情狀을 캐물으니 일일이 바른대로 실토하였다.

그들은 법대로 처리하고 죽은 승려의 상구喪具를 정성스레 잘 차려서 본사本寺로 보냈다. 대사는 미리 이런 액운이 있을 것을 미리 알고 일부러 상좌로 하여금 대신 죽게 하였던 것이다. 그 후로 공명과 수명은 모두 대사가 운수를 헤아렸던 것과 정확히 맞아 떨어졌다.

이야기 스물넷. 세 여인을 거느린 선비

유柳 모 선비는 한양 사람이다. 일찍이 문명이 있어 나이 이십에 사마시司馬試에 등과하였으나 집이 너무 가난하여 수원으로 내려가 살게 되었다. 그의 처 아무개는 재주와 성품이 훌륭했는데, 남의 집 삯바느질로 생활을 꾸려나갔다. 하루는 문밖에 어떤 여자가 칼춤을 잘 춘다는 이야기를 들었다. 선비가 그를 자기 집 뜰 안으로 불러들여 기예를 구경하려 하였는데 그 여자가 들어오다가 유 씨의 처를 찬찬히 살펴보더니 갑자기 대청으로 뛰어 올라가 서로 안고 큰 소리로 곡을 하며 우는 것이었다. 유 씨는 그 까닭을 몰라 처에게 물으니 예전에 잘 알던 사람을 이제야 다시 만났기 때문이라고 하였다. 그리하여 검술은 보지 않은 채로 며칠 동안 머무르게 하고 보냈다.

그날로 대여섯 새가 지난 뒤 앞길에 준마가 끄는 새 가마 세 채가 있는 것을 보았다. 가마에는 계집종 두어 쌍이 앞서고 말이 뒤를 따랐으며 배행陪行이 없었는데 곧장 그의 집으로 향해 오는 것이었다. 유 선비는 의아하여 사람을 시켜 어디서 오는 내행內行. 여행길에 나선 부인네이기에 우리 집으로 잘못 들어왔느냐고 물어보았다. 그러나 하인들은 대답하지 않은 채 문으로 들어와 부인이 있는 안채에 가마를 내려놓더니 사람과 말은 다 주막으로 나갔다. 유 선비는 한층 더 의아하여 부인에게 글을 보내 물었으나 부인은 결국에는 알게 될 것이니 억지로 물을 것 없다고 대답하였다. 이날 저녁부터 밥과 반찬이 풍성해지며 산해진미가 구비되어 나왔다. 유 선비는 더욱 궁금해져서 다시 편지로 물었으나 끝내 알게 될 테니 일단 배불리 드시고 더 묻지는 말라고 대답했다. 또한 며칠 동안 안채에 들어오지 말라고 전해 왔다. 그 다음날 아침과 저녁밥도 또한 이와 같았다. 며칠이 지난 후 안에서 편지가 왔는데 서울 갈 행차를 꾸리라는 것이었다. 유 선비는 이상하게 생각하여 중문中門 안에서 잠시 보기를 청하여 물었다.

"내행內行은 어디에서 왔소? 그리고 조석朝夕 대접이 어찌 그리 풍성하였소? 또 서울 간다는 말은 무슨 곡절이며 어떻게 행구를 차려 길을 떠난다는 것이오?"

그 처가 웃으며 말하였다.

"결국에는 알게 될 것이니 물으실 필요가 없습니다. 서울로 갈 인마人馬 같은 것은 괘념치 마십시오. 제가 맡아서 대령할 것이니 서방님은 단지 행차 채비만 하시면 됩니다."

유선비가 의아하였으나 아내가 하는 대로 맡겨두었다. 다음날 세 가마가 전처럼 말에 내어 있고 자신이 탈 말도 또한 안장을 갖추어 대령하고 있었다. 그는 단지 말을 타고 뒤를 따를 뿐이었다.

경성 남문 밖에 이르자 어느 빈집이 하나 있었는데 그 안으로 들어갔다. 내부에는 자리가 깔려 있고 서책과 붓, 벼루 등과 타구唾具와 요강 등의 물건들이 좌우로 놓여 있었다. 관을 쓴 사람 두엇이 청지기* 같은 모습으로 대령하고 있었는데 심부름 시키는 자들이었고, 노비 네댓 사람도 있었다. 유 선비가 뜰로 들어가자 그들이 공손히 인사를 해 와서 물어보았다.
"너희들은 누구냐?"
대답하였다.
"모두 댁의 노비들입니다."
유선비가 말했다.
"이 댁은 누구 댁이냐?"
"유 진사님 댁입니다."
"여기 늘어놓은 물건들은 어디에 쓸 것들이냐?"
"모두 진사님께서 쓰실 물건입니다."
유선비가 마치 구름 속에 있는 듯 어리둥절하였다. 저녁 식사 후에 촛불을 밝히고 앉았는데 그 처가 편지를 보내왔다.
'오늘 밤 미인 하나를 내 보낼 것이니 부디 고적한 회포를 위로하시기 바랍니다.'
유 선비가 편지로 물어보았다.
'미인이란 누구며 지금 무슨 일이 일어나는 것이오?'
그 처가 편지로 대답했다.
'끝내 알게 되실 것입니다.'
밤이 깊은 후에 청지기 무리가 모두 밖으로 나가자 안채의 문에서 여종 한 쌍이 매우 아름다운 여인 한 사람을 옹위하고 나왔다. 그녀가 곱게 단장하고 촛불 아래 앉으니 여종이 침구를 깔아놓고 나갔다. 유 선비가 그대는 어떤 사람이냐고 물었으나 배시시 웃기만

하고 대답하지는 않았다. 곧 그녀와 함께 잠자리에 들었다. 다음 날 아침 아내가 편지를 보내 왔다.
'우리 집에 새사람이 들어온 것을 경하 드립니다. 오늘 밤에는 또 다른 미인이 갈 것입니다.'
유 선비는 어찌 돌아가는 상황인지 모르고 하는 대로 맡겨둘 따름이었다.
그날 밤 여종이 어제와 같이 아름다운 여인 한 명을 옹위하고 나왔는데 얼굴을 살펴보니 어젯밤의 그녀와는 다른 사람이었다. 선비가 다시 그 여인과 동침하였다. 다음날 아침 일찍 그의 아내가 새 사람이 들어온 것을 축하하는 글을 또 보내왔다.

오후에 문 밖에서 갑자기 갈도성喝導聲*이 들려오더니 하인 하나가 들어와 고하였다.
"권權 판서 대감의 행차가 들어오십니다."
유 선비가 놀라 마루에서 내려와 공손히 손을 모으고 서 있으니 잠시 후에 한 백발의 노 재상이 초헌軺軒*을 타고 들어왔다. 그가 유 선비를 보자 기쁘게 손을 잡고 마루에 올라가 좌정하였다. 선비가 절을 올리고 물었다.
"대감께서는 어떤 존귀한 어른이신지 모르겠습니다. 소생이 한 번도 존안尊顏을 뵌 적이 없는데 어떻게 여기까지 강림하셨는지요?"
그 재상이 웃으며 말했다.
"자네는 아직 번화한 꿈을 깨지 못하였는가? 자네처럼 좋은 팔자는 고금에 짝할 자 드물 것이야. 내가 말해 주겠네. 예전 자네의 장인

집, 그리고 나와 역관譯官 현玄 지사知事의 집이 모두 담 하나를 사이에 두고 있었네. 그런데 같은 해 같은 달 같은 날 세 집이 함께 딸을 낳았다네. 일이 매우 희한하고도 기이했던 까닭에 세 집이 서로 돌아가며 아이를 보내서 보았다네. 아이들이 조금 자란 후에는 세 아이가 아침저녁으로 집을 돌아가며 만나며 놀았는데, 그 애들끼리 서로 마음에 맹세하기를 남편 하나를 섬기자고 하고서 서로 약조 했다네. 그런 줄은 나도 몰랐고, 그 두 집 어른들 또한 몰랐다네. 그 뒤로 자네의 장인 집은 이사를 가서 소식을 듣지 못하게 되었네. 내 딸은 측실 소생인데 계년笄年, 시집갈 나이이 되어 혼인을 의논하니 죽어도 싫다며, '이미 이전의 약속이 있으니 한 사람을 섬겨야 마땅하거니와 그 외에는 비록 부모 집에서 죽을지언정 결단코 다른 집에 들어갈 생각이 없습니다.'라고 하는 것이었네. 현가玄家의 딸도 또한 이와 같았다네. 나무라기도 하고 달래기도 했으나 끝내 마음을 돌리지 않는지라 스물다섯이 넘도록 시집을 못 보냈네. 저번에 들으니 현가 딸이 검무劍舞를 배워 남장을 하고 나가 팔방으로 노닐며 자네 장인 집이 이사 간 곳을 찾는다고 하더군. 그러더니 일전에 수원 땅에서 찾았다고 하였네. 그저께 밤에 나왔던 여인은 바로 내 서녀庶女이고 어젯밤에 나온 여인은 현가의 딸일세. 집과 노비 및 물건과 서책, 전토 등은 나와 현군이 마련한 것이라네. 자네는 일거에 두 미인과 가산을 얻었으니 옛날의 양소유楊少游*도 자네보다 낫지 않을 것일세. 그러니 자네 팔자가 늘어졌다고 하지 않겠는가?" 사람을 시켜 현 지사를 불러오게 하자 잠시 후에 한 노인이 금관자[金圈]*에 붉은 띠를 두르고 앞에 와서 앉으니 권판서가 그를 가리키며 말했다.

"이 사람이 현 지사라네."

세 사람은 주안상을 걸게 차려 종일토록 실컷 마시며 즐기고서 자리를 파했다.

권판서는 즉 권대운權大運*이었다.

유선비가 부인 하나와 첩 둘을 두고 한 집에서 즐겁게 지낸 지 수년이 되었는데 하루는 유의 처가 그 남편에게 말했다.

"지금 조정의 판국을 살펴보면, 남인南人이 득세하고 있는데 권판서는 남인의 우두머리로 정권을 잡고 있습니다. 그래서 요즘 일은 모두 인륜人倫을 결딴내고 있으니 오래지 않아 정권은 반드시 무너질 것입니다. 어쩌면 화가 미칠지도 모르니 일찌감치 스스로 고향으로 내려가 화를 면하는 계책으로 삼는 것이 좋겠습니다."

유 선비는 그 말을 옳게 여기고 가산을 다 팔아 처와 첩을 데리고 고향으로 돌아가 다시는 한양에 들어오지 않았다.

갑술년(1694)에 곤전坤殿, 인현왕후께서 복위하신 후에 남인南人은 다 죽거나 귀양을 갔는데 권대운 또한 그 중에 끼었으니 바로 그때 일이다. 유 선비는 홀로 연좌連坐에 의한 처벌을 받지 않았으니 유 선비의 처는 보통 사람이 아니라 여인 중에서도 식견이 있는 사람이라 하겠다.

이야기 스물다섯. 지조 있는 조태채의 청지기

홍동석洪東錫은 혜민국惠民局의 아전인데 노론의 영수인 이우당二憂堂 조태채趙泰采*의 청지기[傔人]*였다. 신임옥사辛壬獄事* 시기에 소론의 대관臺官*이 노론 측에서 경종景宗을 시해하려 한다고 고변告變한 사건에 대해 재조사[發啓]* 할 때에 일부러 동석으로 하여금 그 내용을 쓰게 하였다. 그러자 동석이 붓을 던지면서 "자기 아버지의 죄명을 직접 쓸 수 있겠습니까? 청지기는 관원에 대해 부자父子의 의리가 있으니 소인은 차마 쓰지 못합니다!"라 하였다. 여러 대관이 노하여 그를 가두게 하였고 형을 받는 데까지 이른 것이 두세 차례였으나 끝내 굽히지 않았다.

이우당이 제주도로 유배되었을 때에 동석은 아전 자리에서 물러나 따라갔다. 또 이우당에게 사약이 내려왔을 때 아들 회헌悔軒 조관빈趙觀彬이 그 소식을 듣고 아버지의 임종을 맞기 위해 급히 길을 떠나 말을 달려서 겨우 삼십 리도 남지 않았을 때였다. 그러나 담당관원[都事]이 먼저 도착하여 약사발을 들고 빨리 마시라고 재촉하였다. 동석이 곁에서 간청하며 말했다.
"죄인의 아들이 오래지 않아 올 것이라 합니다. 조금만 지체하시어 부자父子가 서로 만나보게 해 주십시오!"

그러나 담당관원은 허락하지 않았다. 그러자 동석은 약사발을 발로 차서 엎어지게 하니 여러 사람이 아연실색하였으나 어쩔 도리가 없었다. 담당관원은 할 수 없이 약사발을 바닷물에 빠뜨렸다는 장계를 짓고 있는데 마침 회헌이 도착했다. 그 때문에 의금부로부터 다시 사약을 보내오는 시기가 한 달 쯤 지체되었다. 다시 사약을 받을 때 이우당은 회헌에게 유언을 남겼다.
"동석이는 네 형제로 보아도 될 것이다."
동석은 이우당의 장례를 따라 지냈고 서울에 올라온 후 다시 혜민국의 아전이 되어 그 직책을 대대로 세습하였다. 그 자손들도 조태채 공의 문하에 출입하며 안팎으로 소통하며 지냈다고 한다.

이야기 스물여섯. 조태억의 처에게서 살아난 어린 기생

조태억趙泰億*의 처 심沈 씨는 본래 질투를 잘하는 성품이었다. 태억은 그녀를 호랑이처럼 두려워하여 일찍이 다른 여인과 잠자리한 적이 없었다. 조태구趙泰耉*가 기백箕伯, 평안도 관찰사이었을 때 태억이 마침 승지承旨로 왕명을 받들고 관서關西로 갔다가 감영 중에 며칠 머물렀다. 그런데 그곳에서 처음으로 한눈을 팔게 된 기생이 있었다. 심 씨가 그 사실을 듣자 즉시 행장을 차리고 오라비를 배행하여 출발했으니 곧장 기성箕城으로 가서 그 기녀를 때려죽이기 위함이었다. 태억이 그 소식을 듣자 얼굴이 흙빛이 되고 말도 제대로 못 할 지경이 되었다. 태구 또한 몹시 놀라 말했다.
"이 일을 어찌해야 할까?"
둘은 생각 끝에 그 기생을 피신하게 하려 했다. 그러자 그 기생이 대꾸하였다.
"소인은 몸을 피할 필요가 없습니다. 제게 살아날 길이 있기는 합니다만 가난하여 준비할 길이 없습니다."
태구가 그 까닭을 물으니 대답하였다.
"소인은 비취 구슬로 몸을 장식하고 싶으나 돈이 없으니 매우 한스럽습니다."
태구가 말했다.

"네가 살 수만 있다면 비록 천 금이라도 다 내어주겠다. 네가 하고 싶은 대로 하거라."
그리고 막객幕客으로 하여금 돈이 필요한 대로 내어주라고 이르고, 황주黃州와 중화中和로 비장裨將을 내보내 부인의 안부를 물었으며 또 주전廚傳*을 갖추어 보내 음식을 이바지 하게 하였다.

심 씨 일행이 황주에 도달하자 비장이 미리 와서 기다리고 있었다. 그가 또 준비한 음식이 있다고 하였다. 그녀는 냉소하며 말했다.
"내가 무슨 대신大臣이나 별성別星의 행차더냐? 왜 비장이 오는 것이냐? 길 가는데 필요한 것들도 충분하니 아무것도 필요 없느니라!"
그리고서 모두 물러가게 하였다. 중화에 도착해서도 또 이처럼 물리치고 다시 길을 떠났다. 재송원栽松院을 지나 기다란 숲 가운데로 들어가려 하는데 때는 마침 늦은 봄이라 십 리나 펼쳐진 긴 숲에 봄기운이 짙어 굽이굽이 맑은 강과 경물이 참으로 아름다웠다. 심 씨는 가마의 주렴을 걷어 긴 숲을 완상하며 지났다.
숲이 끝나 멀리 바라보니 흰 모래는 비단 같고 맑은 강은 거울 같으며 하얗게 회를 바른 성가퀴*는 강 언덕을 빙 둘렀는데 장삿배는 물가에 어지러이 모여 있었다. 연광정練光亭, 대동문大同門, 을밀대乙密臺의 누각은 단청이 화려하게 빛나고 지붕이 아득하게 높아 사람의 눈길을 빼앗았다. 심 씨가 감탄하며 말했다.
"과연! 제일의 경치라더니 그냥 전하는 말이 아니로구나."
길을 가면서 완상하는 중에 멀리 모래사장에서 홀연 한 점 꽃이 아득하게 다가오고 있었다. 그것이 점차 가까워지더니 곧 한 여인이 여러 가지 구슬로 장식한 아름다운 옷을 입고 수놓은 안장의 준마를 타고 모래 위를 가로지르며 달려오는 것이었다. 심 씨는 매우 의아하게 여기면서 말을 멈추어 바라보니 그 여자가 가까이 다가와 말에서 내려 꾀꼬리 같은 목소리로 낭랑하게 인사 올렸다.

"아무개 기녀가 인사드리옵니다."

심 씨가 그 이름을 듣자마자 불같이 노여움이 일어 분기가 삼천 장이나 충천하는 듯하였다. 그녀가 큰 소리로 질책하였다.

"아무개 기녀? 네년이 무엇 때문에 날 보러 왔느냐!"

심 씨는 그녀를 말 앞에 서게 하니 그 기녀가 낯빛을 가다듬고 공손히 서 있었다. 심 씨가 그녀를 보니 얼굴은 이슬을 머금은 복사꽃 같고 허리는 바람에 나부끼는 듯 가는 버들가지 같았는데, 비단 옷과 비취 구슬로 위아래를 장식하였으니 그 모습이 참으로 아름다워 경국지색傾國之色이라 할 만하였다. 심 씨가 그녀를 찬찬히 살피더니 말했다.

"네 나이가 몇인고?"

"십팔 세 이옵니다."

"과연 너는 특별한 아이로구나. 장부가 이 같은 절색絕色을 보고도 가까이 하지 않는다면 오히려 졸장부라 이를 것이다. 내 이번 행차는 애초에 너를 죽이려고 왔던 것이다. 그런데 너를 보니 과연 특별한 아이이니 내 어찌 차마 너에게 손을 대겠느냐? 너는 가서 우리 집 영감을 잘 모시거라. 영감은 연세가 있으시니, 만일 너에게 빠져서 병이 나게 된다면 네 죄는 죽어 마땅할 것이니라. 삼가고 또 삼가라."

말을 마치자마자 곧장 길을 돌려 서울로 향했다. 태구가 이를 듣고 급히 심부름꾼을 보내 전갈하였다.

"제수 씨 행차가 성 밖에 왔다가 성에 들어오지도 않으니 무슨 일입니까? 잠시 성 내 감영에 오셔서 며칠 계시다가 서울로 돌아가시면 좋겠습니다."

심 씨가 냉소하며 말했다.

"나는 염치없는[乞馱]* 손님이 아닙니다. 성에는 들어가서 무엇 하겠습니까?"

그녀는 돌아보지도 않고 말을 달려 서울 집으로 돌아갔다.

그 후 태구가 그녀를 불러 물어 보았다.

"너는 도대체 어쩔 작정으로 간도 크게 호랑이 입으로 들어갔느냐? 그런데도 오히려 화를 면하였구나!"

"부인의 성품이 비록 투기를 한다고 하나 천 리나 되는 곳에 이렇게 행차를 하는 것을 어찌 구차한 여자가 할 수 있는 것이겠습니까? 말 중에서도 사납게 차고 깨무는 놈은 반드시 잘 달리는 명마名馬일 것입니다. 사람도 마찬가지 아니겠습니까? 소인을 죽이시겠다면 죽는 것이지, 당장 피한다고 그것을 면할 수 있겠습니까? 그래서 곱게 꾸미고 가서 인사드렸던 것입니다. 만약 맞아 죽으면 어찌 할 수 없는 것이고, 그렇지 않다면 혹시 가엾게 여기는 마음을 가져주실까 하고 기대했던 것입니다."

이야기 스물일곱. 뛰어난 힘을 지닌 이일제의 어린 시절

병사 이일제李日濟는 판서 이기익李箕翊의 손자인데, 용력勇力이 매우 뛰어나고 나는 새처럼 민첩하였다. 아이 적부터 호방하고 얽매이지 않아 글공부를 하지 않아서 판서공이 매번 걱정하였다. 열네댓 살 쯤에 비로소 관례冠禮를 치르고 아직 장가는 가지 못하였다. 어느 날 밤에 몰래 창기娼妓의 집에 갔다. 액례掖隸, 액정서에 딸린 하례와 포교捕校 붙이들이 가득 앉아 있고 술잔이 낭자하였다. 그런데 어떤 작은 소년 하나가 곧장 들어와 앉아 기생과 희롱하는 것이었다. 그것을 본 좌중의 포교들이 말했다.

"아니! 이처럼 무례하고 젖비린내 나는 아이놈은 도대체 어디서 왔는가? 당장 때려잡아야겠다!"

이렇게 말하고 무리지어 일어나 발로 차는 것이었다. 일제는 발로 차는 한 포교의 발을 붙잡아, 그를 몽둥이 삼아 한번 휘두르자 여러 사람이 모두 땅에 쓰러졌다. 그리고 그 사람은 던져두고 문을 나서더니 몸을 날려 지붕으로 올라가 그 위를 따라 달렸는데 혹 대여섯 칸을 날아가기도 하였다. 이 때 어떤 포교가 마침 오줌을 누러 문 밖으로 나와 있었다가 그 일에 끼지 않았는데, 일제가 지붕 위를 뛰어가는 모습을 보고 기이하게 여겨 자기 역시 지붕 위로 뛰어 올라 뒤를 밟았다. 그런데 그가 이 판서 댁 문으로 들어가는 것이었다. 그 포교는 그의 친지 되는 사람이었기에 다음 날 아침에 와서 이 사건을 전하자, 판서공이 매질을 하고 문 밖으로 나가지 못하게 하였다.

 어느 날은 이일제가 벗을 따라 꽃구경을 하러 남산 꼭대기로 올라갔는데, 이때 한량閑良 수십 명이 활쏘기를 익히며 소나무 그늘 아래 모여 있었다. 그들은 일제가 오는 것을 보더니 동상례東床禮*를 받아먹을 수 있겠다며 일시에 달려와 그의 손을 잡고 나무에 거꾸로 매달려고 하였다. 일제가 곧 몸을 솟구치며 한 번 뛰어올라 소나무 가지를 꺾더니 좌우로 휘두르자 사람들은 바람결에 휩쓸리듯이 흩어졌다. 그리고 나서야 나무에서 내려왔다.

이 뒤로 점차 이름이 퍼져서 별천別薦* 되어 무직武職을 맡았는데 지위가 아경亞卿에 이르렀다.

이야기 스물여덟. 불이 난 배에서 피한 이일제

판서 조엄趙 이 일본에 통신사로 갔는데, 일제로 하여금 막빈幕賓으로 따르도록 하였다. 항해하려 할 즈음에 상선上船에 실화로 불이 나서 화염이 하늘에 가득하였다. 사람들은 각자 목숨을 구하고자 급히 왜인倭人의 구조선으로 내려갔다. 그리고 불이 옮겨 붙을 염려가 있어 노를 저어 피하였다. 상선으로부터 거의 수십 간이나 떨어져서야 비로소 정신을 수습하고 사람 수를 세어보니 이일제 한 사람만 없었다. 사람들이 놀라고 당황하며 그 사람은 불에 타 죽었을 것이라고 생각하였다. 얼마 후에 멀리 떨어진 상선에서 사람 소리가 들렸다. 여러 사람이 뱃머리에 서서 바라보자 이일제가 화염 가운데 서서 손을 들고 큰 소리로 소리치고 있었다.

"잠시 배를 멈추어라!"

사람들은 비로소 그가 살아있음을 알고 배를 멈추고 기다리자, 일제가 불이 난 배에서 사람들이 탄 배로 날아 내리는지라 모든 사람들이 경악하였다. 일제는 술에 취하여 상선의 갑판 아래층에서 자느라고 불이 난지를 몰랐고, 사람들도 허둥대던 중에 미처 살펴보지 못하였던 것이다. 그가 잠에서 깨어 불길을 보고 왜선으로 뛰어 내렸던 것이다.

이야기 스물아홉. 기이한 의원 김응립

김응립金應立이라는 자는 영남 우도右道의 상천常賤으로서 목불식정目不識丁인데도 귀신같은 의술로 이름이 영남 밖에까지 나 있었다. 그런데 그 의술이라는 것이 진맥도 하지 않고 증세도 논하지 않으며 단지 환자의 모습과 얼굴빛을 살피는 것으로 병의 빌미를 아는 것이었다. 그리고 먹이라는 약도 재료 가운데에서 늘 쓰는 흔한 것들이었다.

이명李銘이 금산金山의 원님이 되었는데 그 며느리가 집안에 들어온 후로 병이 나 지독한 기침이 끊이지 않아 괴로워하고 있었다. 이명 역시 의술의 이치를 알고 있었으므로 약이란 약은 모두 먹여 보았으나 조금도 차도가 없었고 쇠약해져 드러눕더니 기력이 다할 지경에 이르렀다. 이에 응립을 맞이하여 물어보자 그가 대답하였다.
"한 번 안색을 본 뒤에야 어떤 약을 쓸 것인지 논할 수 있는데, 이는 감히 청하지 못할 일입니다."
"지금 사람이 죽을 지경인데 한 번 보는 것이 무슨 문제가 되겠느냐?"
그리하여 환자를 마루에 앉힌 다음 그를 불러 보도록 하자 응립이 안으로 들어가 가만히 보더니 나서 말하였다.

"이것은 아주 쉬운 병입니다. 위장에 소화되지 않은 것이 얹혀서 그런 것입니다."
그러더니 엿 몇 개를 사오라고 하여 물에 타서 먹이며 말했다.
"반드시 토해 낼 것입니다."
과연 먹고 나서 얼마 되지 않아 가래 한 덩어리를 토해냈다. 갈라 보니 작은 가지 하나가 있었는데 조금도 상하지가 않았다. 병자에게 물어보니 열 살 쯤에 가지 한 개를 따서 먹으려다가 잘못하여 그대로 삼킨 적이 있는데, 분명히 이것과 같다는 것이었다. 이로써 병의 뿌리를 뽑아낼 수 있었다.

이명의 조카사위도 여러 해 동안 고질병을 앓고 있었는데 병자를 발에 실어 왔다. 그를 응립에게 진찰해 보도록 하자 슥 보고서 웃으며 말하는 것이었다.
"다른 약은 잡수실 필요가 없겠습니다. 이제 곧 가을이 되면 낙엽이 질 텐데 무슨 잎이던 상관없으니 상하거나 더럽지 않은 것을 골라서 몇 바리를 큰 솥 네댓 개로 달이십시오. 그것이 점점 졸아들어 대접 하나쯤 된 뒤에 아무 때나 조금씩 마시면 됩니다."
그 말대로 하였더니 곧바로 효험을 보았다.
또 한 사람이 병이 있었는데 마치 각궁角弓처럼 허리가 꺾인 모습이었다. 응립이 보더니 종이로 침을 만들어 콧구멍을 쑤시며 기침을 나도록 하였다. 이렇게 하기를 종일토록 하자 병이 나았다. 그가 말하는 약이 모두 이와 같았으니 기이하다 할 것이다.

이야기 서른. 귀신의 재산으로 부자가 된 최가

원주에 인삼 장사 최가라는 사람이 있는데 수만금을 모은 거부이다. 원주 사람이 전해 주는 말을 들으니 최가의 어미는 겨우 스무 살이 지나서 아들을 낳고 지아비를 여의었다. 어린 아이를 데리고 수절하며 외롭게 사는데, 하루는 갑자기 어떤 건장한 사내가 들어왔다. 초라한 옷을 입고 허리는 벌겋게 드러냈으며 누런 구레나룻을 해 가지고 대청마루에 앉는 것이었다.
최의 어미가 웬일인지 놀라 말하였다.
"수절 과부가 사는 집에 웬 남정네가 당돌하게 들어오는 것이오!"
그 사람이 웃으며 말하였다.
"나도 가장家長인데 어찌 그리 놀라시오?"
그러고서 방으로 들어와 억지로 범하는데 어찌할 도리가 없어 몸을 맡겼다. 다만 교합할 때에 차가운 기운이 뼈에 사무쳐서 견딜 수 없이 아팠다.
그 이후로 어김없이 밤마다 왔는데 은전과 포목, 비단을 실어 와 곳간이 넘칠 지경이었다. 최가의 어미는 그것이 귀신인 줄 알면서도 어느새 정이 익어갔다.
하루는 그녀가 귀신에게 물어보았다.
"당신도 무서워하는 것이 있소?"

"무서워하는 것은 별로 없지. 다만 누런 색깔은 보기가 꺼려져. 만일 누런 색깔을 본다면 가까이 가지도 못할 거야."

그러자 최의 어미는 다음 날 황토색 물감을 많이 구해다가 집의 벽에다 바르고 또 얼굴과 몸뚱이에다가도 바르고 또 옷에도 발라서 입었다.

그날 밤 그것이 들어오더니 놀라서 주춤주춤 물러나며 말하는 것이었다.

"어째서 이런 짓을 했단 말이냐?"

혀를 차며 탄식해 마지않더니 이어서 말하였다.

"이 또한 연분이 다해서 이런 것이겠지. 이제 오지 않을 테니 잘 있어라. 내가 준 것들도 가져가지 않을 테니 잘 간수하여 네 생업거리로 삼아라."

그리고선 갑자기 보이지 않았는데 이후로는 나타나지 않았다.

최 씨 집은 이때부터 부자가 되어 한 도에 으뜸이 되었다. 최의 어머니는 나이가 거의 여든이나 되었는데 가산은 여전히 넉넉하다고 한다.

이야기 서른하나. 죄인의 말로 목숨을 건진 조운규

판서 조운규趙雲逵*가 완백完伯, 전라도 관찰사이었을 때 어느 날 밤에 수청 드는 기생은 마침 일이 있어 밖에 나가고 혼자 선화당宣化堂*에 누워 있었다. 밤이 깊었는데 창밖에서 쨍그랑 하는 소리가 들려 마음속으로 몹시 의아하게 생각하고 있는데 갑자기 어떤 사람이 물었다.

"상방上房에 누가 계신지요?"

순사巡使, 순찰사가 놀라며 말했다.

"너는 누구냐?"

"소인은 죽을죄를 지은 죄인입니다."

순사가 더욱 놀라며 말했다.

"죽을 죄를 지은 죄인이 어째서 여기까지 왔느냐?"

"내일 아침 올리는 죽 진지를 절대로 잡수지 마시고 급창及唱, 군의 아문에서 부리는 사내 종 아무개더러 먹으라고 하십시오. 소인이 사또를 살려드렸으니 사또께서도 소인을 살려주셔야 합니다."

이러더니 곧장 가버리는 것이었다. 그는 몹시 놀라 한숨도 자지 못하고 날이 밝기를 기다리며 조용히 앉아 있었다. 얼마 후 아침 죽을 보선고補膳庫에서 차려 올렸다. 그러자 기운이 편치 않다고 핑계를 대어 물리치고 급창 아무개를 불렀다. 그에게 죽 그릇을 주며 먹으라고 하자, 그놈이 그릇을 들고 벌벌 떠는 것이었다. 순사가 이에 몹시 꾸짖으며 먹으라고 재촉하자, 결국 한 모금 먹더니 땅에 고꾸라져 죽어버렸다. 이에 시신을 끌어내어 치우라고 했다. 그 뒤 심리審理할 때에 자신을 도와준 그 죄수는 살려 주도록 조치하고, 그 곡절을 아래의 내용과 같이 임금께 계문啓聞하였다.

감옥의 담장 뒤는 바로 식모의 집이었다. 밤에 찾아온 죽을죄를 저지른 죄인이 하루는 우연히 담장 아래에서 오줌을 누는데 사람의 목소리가 들렸다. 담장 틈새로 훔쳐보니 급창 아무개놈이 식모를 담장 아래로 불러내 돈 스무 냥과 약 한 덩어리를 주면서 말하는 것이었다.

"이것을 사또의 아침 죽에 타서 올려라. 만약 성공하면 다시 이만큼 상을 주마."

식모 노릇하는 계집종이 무엇 때문에 이렇게 하느냐고 묻자 말하였다.

"아무개 기생을 내가 못 잊는 것은 너도 당연히 알겠지? 그런데 사또를 한 번 모신 뒤로는 얼굴도 보지 못하였다. 그리운 마음에 하루가 삼년처럼 느껴져, 어쩔 수 없이 이런 꾀를 낸 것이다."

식모는 그 말을 듣고 알았다고 허락하였다. 그 내용을 들은 죄인이 밤에 몰래 사또에게 와서 그것을 아뢴 것이었다.

이야기 서른둘. **은혜를 알고 따라다닌 까치**

능주綾州 박우원朴右源은 문중의 바깥사람이다. 그가 남쪽 고을에 있을 때 그 부인이 나무 위에서 까치 새끼가 떨어지는 것을 보고 데려다가 아침저녁으로 밥을 먹여 길들였다. 점점 자라 깃털이 무성해졌는데도 사람 가까이 있으면서 떠나지 않았다. 간혹 수풀 쪽으로 날아가기도 하고 때때로 부인의 어깨로 날아와 앉기도 하였다. 장성長城으로 옮겨 갈 때가 되었는데, 행차가 떠나려는 날에 갑자기 어디로 사라졌는지 알 수가 없었다. 내행內行이 장성 관아에 도착하자 그 까치가 대들보에서 지저귀다가 부인 앞에 날아 내리는 것이었다.

부인은 여전히 그 까치에게 먹이를 주었는데, 뜰 앞의 나무에 둥지를 틀고 짝을 이뤄 새끼를 기르면서도 왔다 갔다 하는 것은 여전하였다.

그 뒤에 또 능주로 옮겨가자 다시 예전처럼 따라 왔고, 교체되어 서울 집으로 돌아오게 되자 또 다시 따라왔다.

그 뒤에 부인이 상을 당하자 까치는 위 아래로 날면서 슬피 울며 빈소를 떠나지 않았다. 매장을 하려고 상여가 출발하자 까치는 부인의 널 위에 내려앉았다. 산 밑에 이르자 묘상각墓上閣* 위에 앉아 깍깍거리기를 그치지 않았다. 하관할 때가 되자 널 위로 날아 와 울어 마지않더니 이윽고 날아가 버려 간 곳을 알 수 없었다. 이 까치는 비록 미물이지만 아마도 은혜를 알았던 것이리라. 그때에 어떤 사람이 '신령스런 까치[靈鵲]'라는 시를 지은 것이 전한다.

이야기 서른셋. **절개를 지킨 기생 매화**

매화梅花는 곡산谷山 기생으로 자색姿色이 있었다. 어떤 노 재상이* 해백海伯, 황해도 관찰사이 되어 순찰하다가 곡산에 이르렀다가 매화를 만나 사랑하게 되었다. 노 재상은 그녀를 감영에 데려다 두고 더할 수 없이 총애하였다. 그 때에 어떤 선비가* 곡산 부사가 되었는데, 연명延命*할 때에 언뜻 매화의 아리따운 모습을 보고 나서 가까이 하고 싶다는 욕심을 품게 되었다. 관아로 돌아온 후 그 어미를 불러서 좋은 얼굴빛으로 대하며 후하게 재물을 주었다. 그 뒤로도 무단히 출입하면서 쌀과 돈, 고기와 비단을 주었다. 이러기를 몇 달간 하자 그 어미가 몹시 이상한 생각이 들어 그에게 묻게 되었다.
"소인처럼 미천한 것을 이처럼 돌보아주시니 황송함이 끝이 없습니다. 그러나 사또께서 무엇을 보시고 저에게 이처럼 잘해 주시는지 모르겠습니다."
"네가 비록 늙었으나 본래 명기名妓인 까닭으로 더불어 적적함을 면하다 보니 자연히 친숙해져 그런 것이지 다른 일이 있는 것은 아니다."
하루는 노기가 또 물어보았다.
"사또께서는 반드시 소인을 쓰실 데가 있어 이처럼 정성을 베푸셨을 것인데, 어찌하여 분명히 말씀하시지 않습니까? 소인이 받은 은혜가 끝없이 깊으니 비록 끓는 물이나 불에 뛰어드는 일이라고 마다하지 않겠습니다."

사또가 비로소 말하였다.

"내가 감영에 갔을 때 네 딸을 보고 사랑하게 되었는데 잊을 수가 없어 병이 날 지경이다. 네가 만일 데려와서 한 번만이라도 얼굴을 볼 수 있다면 죽어도 한이 없겠구나."

노기가 웃으며 말하였다.

"그거야 아주 쉬운 일인데 어째서 일찍 말씀하지 않으셨습니까? 곧 바로 데려오겠습니다."

이러고서 집에 돌아와 딸에게 편지를 썼다.

"내가 이름도 모를 병으로 사경을 헤매고 있구나. 너를 보지 못하면 죽어도 눈을 감을 수 없을 것이니 어서 빨리 말미를 받고 내려오거라. 얼굴이나 보고 헤어지자꾸나."

이러한 내용으로 급히 사람을 보내 알렸다. 매화가 편지를 보자 펑펑 울며 어미에게 돌아갈 말미를 달라고 순사에게 청하였다. 순사가 허락하고 노자를 매우 넉넉하게 주었다.

매화가 곡산에 가서 어미를 보자 어미가 그 이유를 설명하고 함께 관아로 들어갔다. 그때 사또는 나이가 겨우 삼십여 세라 풍채와 거동이 멋있었고 순사는 용모와 거동이 늙고 추하였으니 둘은 신선神仙과 범부凡夫만큼이나 차이가 났다. 매화가 그를 한 번 보자 역시 연모하는 마음이 생겨 이날로부터 잠자리를 모셨는데 두 사람의 정이 즐겁고도 흡족하였다.

한 달이 지나자 말미를 탄 기한이 이미 차서 매화가 돌아가려고 영문營門을 향하는데, 사또는 연연하여 차마 헤어지지 못하며 말하였다.
"이번에 한 번 이별한 뒤로는 만나기를 기약하기 어려운데 이를 어찌 한단 말이냐?"
매화가 눈물을 뿌리며 말하였다.
"첩은 이미 사또께 몸과 마음을 허락하였사옵니다. 이번에 몸을 빼내어 돌아올 계책이 있으니 머지않아 다시 돌아와 모시겠사옵니다."
이렇게 하고서 출발하고 해주에 당도하여 관아에 들어가 순사를 뵈었다. 순사가 그 어미의 병이 어떠한지 묻자 대답하였다.
"병세가 위독하였으나 다행히 좋은 의원을 써서 지금은 점점 나아지고 있습니다."
매화는 이런 뒤 이전처럼 동방洞房에 있었는데 십여 일이 지난 뒤에 매화가 홀연히 병이 나 자거나 먹지도 못한 채 신음하며 날을 보냈다. 순사가 약이란 약은 모두 써보았으나 효험이 없었다. 쇠약해져 근 한 달을 누워 있다가 하루는 갑자기 벌떡 일어나 머리는 쑥대처럼 헝클어지고 얼굴에는 때가 낀 채 손뼉을 치고 발을 구르며 미친 듯이 부르짖고 마구 욕하였다. 혹은 통곡하기도 하고 웃기도 하며 징청헌澄淸軒 위를 뛰어다니며 순사의 이름을 함부로 불렀다. 다른 사람이 붙잡으며 못하게 하면 발로 차고 물어뜯으며 앞에는 얼씬도 못하게 하였으니 바로 병 때문에 미친 듯하였다. 순사가 놀라 그녀를 밖으로 내보내기로 하고 다음날 꽁꽁 묶어서 가마에 넣어 집으로 돌려보냈다.

이는 거짓으로 미친 척한 것이니 어찌 집에 돌아온 날로 즉시 낫지 않았겠는가? 곧장 관아로 들어가 본관本官, 곡산 부사을 보고 실상을 말한 다음 곁방에 머물러 있었으니 사랑이 전보다 더 돈독하였다. 이러할 즈음에 소문이 전해져 순사 또한 듣게 되었는데 그 뒤 곡산 부사가 순사의 영문營門에 가자 순사가 물었다.
"곡산부의 기녀 중에 수청 들었던 아이가 병으로 집에 돌아갔는데 요즈음은 병세가 어떻소? 혹시 불러 보았소?"
"병은 조금 나았다고 합니다만 순사 나리의 수청 기생을 하관下官인 제가 어찌 감히 불러 보았겠습니까?"
순사가 냉소하며 말하였다.
"흥! 공이 나를 위해 잘 돌보아 주기를 바라오."

곡산 부사가 그 정황을 알고서 말미를 청해 상경하였는데 대관臺官 하나에게 순사를 탄핵하도록 사주하여 파직시켰다. 이리하여 가솔을 데리고 돌아갈 때 매화도 함께 서울 집에 데리고 왔다.
저 병신옥사丙申獄事*가 일어나게 되자 전 곡산 부사도 연루되어 옥에 갇혔다. 그의 처가 울면서 매화에게 말하였다.
"주인께서 이제 이 지경에 이르렀으니 나는 이미 결심한 바가 있다. 너는 나이 어린 기생이니 하필 여기에 있어야 하겠느냐? 네 집으로 돌아가는 것이 좋겠다."
매화 역시 울면서 말하였다.
"천첩賤妾이 영감의 은혜와 사랑을 받은 지 이미 오래 되었습니다. 영화롭던 때에 더불어서 편안함을 누렸는데 이제 이와 같은 때를 당하여 어찌 차마 저버리고 집으로 돌아가겠습니까? 죽음이 있을 따름입니다."

며칠 뒤 죄인이 매를 맞다 죽자 그 아내는 목을 매어 죽었다. 그러자 매화가 몸소 염을 하여 입관하였고 죄인의 시신을 내어 줌에 이르러 또 다시 상을 치렀는데 부부의 관을 선영 아래 합장하고 이어 묘 옆에서 목숨을 끊어 뒤를 따랐다.*

그 절개가 열렬하도다! 처음에 순사에게는 꾀를 써서 모면하였으나 뒤에 본관에게는 절개를 세워 의에 따라 죽었으니 그 또한 여자 중의 예양豫讓*이다.

이야기 서른넷. 아들 덕에 목숨을 건진 좌수

참판 유의柳誼가 암행어사로 영남에 갔다가 진주에 이르렀다. 그곳의 좌수[首鄕]가 네 번이나 연이어 유임하며 불법을 마구 저지르고 있다는 말을 듣고서 출도出道하여 때려죽일 것을 기약하였다. 읍내로 향하다가 십여 리쯤 남았는데 날이 이미 늦었고 또 고단하여 우연히 어떤 집으로 들어갔다.
집은 제법 정결하였다. 마루에 오르자 열서너 살 된 동자가 상석으로 맞이하였다. 그 사람됨이 총명하여 사람과 말[馬]을 구분하여 처리하였는데, 말은 여물을 먹이게 하고 종을 불러 저녁밥을 준비시켰다. 손님을 접대하는 예의범절이 정중하여 어른과 같았기에 어사가 물어보았다.
"네 나이가 어떻게 되며 이 집은 누구의 집이냐?"
"열 셋이고, 좌수의 집입니다."
"너는 좌수의 아들인가?"
"그렇습니다."
"네 아버지는 어디에 가셨느냐?"
"읍내 임소에 계십니다."
아이 응접이 자세하면서 삼가고 공경스러워서 공이 기특하고 사랑스러운 마음이 들어 마음속으로 중얼거렸다.

"간악한 좌수 놈에게 어찌 이런 아들이 있담!"
밤이 되어 잠자리에 들었는데 문득 방문을 두드리는 자가 있어서 놀라 일어나 보니, 등불을 밝혀놓고 큰 탁자를 놓아두었다. 그 위에는 생선과 고기 등의 음식과 술 과일 등이 가득 담겨서 차려져 있었다. 의아하여 이것이 무슨 음식이냐고 묻자 그 아이가 대답하였다.
"올해 아버님의 신수가 불길하여 반드시 관재官災, 관직에서 비롯되는 재앙가 있을 거라고 하여 무당을 불러 물리치는 것입니다. 이 음식은 그래서 차린 것입니다. 이러므로 손님을 대접하는 것이니 조금이라도 젓가락을 대보십시오."
공은 터질듯한 웃음을 참으며 맛을 보았는데 오랫동안 굶주린 나머지 쇠약해졌던 기운이 상쾌하게 살아나는 것 같았다.
다음날 아이와 이별하고 읍내로 들어가 출도하였다. 그리고 그 좌수를 잡아들여 전후의 죄악을 낱낱이 헤아린 다음 말하였다.
"내가 이번에 행차한 것은 너 같은 놈을 때려죽이려는 것이었다! 그런데 어제 우연히 네 집에 자게 되었다가 네 아들을 보았는데 너보다 훨씬 낫더구나. 네 집에서 자고 네 집의 술과 음식까지 배불리 먹었으니 인정상 차마 네놈을 죽이지는 못하겠다."
이어 형신을 가하고 멀리 유배를 보내고 돌아왔다. 그가 집안사람들에게 말하였다.
"무녀巫女가 귀신에게 비는 것도 헛된 짓은 아니었네. 좌수를 죽이려던 귀신이 바로 나였으니 말일세. 술과 고기로 빌어서 화를 면하였거든."
모두 무슨 말인지 알고 배를 안고 쓰러지며 웃었다고 한다.

이야기 서른다섯. 잊지 못할 두 명의 남자

평양에 한 기생이 있었는데, 훌륭한 자질과 뛰어난 가무로 어려서부터 이름을 떨쳤다. 그녀가 말하였다.
"내가 겪어 본 사내가 많지만 잊지 못하는 사람은 둘인데 하나는 그리워서 못 잊는 것이고 다른 하나는 더럽고 싫어서 못 잊는 것이지요."
간혹 다른 사람이 그 까닭을 물으면 이렇게 대답하였다.

어렸을 적에 순사巡使를 모시고 연광정에서 잔치를 벌이고 있었는데, 석양 무렵 난간에 기대어 긴 숲을 바라보고 있노라니 어떤 멋진 젊은 사내가 나귀를 타고 나는 듯이 달려오더군요. 강변에 달려와 닿는 듯하더니 배를 불러서 타고 건너 대동문大同門으로 들어오는데 풍채가 멋졌지요. 바라보면 마치 신선 같아서 심신이 취한 것처럼 몽롱해지더군요.
나는 측간에 간다는 핑계를 대고 누대에서 내려와 그가 묵는 곳을 알아보니 바로 동대문 안의 객점이더군요. 자세히 알아둔 다음 잔치가 끝나기를 기다렸다가 화장을 고치고 차림새도 시골 아낙네처럼 차리고선 저녁 어스름을 타서 다시 그 집으로 갔답니다. 창틈으로 엿보자 같은 미소년이 촛불 아래에서 책을 보고 있는데 이처럼 잘생긴 사내와 잠자리를 함께 못 한다면 죽어도 눈을 감지 못할 것이라는 생각이 들더군요. 그래서 헛기침 소리를 내며 밖에서 창문을 두드리자 그 사람이 누구냐고 묻는 거예요.

"이 집 안주인입니다."

"이 밤중에 무슨 일로 온 것이오?"

"저희 집에 장사치들이 많이 들어와서 잘 곳이 없어 윗목 한자리를 빌어서 자고자 합니다."

"그렇다면 들어와도 좋습니다."

이어서 내가 문을 열고 들어가서 촛불 아래 앉아 있는데 소년은 곁눈질 한 번도 하지 않고 단정히 앉아서 책만 보고 있었어요. 밤이 깊은 뒤 촛불을 끄고 누웠는데 내가 신음소리를 내자 소년이 어디가 아파서 그러냐고 물었지요.

"어디가 아프시오?"

"일찍이 가슴앓이가 있는데 방이 냉골이라 묵은 병이 다시 도졌습니다."

"그렇다면 내 등 뒤 따뜻한 곳으로 와서 누우시오."

그러나 내가 그의 등 뒤에 누운 뒤 한 식경이 지나도록 돌아보지 않기에 다시 말했어요.

"행차께서는 어떤 사람인지 모르겠습니다. 혹시 내시內侍가 아니십니까?"

"무슨 말이오?"

"첩은 주인집 아낙이 아니라 관기官妓입니다. 오늘 연광정練光亭 위에서 당신이 행차하시는 풍채를 바라보고 몹시 흠모하여 한 번 뵙고자 이처럼 꾸미고 왔습니다. 소첩의 자색姿色이 밉지는 않고 당신의 나이[年紀]도 많지 않습니다. 남녀가 같이 있는데도 한 번을 돌아보지 않으니 내시가 아니라면 어찌 그럴 수 있겠습니까?"
그 사람이 웃으며 대답하였어요.
"네가 관기였단 말이더냐? 그렇다면 어찌 일찍 말하지 않았느냐? 나는 너를 주인집 여자로 알고 그랬던 것이니라. 어서 옷을 벗어라. 함께 자자."
이어서 함께 끌어안고 관계를 가졌는데 그의 풍류風流있는 흥취는 기생들 사이에서도 대단히 음탕한 남자여서, 운우雲雨의 정이 참으로 흡족하였지요. 그는 새벽이 되자 일어나 서둘러 떠날 채비를 하고 내게 말했어요.
"뜻밖에 만나 하룻밤 인연을 맺었으나 이처럼 헤어지고 나면 이후의 만남을 기약하기 어렵겠구나. 이별의 회포야 어찌 말로 다하겠느냐? 행낭 중에 정표로 삼을 만한 것도 없으니 시나 한 수 남겨주마."
이어서 내가 치마폭을 잡고 있도록 한 뒤에 다음과 같은 시를 써 내렸어요.

    물은 멀리 가는 나그네 같아 흘러가선 머물지 않고,
    산은 아리따운 미녀인 듯 보내고선 정을 남기누나.
    은촛대 오 경을 가리키는데 비단휘장 서늘하고
    숲 가득히 비바람이니 가을소리 들리누나.

水如遠客流無住
山似佳人送有情
銀燭五更羅幌冷
滿林風雨作秋聲

그이는 시 쓰기를 마치자 붓을 놓고 떠났는데 내가 그이의 소매를 부여잡고 울며 사는 곳과 이름을 물었으나 웃어넘기며 알려주지 않았어요.
"나는 산수와 누대를 찾아 방랑하는 사람인데 사는 곳과 이름은 물을 필요가 없느니라."
그리고 표연히 떠나갔지요.
나는 집에 돌아와서 그를 잊으려고 했으나 도저히 잊혀지지가 않아서 시가 적힌 치마폭을 부여안고 울었어요. 이것이 바로 그 아름다움을 사모하여 잊기 어려운 사람이었지요.

나는 일찍이 수청기생으로 순사를 모시고 있었어요. 하루는 문지기가 와서 모처의 마름[舍音]* 아무개 동지同知가 뵙고자 문밖에 와있다고 아뢰었다. 순사가 그를 들어오게 하여 바로 보니 몸집이 비대한 촌놈이었죠. 베옷에 짚신차림이었는데 허리에는 반쯤 빛이 바랜 띠를 둘렀고 머리에 늘어뜨린 금관자[金圈]는 완연한 똥색이었어요. 또한 눈자위가 사납고 용모가 추하여 바로 일개 난봉꾼일 뿐이었어요. 그가 순사 앞에 절을 올리자 순사가 물어보았어요.
"너는 무슨 일로 멀리 여기까지 왔느냐?"

"소인은 먹고 사는 것은 구차하지 않아 별로 순사또께 바라는 것이 없습니다. 다만 평생의 소원이 예쁜 기생년 하나와 정을 통하는 것이라, 이 때문에 먼 길을 마다하고 찾아왔습니다."

"허허. 네가 그런 생각이라면 안 될 것도 없다. 이 중에 마음에 드는 기생이 있는지 찾아보아라."

그 작자가 명을 듣자마자 곧장 수청방으로 들이닥치는데 기생들은 모두들 정신없이 달아났어요. 그 작자가 그 뒤를 따라가며 쫓는데, 하나를 잡더니 얼굴이 예쁘지 않다 하고, 또 하나를 잡더니 살이 쪄서 별로라고 하였어요. 급기야 나에게 이르자 잡아서 훑어보고는,

"이만하면 쓸 만하군."

하며 나를 끌어안고 담장 구석으로 가서 강제로 욕을 보였어요. 나는 이때 단번에 힘이 빠져버려 다른 곳으로 도망가지도 못하고 죽으려고 해도 할 수가 없어, 그 작자가 하는 대로 맡겨 둘 수밖에 없었지요. 얼마 뒤에 몸을 빼어 집에 돌아가 따뜻한 물로 몸을 씻었으나 비위가 뒤집어져 며칠 동안 밥을 넘기지도 못했었지요. 이것이 바로 추하여 잊기 어려운 사람이었지요.

이야기 서른여섯. 이경무와의 의리를 지킨 기생 무운

무운巫雲은 강계江界 기생이다. 한때 미모와 기예로 이름을 떨쳤다. 서울의 성成 진사라는 자가 우연히 내려왔을 때 잠자리를 모시게 되었는데, 둘의 사랑이 매우 도타웠다. 돌아갈 때가 되자 서로 마음이 아파 차마 떠나지 못하였다. 무운이 끝내 성 진사를 보낸 뒤로는 딴 마음이 없으리라 맹세하고, 양쪽 허벅지 살에 뜸을 떠 부스럼 흔적을 만들고 몹쓸 병에 걸렸다고 거짓말을 했다. 이 까닭으로 전후前後로 부임해오는 관가官家를 하나도 모시지 않았다.

대장 이경무李敬懋*가 임지에 와서 불러 보고 가까이 하고자 하니 무운이 옷을 풀어 부스럼 난 곳을 보여주었다.
"첩에게 이처럼 몹쓸 병이 났으니 어찌 감히 사또를 가까이 할 수 있겠습니까?"
이 부사가 말하였다.
"그렇다면, 너를 앞에 두고 부리는 것은 괜찮겠지."
이로부터 매일 수청을 드는데 밤이 되면 반드시 물러나왔다. 이러기를 네댓 달 동안 하더니 어느 날 밤에는 무운이 홀연히 사또에게 가까이 다가가 말하는 것이었다.
"오늘밤은 소첩이 사또의 잠자리를 뫼시고 싶사옵니다."

"네게 몹쓸 병이 있다던데, 어찌 잠자리를 한다는 것이냐?"
"첩이 성 진사를 위해 수절했던 까닭에 허벅지에 뜸을 떠서 다른 사람이 범하는 것을 피했던 것입니다. 첩이 사또를 모신 지 여러 달이 되었는데 사또의 여러 행동을 자세히 살펴보니 훌륭한 대장부셨습니다. 첩은 기생인데 사또와 같은 대장부를 어찌 가까이 모시고 싶은 마음이 없겠습니까?"
이 부사가 웃으며 말하였다.
"그렇다면 좋다."
이어서 무운과 함께 정을 나누었다.

그의 임기가 차서 장차 돌아가려는데 무운이 따라가기를 바라자 이 부사가 말하였다.
"나는 첩을 셋이나 거느리고 있으니 너를 또 데려갈 수는 없겠다."
"그렇다면 첩은 당연히 수절할 것입니다."
이 부사가 웃으며 말하였다.
"허허, 네 수절이라는 것이 성 진사를 위한 수절과 같은 것이냐?"
이에 무운이 발끈 화를 내며 차고 있던 칼로 왼손 넷째 손가락을 찍어버리는 것이었다. 이 부사가 깜짝 놀라 데리고 가려 하였으나 또 듣지 않아서 끝내 작별하게 되었다.

십 년이 지나 이경무는 훈련대장으로 성진城津에 보임되었다. 조정에서 성진을 신설하면서 노련하고 중망 있는 장수로 진정시키고자 하였기 때문에 그가 단기로 부임하였던 것이다. 성진은 강계江界와 경계를 접하여 삼백여 리 떨어져 있는 땅인지라 하루는 무운이 와서 알현하자 이경무가 기쁘게 맞이하여 쌓였던 회포를 풀었다. 그리고서 함께 거처하게 되었는데 밤에 가까이 하려고 하면 한사코 물리치는 것이었다.

"어찌하여 이러느냐?"

"사또를 위해 수절하는 것입니다."

"사또를 위해 수절한다면서 어찌하여 나를 거절하는 것이냐?"

"이미 남자를 가까이 하지 않기로 맹세하였으므로 비록 사또라도 가까이 할 수 없습니다. 한 번 가까이 하면 바로 훼절毁節하는 것입니다."

이러면서 끝내 사양하는 것이었다. 그리하여 일 년여를 함께 살면서도 끝내 서로 가까이 하지 않았는데 이 부사의 임기가 끝나 돌아가게 되자 하직하고 자기 집으로 돌아갔다. 그 뒤 이부사가 부인의 상을 당하자 무운이 급 달려가 서울에 머물면서 상례喪禮를 지낸 후 다시 집으로 내려갔다. 그리고 훗날 이 부사가 죽자 역시 마찬가지로 하였다. 그녀는 스스로를 운대사雲大師라고 부르며 노년을 마쳤다.

이야기 서른일곱. 신통력을 지닌 곽사한

곽사한郭思漢은 현풍玄風 사람으로 망우당忘憂堂 곽재우郭再祐의 후손이다. 어렸을 때에는 과거공부를 하였으나 일찍이 이인異人을 만나 비전秘傳의 술법을 익혀 천문, 지리, 음양 등 여러 분야에 통달하였다. 그는 집안이 매우 가난하여 부모의 산소가 경내에 있었는데도, 나무꾼과 목동이 날마다 침범하였으나 막지를 못하였다. 그래서 하루는 산 아래를 돌면서 나무를 꽂아 표시해 놓고서 말했다.
"이 표지 안으로 들어오는 사람이 있으면 반드시 예측치 못할 재앙이 있을 것이다!"
이처럼 그는 동네 사람들이 한 발자국도 그 땅에 접근하지 못하도록 경계하였으나, 사람들은 다 비웃었다. 하루는 어떤 미련하고 사나운 젊은 놈 하나가 일부러 그 산 아래로 가서 나무를 하다가 나무 표지 안으로 들어갔다. 그랬더니 하늘과 땅이 빙글빙글 돌면서 바람이 불고 우레가 진동하였다. 또한 칼과 창이 삼엄히 튀어나와 나갈 방법이 없게 되었다. 그 자는 혼이 빠지고 정신이 캄캄하여 땅에 쓰러져버렸다. 그 어미가 소식을 듣고 급히 곽사한에게 가서 애걸하자, 그가 화를 내며 말했다.
"내가 일찍이 틀림없이 경계하였는데 말을 듣지 않더니 왜 이제 와서 나를 귀찮게 하오? 나는 모르오!"

그 어미가 울면서 애걸하니 한 식경 후에야 직접 가서 그를 찾아 꺼내주었다. 그 후로는 사람들이 접근하지 못하였다.

곽사한의 작은아버지가 있었는데 그의 병이 위독한 상태였다. 의원이 진맥해보고 산삼을 얻어 쓸 수 있다면 나을 수 있다고 하였다. 그러자 조카가 와서 간청하였다.
"아버지의 병이 위중한데 산삼을 얻을 방법이 없어요. 형님께서 큰 재주를 품고 계시니 몇 뿌리 얻어 치료할 수 있도록 해주시면 안 되겠습니까?"
그가 눈썹을 찡그리며 말하였다.
"이것은 매우 어려운 일이나 병환이 이와 같으니 힘써 보지 않을 수 없겠구나."
그리하여 그와 함께 뒷산 기슭에 올라갔다. 어느 소나무 그늘 아래에 이르자 평평한 곳이 있었는데 전체가 산삼 밭이었다. 가장 큰 것 세 뿌리를 골라 캐어낸 후 약으로 쓰게 하였다. 그가 경계하며 말했다.
"이 일은 절대 입 밖에 내지 말거라. 그리고 또 다시 캐러 갈 생각일랑 말거라."
조카는 급히 집으로 돌아와 산삼을 달여 먹이니 과연 효험을 보았다. 그는 산에서 돌아올 때 갔던 길과 산삼이 있는 곳을 기억해 두었다가 종형이 없는 틈을 타서 몰래 가서 보았으나 전에 봤던 곳으로 갈 수가 없었다. 그 조카는 속으로 대단히 놀랍기도 하고 실망스럽기도 하여, 집으로 돌아와 삼촌에게 이런 상황을 말하자 그가 웃으며 말했다.

"허허. 전에 너와 함께 갔던 곳은 바로 두류산頭流山이다. 네가 어찌 다시 그곳으로 갈 수 있겠느냐? 이후로는 다시 그런 짓을 하지 말 거라."

하루는 집에서 건넌방을 깨끗이 청소하더니 아내에게 경계하며 말했다.

"내가 이곳에 사나흘 정도 있을 것이니 어떤 일이 있더라도 절대로 문을 열지 말고 또 몰래 엿보지도 마시오. 때가 되면 내가 스스로 나올 것이오."

그리고 문을 닫고 앉으니 집 사람들이 그 말을 따랐다. 며칠이 지나자 그의 아내가 매우 궁금한 마음이 들어 창틈으로 몰래 엿보니, 방안에 큰 강이 있었고 강 위에는 단청을 한 누각이 있었다. 남편은 그 누각에서 거문고를 튕기고 있었다. 그는 날개옷을 입은 대여섯의 도사들과 마주앉아 있었다. 또한 노을 빛 치마에 안개 같은 소매 자락의 선녀가, 악기를 불거나 뜯고 마주 서서 춤을 추기도 하고 있었다. 그 아내는 깜짝 놀라서 소리도 내지 못하고 물러났다. 기일이 되자 그가 문을 열고 나와 아내가 엿본 것을 꾸짖었다.

"이후에도 다시 이런 일이 있으면 당신과 오래 지낼 수가 없소!"

하루는 또 어떤 절친한 친구가 유명한 장군의 귀신을 한 번 보고자 하니, 그가 웃으며 말하였다.

"이는 어렵지 않으나 다만 자네의 기백氣魄이 감당하지 못하여 해를 입을까 두렵네.”

그 사람이 말했다.

“만약 한 번 볼 수만 있다면 비록 죽더라도 여한이 없겠네.”

“허허. 자네 말이 그러하니 알겠네. 그럼 일단 내 말대로 따라 해 보게.”

“알겠네.”

“일단 내 허리를 껴안고 일단 눈을 감고 기다리고 있게. 나중에 내가 눈을 뜨라고 할 때 뜨면 된다네.”

그 사람이 곽사한의 허리를 껴안고 눈을 감으니 갑자기 두 귀에 다만 바람과 우레 소리가 들려왔다. 얼마의 시간이 지난 후 곽사한이 눈을 뜨라고 하였다. 그가 눈을 떠 보니, 높은 봉우리 꼭대기였다. 그는 경황이 없어 앉아있는 곳이 어디인지 물어보니 가야산伽耶山이라고 하였다. 얼마 후, 곽사한은 의관을 단정히 한 채 향을 사르고 앉아 있는데 마치 지휘하며 부르는 장수가 있는 듯하였다. 오래지 않아 미친 듯 바람이 불어오며 무수한 신장神將들이 공중에서 내려오는데, 모두 열국列國·진秦·한漢·당唐·송宋의 명장들이었다. 그들은 위풍이 늠름하고 당당하였고 갑옷을 입거나 칼을 차고 좌우에 나열해 있었다. 그 사람은 그들의 기백을 견디지 못하여 정신이 혼미해지면서 곽사한 곁에 쓰러져버렸다. 그러자 곽사한은 신장들을 모두 물러나게 하였으나 그 사람은 여전히 혼절한 상태였다. 곽사한은 그가 깨어나 정신을 차릴 때까지 기다렸다가 말하였다.

“내가 이르지 않았던가? 그대의 기백이 이와 같은데 함부로 내게 간청하였다가 끝내 병을 얻었으니 정말 안타깝네!”

다시 자신의 허리를 안게 하고는 왔을 때처럼 집으로 돌아갔다. 그 사람은 이 일로 놀라 가슴이 뛰는 병이 생겼는데 오래지 않아 죽었다고 한다.

그는 신이한 술수가 많아서 나이가 팔십이 넘어서도 건강하였고 소년 같은 모습이었는데 병 없이 살다가 어느 날 좌화坐化했다고 한다. 영남 사람 중에 그를 잘 아는 사람이 많았는데 그가 죽은 지 수십 년 밖에 되지 않는다고 한다.

이야기 서른여덟. 은혜를 갚은 김여물의 종

김여물金汝物은 승평昇平 김류金瑬의 부친이다. 그의 집에 먹는 양이 자못 많은 종이 있었다. 여러 노복들에게는 모두 7홉의 쌀을 주었는데, 이 종에게는 1되의 쌀을 주었기에 노복들 사이에 원망하는 말도 나오곤 하였다. 김공은 의주의 임소任所에서 금오金吾로 귀양 가다가 임진왜란을 당했다. 그러자 백의종군白衣從軍하며 공을 세워 속죄하라는 명이 내렸다. 이에 순변사巡邊使 신립申砬을 종사하게 되어 짐을 꾸려놓고 여러 노복들을 뜰에 불러 모은 후 물었다.
"누가 나를 따라 출전하겠느냐?"
그러자 한 되의 쌀을 받던 종 한 놈이 자청하며 말하였다.
"소인은 지금까지 한 되나 되는 쌀을 먹어왔는데 어려운 일을 당했을 때 어찌 남의 뒤에 있을 수 있겠습니까?"
그러자 다른 노복들도 따르고자 하였으나, 당시 아들인 김류가 어렸기에 다른 식솔들을 데리고 피난하라고 당부하였다.

전장으로 말을 달려가 전투에 참가하게 되었는데, 마치 놀이하러 가는 듯 전혀 긴장하지 않았다. 탄금대彈琴臺 전투에서 조선군이 배수진背水陣을 쳤을 때, 왜군이 개미떼처럼 모여들어 파도처럼 밀려왔다. 그들이 가진 긴 장대에서 붉은 연기가 잠깐 일더니 조선군들이 선 채로 죽어 쓰러져버리는 것이었다. 군관들은 비로소 그것이 조총鳥銃이라는 것을 알게 되었다. 예전 북관北關을 순과巡過할 적에 니탕개尼蕩介가 철기鐵騎로 쳐들어왔는데* 신립과 같은 명장이 나아가 승리하였다.*

그러나 갑자기 조총이 한번 출현하자 영웅도 그 무력을 펼 데가 없어져 끝내 전투에서 패배하게 되었다.

당시 김공은 군복을 입고 왼쪽에는 화살을 메고 검을 찬 상태에서 오른손으로 상부에 보고할 장계를 쓰고 있었는데 혼란스러운 상황에서도 사리가 갖추어져 있었다. 곧바로 봉하여 보내고 또 어린 아들인 김류에게 편지를 썼는데 그 내용은 다음과 같다.

'삼도三道에서 군사를 징발하였으나 단 한 사람도 오지 않았다. 우리들은 죽을 수밖에 없을 것 같구나. 남아男兒가 나라를 위해 죽는 것은 당연한 것이나 다만 나라의 은혜를 입고도 갚지를 못하니 마음이 타서 재가 될듯하다. 하늘을 우러러 탄식할 뿐이다. 이제부터 온 집안이 너에게 달려 있다. 긴말하지 않겠다.'

그는 글을 다 쓰고 나서 즉시 말을 적진으로 달려가 검을 휘두르다가 어지러운 전투 중에 전사하였다.

주인을 따라왔던 노복은 전쟁 통에 주인이 있는 곳을 몰라 달천達川으로 피해 있다가 살펴보니 탄환이 비 오듯 쏟아지는 상황이었다. 종이 탄식하며 말했다.

"내가 목숨을 아껴 공의 은혜를 배신하면 장부가 아니다!"

그는 짧은 창을 들고 왜적의 소굴로 달려갔다가 왜적에게 쫓기어 물러나기도 했고 다시 나아가기도 하였다. 그러다가 몸에 수십 곳의 상처를 입었는데 끝내 공의 시신을 탄금대 아래에서 찾아내어 짊어지고 나왔다. 노복은 주인의 시신을 염하여 산에다 묻고 이후 선영에 장사지내주었다.

아! 노복과 주인의 의가 어느 정도길래 어찌 이와 같은 충성과 용맹함이 있을 수 있는가! 선비는 자기를 알아주는 자를 위해 죽고 여인은 자신을 기뻐해주는 자를 위해 꾸민다고 하였는데 노복이 사지死地로 뛰어 들어간 것이 어찌 한 되의 쌀 때문이었겠는가. 의로운 마음이 일어났기 때문인 것이다.

이야기 서른아홉. **김우항의 은혜를 갚은 권 아무개**

안동 권 아무개는 경전을 읽고 옳은 일을 행하다가 천거되어 휘릉徽陵 참봉參奉이라는 벼슬을 얻었으나 그때 이미 나이가 예순이었다. 그의 집안은 부유하였으나 부인이 자식 없이 세상을 떠나 집안에는 사람을 맞이할 아이도 없었고, 밖으로 자신이 죽었을 때 상복을 입어줄 만한 친척마저도 없었다.
당시 상공 김우항金宇杭*은 본릉별검本陵別檢으로 있었다. 마침 능역陵役, 능을 만들거나 고치는 일이 있어서 권 아무개와 재실齋室에서 함께 숙직을 서고 있었다. 하루는 능군陵軍이 능에서 나무를 한 나무꾼을 잡아왔다. 권공은 그를 나무란 후 태형笞刑으로 벌하려 하였다. 그런데 그 노총각 나무꾼은 아무런 말없이 울기만 하고 있었다. 잘 살펴보니 결코 보통 사람은 아니어서 권공이 물어보았다.
"너는 어느 집안사람이냐?"
"말씀 드리기는 부끄러우나, 소생은 잠영簪纓, 높은 벼슬아치의 후손이옵니다. 일찍이 아버지를 여의었고 어머니는 일흔한 살이십니다. 누이 하나가 있는데 나이가 서른다섯이나 되었지만 아직도 시집을 가지 못하였습니다. 소생도 나이가 서른인데 장가들지 못하고 남매가 나무하고 물 긷는 것으로 노모를 봉양하고 있습니다. 그런데 집안이 화소火巢*와 가까워 당장 날씨가 너무 추워 멀리 나무를 할 수가 없어서 어쩔 수 없이 능에서 나무를 하였습니다. 정말 죄송합니다!"
그리고 계속 눈물을 흘리는 것이었다. 권공은 그가 눈물 흘리는 것을 보고 홀연히 측은한 마음이 들어 김공을 돌아보며 말하였다.
"처지를 보아하니 불쌍합니다. 용서해주면 어떻겠습니까?"
"허허. 무방할 것입니다."
권공이 말하였다.
"네 처지를 들으니 불쌍하여 특별히 놓아주겠다. 다시 죄를 범하지 말거라."
그리고 쌀 한 말과 닭 한 쌍을 내려주면서 말했다.
"이것을 가지고 돌아가 노모를 봉양하도록 하라."
총각은 감사하다고 하며 돌아갔다.

며칠 후에 능군이 또 능에서 나무를 한 나무꾼을 붙잡아 왔는데 그 총각이었다. 이번에는 공이 크게 책망하자 총각이 크게 곡하면서 말하였다.
"다행히 공의 은혜를 입었으나 두 번 죄를 짓는 짓인 줄 알면서도 차마 노모께서 춥다고 하시는 것을 두고 볼 수가 없었습니다. 그래서 나무를 하러 나왔는데 마침 눈이 높이 쌓인 터라 나무할 길이 없었습니다. 송구하여 얼굴을 들 수가 없습니다."
권공은 또 측은한 마음이 생겨 한참동안 눈썹을 찌푸리고 고민하였으나 끝내 곤장으로 다스리지는 못하였다. 김공이 곁에서 미소 지으며 말하였다.

"닭 한 쌍과 쌀 한 말로는 저 총각을 감화시키지 못하였군요. 내게 그럴 듯한 방법이 있으니 내 말대로 하는 것이 어떻겠소?"

"무슨 말씀이시오?"

"공께서는 부인을 잃으셨고 자식도 없으시니 저 총각의 누이를 부인으로 맞아들이면 어떠하겠소?"

권공이 흰 머리를 쓰다듬으며 말하였다.

"내가 비록 늙었으나 근력은 충분하니 자신 있소."

김공이 그 총각을 가까이 불러 말하였다.

"권 참봉 저 분은 충후忠厚한 군자인데 집안은 부유하지만 근래 부인을 잃었고 아직 자식도 없다네. 자네의 누이가 과년過年하였는데 아직 시집을 가지 못하였으니, 여러 예절상 어찌되는지는 잘 모르겠으나 권 참봉과 혼인을 시켜 너희 집이 의탁한다면 어찌 좋은 일이 아니겠느냐?"

총각이 말하였다.

"집안에 노모가 계시니 감히 제멋대로 결정할 수가 없습니다. 마땅히 가서 의논해 보도록 하겠습니다."

총각이 집으로 갔다가 얼마 후 돌아와서 말하였다.

"노모께 말씀드렸더니 노모께서는 눈물을 흘리시며, '우리 집에 대대로 벌열의 가문이었으나 지금은 참으로 몰락하였구나. 예전에는 행하지 않던 것이지만 인륜人倫을 폐하는 것보다 낫지 않겠느냐?'라며 허락하셨습니다."

김공은 그 총각의 죄를 면해 주고, 힘닿는 대로 결혼식에 필요한 것들을 마련해 주었다. 급히 혼인을 하였으나 지나고 보니 그 집은 과연 명가名家의 후예였고 부인은 매우 현명한 사람이었다. 하루는 권공이 김공을 찾아와 말하였다.

"그대의 힘을 입어 이처럼 좋은 배필을 얻었소. 내 나이 이미 예순인데 무엇을 더 바라겠소? 영원히 고향으로 돌아가려고 작별하러 왔소."

"처가는 어떻게 하기로 하셨소?"

"모두 데리고 가기로 하였소."

"아주 잘되었소!"

김공은 권공의 술잔을 채워주며 이별하였다.

25년 후에 김공은 안동 수령으로 갔는데 다음날 어떤 사람이 명함을 들이며 뵙기를 청해왔다. 살펴보니 예전의 권 참봉이었다. 김공은 가만히 생각해 보더니 그와 함께 휘릉에서 일했던 것을 기억해냈다. 그리고 그의 나이를 계산해 보니 이미 여든 다섯이 되었다는 것을 알고 급히 맞이하여 만나보았다. 권공은 백발이었으나 동안童顔이었고, 지팡이를 짚지도 않았으며 가벼운 움직임으로 들어와 앉으니 마치 신선 같았다. 서로 악수로 인사하고 술과 안주를 마련하여 서로 마시기를 예전과 같이 하며 회포를 풀었다. 권공이 말하였다.

"지금 수령님을 만나게 된 것은 천행인 듯합니다. 제가 늘그막에 수령님의 권유 덕택에 혼인을 하여 늘그막에 좋은 배필을 얻고 연달아 아들 둘을 낳고 지금까지 해로偕老하고 있습니다. 두 아들은 시문詩文과 무예武藝에 뛰어나 서울에서 진사로 급제하였는데 내일 집으로 돌아옵니다. 수령께서 마침 안동으로 부임하셨으니 어찌 찾아오지 않을 수 있겠습니까? 제가 급히 찾아뵙기를 청한 것은 이 때문입니다."

권공이 혼인한 후 이듬해와 그 이듬해에 연이어 옥동자를 얻은 것이었다. 그들은 술잔을 주고받았는데, 김공은 놀라며 축하하기를 마지않았다. 그리고 그의 집으로 찾아갈 것을 허락하니 권공은 인사하고 떠났다.

다음날 김공은 기생과 악공 및 술과 안주를 갖추어 권공의 집을 찾았다. 그의 집은 아름다운 산과 계곡 속에 꽃이 만발한 곳에 자리 잡고 있었다. 나무와 화초들이 일산日傘처럼 건물을 가려주어 훤히 드러나지 않고 그윽하여 살기 좋은 곳이었다. 집에 도착하니 주인인 권공이 섬돌 아래로 뛰어내려와 맞이하였다. 원근에서 수많은 손님들이 운집해 있었는데 잠시 후 두 사람의 급제자가 도착하였다. 둘의 풍채가 매우 뛰어났는데 말 앞에 백패白牌를 세우고 쌍피리를 요란하게 불고 있었다. 이에 권공의 복록과 근력을 감탄하지 않는 이가 없었다. 김공이 두 사람의 나이를 묻자 형은 스물넷이었고, 동생은 스물셋이었다. 둘의 용모는 난새와 고니[鸞鵠]처럼 매우 뛰어났고 문장 역시 뛰어나 난형난제難兄難弟였다. 김공이 칭찬하기를 그치지 않으니 늙은 주인이 얼마나 기뻐했는지 알 수 있었다. 권공이 좌중에 있던 한 노인을 가리키며 말하였다.

"수령께서는 이 사람을 알아보시겠습니까? 이 사람이 바로 예전에 휘릉徽陵에서 나무를 했던 사람입니다."

그 사람의 나이를 계산해 보니 쉰다섯이었다. 드디어 풍악을 울리며 즐기니 주인이 하룻밤 머물기를 권하며 말하였다.
"오늘과 같은 경사는 모두 수령님 덕택입니다. 수령께서 이곳에 오신 것은 하늘의 도움이지 사람의 힘으로 한 것이 아닙니다."
결국 하룻밤 머물기로 하여 못 다한 이야기를 했다. 다음날 아침 권공이 술과 안주를 내어와 앉았는데 그가 말을 하려고 하다가 마는 듯하여 김공이 물었다.
"무슨 할 말이 있소?"
"드릴 말씀이 있습니다. 제 처가 평소에 수령님의 은혜를 갚을 길을 생각해 오다가, 마침 누추한 곳에 찾아오셨기에 여자로서 체면을 생각지 않고 직접 만나 뵙는다면 지극한 소원을 이룰 것입니다. 수령께서는 괴상히 여기지 마시고 내실로 들어오시면 어떠하실런지요? 또한 수령의 은혜는 천지天地와 같은 덕이요 부모와 같은 은혜이니 어찌 거리낌이 있겠습니까?"
김공은 부득이하게 내실로 들어가 마련한 자리에 오르니 한 노부인이 나와 눈물을 흘리며 절하였다. 또한 젊은 부인 둘이 온갖 장식을 하고서 나와 절하니 곧 두 며느리였다. 잠시 후 온갖 진수성찬을 올리며 세 부인이 말없이 수령을 모시고 있으니 그 정성스런 뜻이 얼굴에 가득하였다.
이후 권공이 김공에게 곁에 있는 방에 들어가 보기를 청하여 들어가 보니, 안에는 예닐곱 살 쯤 되어 보이는 어린아이가 있었다. 머리는 검었고 손은 통통하였는데 눈동자가 빛나 조용히 사람을 바라보면 정신이 있는 듯 없는 듯하였다. 김공이 그를 가리키며 물었다.

"성주城主께서는 이분을 아시는지요? 이 분이 바로 나무꾼의 모친입니다.[권공의 장모] 지금 연세가 아흔 다섯입니다."
김공은 깜짝 놀랐는데, 그녀의 입에서 말이 나오는듯하여 자세히 들어보니 다름이 아니라 "김우항이 정승이 된다. 김우항이 정승이 된다."는 말이었다. 그녀는 25년간을 하루같이 한 번도 그치지 않고 축원하였으니 이와 같은 정성이 어찌 하늘을 감동시키지 않겠는가? 김공은 크게 감동하여 한바탕 웃고 여러 사람들에게 사례하며 관아로 돌아왔다.

그 후 김공은 과연 재상에 올랐는데 숙종 조에 김공은 약방의 도제조로 연잉군延礽君의 병을 치료하였는데 그때 연잉군에게 자신의 삶에 대해 이야기해준 적이 있었다. 연잉군이 영조로 등극한 후에 식년시의 문제를 '안동의 진사 권 아무개'라고 내었는데 권공의 손자들이 시험에 합격하게 되었다. 여기에 대해 영조가 특별히 교지를 내렸다.
"예전에 재상 김우항이 권 아무개의 일을 말해주었는데 매우 드문 일이다. 그의 손자가 다시 사마시에 합격하였으니 이는 결코 우연이 아니다. 그를 특별히 재랑齋郞에 제수하여 그 할아버지의 행적을 본받도록 하라."
이 이야기를 듣고 영남 사람들이 영광스럽게 여겼다.

이야기 마흔. 소실의 말을 듣고 공을 세운 정충신

금남錦南 정충신鄭忠信이 처음에 선사포첨사宣沙浦僉使로 제수되고 이후 여러 관직을 거쳤는데 한 노 재상이 은근히 예를 갖추어 인사하고 말하였다.
"나는 그대가 큰 그릇임은 알고 있는데 앞으로 얼마나 발전할지 헤아릴 수가 없소. 그리고 그대에게 아직 아내가 없다는 것도 알고 있소. 마침 내가 측실에게 얻은 딸이 하나 있는데 그대의 소성小星, 첩이라도 삼아서 건즐巾櫛*을 받들게 하면 어떻겠소?"
금남은 그의 뜻에 감동하여 허락하자 노 재상이 말하였다.
"그렇다면 남들의 이목耳目을 번거롭게 하지 말고 시집가는 날에 일단 홍제교弘濟橋 머리에서 신부를 출발시킬 것이니 그곳에서 맞이하시오."
며칠 후 그는 신부를 맞이하러 홍제교 머리에 가서 기다렸다. 그러다가 행차를 잘 꾸민 가마 하나와 말이 오고 있는 것을 보았다. 행차가 가벼운 발걸음으로 와서 선사포 첨사인지 물어 와서 맞이하고 보니 부인은 몸집이 매우 크고, 말투에 특별한 애교도 없는 무미건조한 여자였다. 금남은 마음속으로 속았다는 생각이 들었지만 이제 와서 어쩔 수 없었다. 억지로 같이 집으로 와서 안살림을 맡겨놓을 뿐, 쳐다보고 싶은 마음이 생기지도 않아 데면데면하게 지냈다.

어느 날 저녁 영문營門이 닫혀 있기에 다가가 문틈으로 엿보니 군무軍務가 있어 회의를 하는 중이었다. 사람들은 잠시도 가만히 있지 못하고 성화星火같이 뛰어다니고 있었다. 그는 집으로 와서 밥을 급히 먹고 소실의 방으로 들어갔더니 소실이 말하였다.
"영감께서는 지금 벌어지는 일이 어떤 것인지 알고 계십니까?"
"모르오."
"이러한 난세에 앞일을 예견하지 못한 채 일을 결정한다면 어떻게 일을 제대로 처리할 수 있겠습니까?
금남이 그 말을 신통히 여겨 캐물어보니 소실이 말했다.
"만일 무슨 일이 벌어져 임기응변臨機應變해야 할 때가 된다면, 제가 말씀 드린 대로 하십시오."
그리고서 이러이러하게 하라고 하였다. 그리고 남색 비단 철릭을 내어주기에 입어보니 몸에 딱 맞았다. 이공은 매우 놀랍고도 이상하게 여겼다. 그가 말을 달려 감영에 도착하니 순사巡使가 주위 사람들을 물리치고 말했다.
"이번 천사天使, 명나라 사신가 돌아가는 길에 이 성에 억지로 머물면서 백은白銀 만 냥을 요구하고 있소. 만약 들어주지 않으면 도백道伯, 관찰사을 효수梟首, 목을 베어 장대에 매다는 형벌하겠다 하오. 도대체 이 일을 어찌 처리해야 할지 모르겠고 은 만 냥 또한 마련하기 어렵소. 백방으로 생각해도 그대가 아니면 대처할 수가 없을 듯 하여 오라고 청한 것이오."

그 말을 들으니 과연 소실이 길을 나설 때 말해 준 것들이었다. 결국 그 말을 따라 해 보기로 하고, 스스로 맡아 조치하겠다며 큰소리 치고 나왔다. 그리고 사신이 있는 연광정에 자리 잡고 앉았다. 금남은 영교營校 중에서 영리한 자 한 사람을 불러 귓속말을 했다.
"자네는 감영 기생 중에서 지혜롭고 예쁜 아이 네댓을 골라 사신을 수청守廳들며 노래와 거문고를 뜯으라고 하라."
사신과의 술자리가 한창이 되어 술잔이 낭자하게 흩어지자 그는 다시 영교營校를 불러 귓속말을 했다.
"이제 은을 내놓지 못하면 순사께서 죽임을 당하시고 온 성이 어육魚肉이 되며 너희들도 죽게 될 것이다. 너는 나가면 성 안으로 가서 집집마다 화약을 꽂아두고 있다가 내가 이곳 연광정에서 대포를 쏠 테니 소리가 세 번 울리거든 화약에 불을 붙여라."
영교가 알겠다고 하며 물러갔다가 돌아와 고하였다.
"화약을 다 꽂았습니다."

얼마 후 대포 소리가 한 번 났다. 여러 기생들은 곁에서 눈치를 보다가 크게 겁을 내며 소변을 보러 간다는 핑계로 하나 둘씩 사신 곁을 빠져나갔다. 그리고 곧장 성 안에 있는 자기 집으로 가서 소식을 전했다. 그러자 삽시간에 온 성에 소문이 퍼져 아비와 어미를 부르는 소리가 가득하며 처자식을 이끌고 다투어 성 밖으로 도망치니 백성들의 아우성이 하늘을 진동시켰다. 사신이 처음에 포성을 듣고선 상당히 의아해 할 뿐이었으나 백성들의 아우성을 듣자 놀라 동요하였다. 급히 일어나 캐어물으니 영교 한 사람이 선사포 첨사가 시킨 내용을 그대로 말해주었다.

그 이야기를 하는 사이에 포성이 또 일어났는데, 만약 포성이 한번 만 더 일어나면 몽땅 타죽게 되었으니 사신은 남은 정신까지 몽땅 달아날 지경이 되었다. 사신은 정신을 차리지도 못하고 맨발로 급히 연광정으로 달려왔다. 그리고 금남의 손을 잡고 제발 목숨을 살려달라고 애걸하였다. 금남은 사리를 따져가며 책망하였다.

"명나라는 부모의 나라입니다. 사신이 와서 황제의 명을 전하는데 오고가는 길목의 배신陪臣들이 온 정성을 다해 접대하였습니다. 그런데도 전례 없는 은을 내놓으라고 요구하시다니요! 정말로 이번 일은 어쩔 수 없이 하게 된 것입니다. 온 성 사람들은 죽으면 그만이니 차라리 잿더미 속에서 다 같이 죽어버릴 것입니다!"

"내 목숨은 대야大爺의 손에 달렸습니다. 지금 당장 계단 앞에 말을 세워두고, 말에 오르는 대로 즉시 떠나겠소! 그리고 밤낮 없이 달려서 사흘 내에 압록강을 넘겠으니 제발 마지막 대포를 쏘지 마시오!"

"사신이 무례하니 저는 믿을 수가 없습니다! 포수는 이리 오라!"
그러자 사신은 그를 끌어안고 애걸복걸하며 울부짖으며 따라왔다. 어쩔 수 없이 결국 허락하는 척 해주고 그로 하여금 말을 재촉하여 급히 출발하게 하니, 사신 일행은 한없이 감사하며 일제히 말에 올라 번개처럼 말을 달려 떠났다. 과연 배지陪持, 급한 공문과 군사정보를 말을 타고 전달하던 이가 와서 사흘 만에 사신이 압록강을 건너갔다고 보고하였다.

순사는 크게 기뻐하여 잔치를 베풀며 사례하였고 이 일로 그의 이름이 세상에 알려지게 되었다. 금남이 하직하고 돌아온 후로 매사를 소실에게 물어보았으니 그녀는 실로 이인異人이었다. 그러므로 외모로 사람을 취하면 자우子羽를 잃는 것*이다.

이야기 마흔하나. 이여송의 신통력과 이를 알아본 유성룡

명나라 제독 이여송은 임진왜란 때에 군사 오천을 이끌고 와 조선을 도왔다. 평양에서 대첩을 거두어 왜적의 장수 평행장平行長이 밤을 틈타 도망했는데, 승기勝氣를 타고 쫓아가다가 청석동靑石洞까지 이르렀다. 청석동은 골짜기가 깊고 장애물이 많았으며, 나무가 하늘로 높이 뻗어 자라고, 계곡물이 굽이굽이 흐르는 곳이었다. 왜적을 쫓던 이여송 앞에 갑자기 흰 기운이 하늘로 뻗어 올라 있는 것이 보였다. 차가운 빛이 사람에게 사무쳐 드는 듯하였다. 제독이 말하였다.

"이는 왜군 검객劍客의 대형隊形이다."

그는 군사를 한 일一자로 산개하여 주둔시켰다. 그리고 건물 위에서 쌍검을 뽑아 들고 공중으로 몸을 솟구쳐 올라갔다. 모든 군사가 우러러보았으나 단지 칼이 쨍쨍하며 부딪치는 소리만이 하얀 기운 속에서 들려왔다. 얼마 후에 왜인의 몸과 머리가 잘려나간 채 어지럽게 떨어지더니 그제야 냉기가 겨우 걷히게 되었고, 제독은 어느새 웃으며 말 위에 앉아 있었다. 군사들은 북을 두드리며 진군하여 청석골을 나왔다.

그런데 벽제관碧蹄館의 패전*에 이르러서는, 이여송은 군사를 개성

부開城府로 퇴각시킨 채 진군하여 왜적을 공격하려는 의지를 잃어버렸다. 하루는 상공 서애 유성룡이 접반사接伴使로 나아가 군무에 대해 논의하게 되었다. 제독은 머리를 긁적이며 말하다가 먼 하늘가에서 한줄기 흰 무지개가 가까워지는 것을 보았다. 제독은 황급히 상투를 묶으며 말했다.
"검객이 오고 있다!"
그는 벽에 걸린 쌍검을 뽑더니 동방洞房으로 피하여 문을 열어놓고 있었다. 그리고 서애더러 밖에 머무르며 동정을 살피도록 하였다. 삽시간에 흰 무지개 기운이 이여송이 있는 동방으로 날아 들어갔다. 그러자 방에서는 단지 쨍쨍 거리며 칼 부딪히는 소리가 끊이지 않고 들려왔고, 차가운 온 집안에 가득하였다.
서애는 매우 두려운 마음이 들었는데, 갑자기 다리 하나가 튀어나와 문을 찼다가 도로 들어가는 것을 보았다. 서애는 그것이 제독의 발이며, 또 문을 찼다가 도로 들어간 것은 닫으라는 뜻으로 생각했다. 서애가 동방의 방문을 닫아버리자, 얼마 후 제독이 문을 열고 나왔다. 그는 어떤 아름다운 여인의 머리를 들고 있었는데, 그것을 땅에 던져버렸다. 서애는 그제야 그가 왜적의 검객을 처치했다는 것을 알고 경하하기를 마지않았다. 제독이 말하였다.
"원래부터 왜적 중에는 검객이 많소. 내가 청석동에서 모두 섬멸했었소. 그런데 이 미인은 왜적 중에서 제일의 고수요. 검술이 신통한 경지에 이르러 천하에 적수가 없어 내가 늘 신경을 쓰고 있었소. 이번에 다행히 목을 베었으니 다시는 근심이 없을 것이오. 그런데 공이 문을 닫은 것은 어찌 알고 그렇게 한 것이오?"

"문을 찼다가 다시 들어갔으니 그 뜻을 알 만 하지요."
"어떻게 그것이 내 발인 줄 알고 문을 닫았소?"
"왜인의 발은 작은데, 그때 본 것은 큰 발이니 어찌 장군의 발인 줄 모르겠습니까?"
"과연! 조선에도 훌륭한 인물이 있도다!"
"문을 닫으려고 했던 이유를 알 수 있겠습니까?"
"그 여인은 검술을 바닷가의 넓은 곳에서 배웠소. 그래서 내가 일부러 곁방에 들어갔던 이유는 그녀가 자신의 능력을 펼 수 없도록 하기 위한 것이었소. 검을 겨룬 지 수십 합 만에 미인의 기운이 점점 떨어지는 것을 보자, 문 밖으로 나가 멀리 달아날까 하는 걱정이 들었소. 그래서 문을 닫으려고 했던 것이오. 만약 문 밖으로 도망가면 이 넓은 땅 어디에서 잡을 수 있었겠소? 오늘은 검객을 죽일 수 있었던 것은 참으로 그대가 문을 닫은 공이 크오." 이 일 이후로 이여송은 서애를 더욱 공경하며 중히 대하였다.

내가 보건대 검술은 예부터 숭상되었다. 원공猿公은 벽을 뚫는 재주가 신기에 가까울 지경이었고, 형가荊軻는 진시황을 죽이기 위해 비수를 던졌으나 기둥에 맞았으니 모두 계획이 허술하여 실패하였던 것이다. 이들은 모두 제독의 신통한 술법에는 미치지 못하는 것이다.

이야기 마흔둘. 사람을 알아본 김상서와 금동이

상서 김모는 사람을 알아보는 감식안이 있었다. 하루는 길가에서 한 총각을 보았는데, 의복이 남루하고 초췌한 모습이었다. 그를 집에 데리고 와서 물었다.

"너는 어떤 사람이냐?"

"저는 어려서부터 부모를 여의고 사고무친四顧無親하여, 저자를 다니며 동냥하고 있습니다. 성명 또한 알지 못하나, 나이가 열다섯이 되었다는 것은 알고 있습니다."

"앞으로 네가 내 집에 머물러 살면 의식衣食이 부족하지는 않을 것이다. 네 이름은 금동金童으로 하자꾸나."

그 총각은 감사해 하더니 몇 달 머무른 후에는 글 배우기를 원하였다. 그를 가르쳐 보니 학문이 일취월장日就月將 하였는데, 한 번 보면 그대로 외울 정도로 기억력이 좋았고 붓놀림 또한 귀신같아 글씨도 훌륭했으니 참으로 재주가 뛰어난 아이였다. 상서는 금동이를 애지중지하여 항상 곁에 두어 떨어지지 않도록 하였다. 상서는 평소 잠이 없었는데, 비록 깊은 밤중이라도 금동이를 한번 부르면 즉시 대답하였으나 다른 종들은 그렇게 하지 못했다.

금동이는 상서의 집에서 날마다 서루書樓에 들어가 서적들을 읽었는데, 천문·역법 서적들을 더욱 탐닉하여 보았다. 상서가 내용을 물으면 그 오묘한 뜻을 요약하여 말했다. 금동이는 상서와 더불어 고금古今의 문장과 역사를 평가할 때는 마치 익숙한 문장을 외우듯이 하였으나, 다른 사람과 더불어 말할 때면 재주를 숨긴 채 대답하지 않았다. 상서는 그를 자식같이 사랑하여 매번 큰 일이 있으면 상의하곤 하였다. 그런데 그에게 장가를 들도록 권유하면 고사固辭하고 원하는 바가 아니라고 하였다.

이처럼 하여 어느덧 10년이라는 세월이 지났다. 어느 날 밤, 상서가 금동을 불렀으나 대답하지 않아 촛불을 들어 살펴보니 종적이 묘연하였다. 그날로 상서는 좌우의 손을 잃은 듯하여 먹고 자는 것도 편히 하지 못하였다. 금동은 사라진 지 나흘째 되던 날 나타났는데, 기쁜 기색이 얼굴에 가득하였다. 상서가 놀라 기뻐하며 여러 가지 질문을 던졌다.

"너는 어째서 내게 고하지도 않고 갔느냐? 그리고 어디를 갔다 온 것이냐? 혹시 내가 너를 대하는 것이 마음에 차지 않아 그러하였느냐? 그리고 네가 기뻐하는 기색이 있는 것은 어째서이냐?"

"하하. 아닙니다. 차근차근 말씀드리겠습니다."

밤이 되자 상서가 다시 자초지종을 물으니 금동이 대답하였다.

"저는 조선 사람이 아니라, 중국 각노閣老, 재상의 아들입니다. 부친께서는 간신奸臣의 참소讒訴를 입어 멀리 사문도沙門島로 유배를 당하였고, 원근의 친척들도 다 유배당해 흩어져 버렸습니다. 부친께서는 천문과 역법의 수를 깊이 아시는지라 떠나실 때 소자에게 다음과 같이 말씀하셨습니다. '나는 십 년이면 사면이 되어 돌아오겠으나,

네가 중국에 있다가는 반드시 간신奸臣의 손에 죽임을 당한다. 동쪽 조선으로 건너가면 훗날 반드시 살아 돌아올 것이다.' 저는 결국 이리저리 떠돌며 걸식하다가 조선에 오게 되었고, 다행히 대감의 하해河海와 같은 은혜를 입어 양육되고 가르침을 받았으니, 이승에서는 이 은혜를 갚을 길이 없었습니다. 일전에 아뢰지 않고 갔던 것은 과천果川의 오봉산伍鳳山에 올라 별자리를 보니 부친께서 사면을 받아 복귀하셨던 것을 알게 되었기 때문입니다. 제가 당연히 급히 돌아가 부친을 뵈어야 하겠으나, 대감의 은혜에 보답하려는 마음이 간절하여 오봉산 아래 있는 좋은 묘혈墓穴을 두루 찾아보다가 며칠 시간이 걸렸던 것입니다. 이번에 명당자리를 하나 구했으니 내일 함께 가서 보시면 어떠하겠는지요?"
상서는 그 이야기를 듣고 놀랍고도 기이한 일로 여겼다.

다음날 상서는 금동과 함께 오봉산 아래로 갔다. 금동이 한 언덕을 가리키며 말했다.
"이곳이 길지吉地입니다. 급히 대감 부친의 산소를 면례緬禮, 무덤을 옮기는 일하십시오. 택일하여 묘소를 꾸민 후로는 자손이 창성하여 다섯 재상이 나올 것입니다."
묘혈에 표시를 해 두고 집에 돌아오자 금동은 하직을 고하며 절하기에, 그와 이별하게 되었다. 상서는 그의 말대로 면례를 하기 위해 명당의 구덩이를 일곱 척 쯤 파자 반석盤石, 넓고 편편한 바위이 나왔는데 반석의 네 귀퉁이에 틈이 있어서 손으로 눌러 보면 조금씩 움직이는 것이었다. 상서는 금동에게 반석이 있다는 이야기를 들었기 때문에 별 의심 없이 하관下棺할 때를 기다리기 위해 묘각墓閣에 등불을 걸어두고 앉아서 쉬고 있었다.
이때 상서가 아끼는 청지기 한 사람이 혼자 구덩이로 가보았다가, 반석이 움직이는 것을 이상하게 여기게 되었다. 그는 반석 아래 가운데 부분에 어떤 것이 있어서 흔들리는지 알아보기 위해 손으로 몰래 반석을 들어 아래를 들여다보았다. 반석의 네 귀퉁이에는 옥으로 만든 동자상童子像이 세워져서 반석을 받치고 있는 것이었다. 그런데 가운데에도 옥동자상이 있었는데 그것은 네 귀퉁이에 있는 상보다 약간 높았다. 그래서 반석이 흔들렸던 것이다. 청지기는 그것을 보고 놀랍기도 하고 이상한 생각도 들기도 하여 급히 반석을 내려놓았는데, '쨍그랑!' 하는 소리가 나면서 가운데에 있는 옥동자상이 부서져 버렸다. 청지기는 크게 놀라 속으로 말했다.
'내가 대감 댁에서 은혜를 입었건만 잘못하여 이 길지吉地를 망쳐버렸구나! 훗날 분명히 재앙이 있을 것이다. 내 비록 무심코 저지른 짓이었다고 하나 살아도 죽은 것만 못하리라!'
그러나 대감께는 차마 사실대로 고하지 못하고 때가 되자 하관을 하고 봉분한 후에 돌아왔다. 그 일 이후로 상서의 집에 조금이라도 우환이 있으면 그 청지기의 마음은 불이 붙은 듯 안절부절 못하다가, 일이 해결되고 나서야 가라앉은 적이 여러 차례였다.

금동이 중국으로 돌아가니 부친인 각노閣老, 재상는 과연 사면되어 돌아와 등용되었고 간신은 주살誅殺 당하고 없었다. 부자父子가 수많은 죽음의 고비를 넘기고 끝내 상봉 하였으니 그 기쁨을 알만 하였다. 금동은 과거에 급제하여 한림학사翰林學士가 되었는데, 하루는 각노가 아들에게 물었다.

"네가 조선의 김 아무개에게 은혜를 입었다던데 그것을 어떻게 갚았느냐?"

"한 길지吉地를 점지하여주고 왔습니다."

"어떤 길지이냐?"

한림翰林이 그 모습을 대략 말하니 각노가 깜짝 놀라며 말했다.

"이를 어쩌누! 은인에게 참혹한 재앙을 끼치게 되었구나! 땅 속에 있는 다섯 개의 옥동자 상은 바깥 산의 다섯 봉우리에 대응되는 것이다. 그러나 중봉中峰은 흉살凶煞, 불길한 운수인지라 그의 집안은 갑작스럽게 흥하였다가 망해버릴 것이다. 너는 어째서 자세히 살피지 않았느냐?"

한림은 그제야 잘못되었음을 깨닫고 후회하였으나 어찌할 수가 없었다. 다시 각노가 말하였다.

"이곳은 지금 흉당凶黨, 역적의 무리이 이미 주살되었고 이제 천하에 큰 사면령을 내려 너도 사면되었으니 걱정꺼리가 없다. 그러하니 너는 조선으로 가서 급히 개장改葬하여 길지를 다시 점지해주고 오너라."

한림은 아버지의 말씀을 따라, 사신 일행의 부사副使가 되어 조선으로 오게 되었다. 그는 김 상서尙書를 명설궁明雪宮에서 만나 옛 회포를 풀었고 그를 은야恩爺, 은혜로운 아버지라고 불렀다. 한림이 이윽고 묘를 잘못 썼다는 부친의 뜻을 말하니 상서가 듣고 매우 당황하여 어찌할 줄을 몰랐다. 그 때 그 청지기가 따라왔다가 그 내용을 듣고, 가운데의 옥동자상이 깨졌던 사연을 사실대로 아뢰었다. 상서가 멍하니 있다가 말했다.

"오오! 이는 바로 화가 바뀌어 길조가 된 것이니 우연히 맞아 들어간 것이구나! 구덩이를 팠을 때는 반석이 흔들렸다가 하관할 때는 편안히 맞춰져 움직이지 않기에 이상하게 여겼었다. 그리고 하관 후 갑자기 벼락이 치더니 바깥 산의 가운데 봉우리의 큰 바위를 부숴버렸으니 이것이 그 징험이었나 보구나!"

한림이 크게 기뻐하며 말했다.

"상서 댁 자손은 크게 번창할 것입니다!"

한림은 중국으로 돌아와 그 사연을 각노에게 아뢰었다.

이야기 마흔셋. 지혜로운 소실을 얻은 이안눌

동악 이안눌李安訥 공이 장가든 뒤 대보름날 밤에 운종가雲從街에서 종치는 소리를 듣고 취한 채 이동履洞 앞길을 지나다가 어떤 집 문에 기대어 쉬고 있었다. 얼마 지나지 않아 종들이 와서 왁자지껄하게 떠들며 말하였다.
"신랑이 취해서 여기 쓰러져 있다!"
그리고는 그를 부축하여 그들의 집 신방新房, 첫날밤을 치르는 방으로 들어갔는데 공은 취해서 인사불성人事不省이었다. 그러다가 촛불을 밝힌 동방에서 신부와 동침하고 다음날 새벽에 잠에서 깨어보니 처가가 아니라 다른 사람의 집이었다. 공은 신부에게 물었다.
"여기가 누구 집이오?"
"무슨 말씀이신지요?"
이에 서로 착각한 것을 알고 경악하였으니 대개 그 집은 새로 혼례를 치른 지 삼 일째였는데 그 집 신랑 또한 종치는 소리를 듣고 밤놀이에 빠져 있느라고 돌아오지 않았던 것이다. 그러다가 동악이 신랑을 찾으러 다니던 종들에게 붙들려 이 집에 잘못 오게 된 것이었다. 공이 신부에게 물었다.
"이 일을 어떻게 하는 것이 좋겠소?"
"몽조夢兆, 꿈자리와 부합하니 이것 또한 연분이 아닐까 합니다. 부녀婦

女의 도리로 말하자면 죽어야 하겠으나 저 또한 여러 대 동안 잠영簪纓, 벼슬아치을 한 집안의 외동딸입니다. 제가 죽어버리면 부모님께서 늙으셨을 때 의탁할 곳이 없어지니 차마 그렇게 할 수는 없습니다. 어쩔 수 없이 소실小室이 되어 노친을 봉양하면서 살고자 하는데, 어떠하신지요?"
"내가 그대를 일부러 범했던 것이 아니고, 그대도 음란한 짓을 했던 것이 아니니 우선 그렇게 해도 괜찮을 것 같소. 다만 저희 집 노친께서 훈계가 매우 엄하시오. 내가 아직 약관弱冠, 20세도 되지 않았고 급제도 못 했으니 서생書生으로서 소실을 두기가 어찌 곤란스럽지 않겠소?"
"어려울 것 없습니다. 서방님의 이모나 고모 댁 중에서 혹시 제가 있을 만한 곳이 있는지요?"
"있소."
"그렇다면 당장 빨리 일어나 저와 함께 가시지요. 그리고 두 집안에서는 모르게 하십시오. 서방님께서는 반드시 급제하셔야 합니다. 급제하시기 전에는 맹세코 만나지 말도록 하시지요. 그리고 급제하신 후에 양가 노친께 아뢰고 함께 모여 사는 것이 어떠하겠는지요?"
"좋소."
공은 그 말대로 하여 그녀를 과부로 사는 이모 댁에 거처하게 하면서 바느질도 도우며 서로 모녀처럼 의지하며 지내도록 하였다.

신부 집에서는 아침에 일어나 보니 신랑과 신부가 온데간데없이 사라진지라 괴이한 일이라며 대경실색하였다. 신랑 집에 가서 탐문해 보고서야 비로소 가짜 신랑이 신부와 통정했던 것임을 알게 되었다. 결국 이 일을 비밀로 한 채, 신부가 갑자기 병이 들어 일어나지 못하고 죽었다고 거짓으로 핑계를 대고 염습하는 척 하고 허장虛葬을 치렀다.
한편 동악은 소실을 다시는 만나지 않고 밤낮으로 부지런히 공부하여, 문장이 높은 경지에 도달하였다. 몇 년이 채 안되어 급제하자 비로소 있었던 일을 노친께 고하고 소실을 데려왔다. 소실 집에 알리고자 하니 신부가 말하였다.
"서방님께서 말씀하셔도 분명히 믿지 않으실 것입니다."
그리고 신혼 때의 붉은 비단으로 만든 이불깃을 꺼내주며 말하였다.
"이것으로 신표信標를 삼으세요. 이 비단은 예전에 저희 외조부께서 연경燕京으로 가셨을 때 황제가 하사한 것입니다. 세상에 없는 특이한 것이고, 오직 저만 가지고 있는 것입니다. 신혼 때의 이불일 뿐이지만 부모님께서 이것을 보신다면 분명 믿으실 것입니다."
드디어 그녀의 말대로 하였다. 노인은 딸을 만나자 기쁨과 슬픔이 교차하였다. 또한 이공을 보자 재상감인지라 어떤 일이 있었는지 자초지종을 물었다. 사정을 다 듣더니 말하였다.
"이것은 하늘이 정해준 것이로다! 우리 노부부가 후사를 의탁할 곳이 생겼구나!"
마침 그 집안에는 다른 자녀가 없었으므로 그 집의 재산과 노비, 전택田宅을 모두 주었으니, 이공은 삽시간에 장안의 갑부甲富가 되었다. 그 소실은 어질면서 슬기가 있어 살림을 다스리고 남편을 내조하는데 모두 양가良家 규수와 같은 범절이 있었다. 이공의 집은 지금까지도 대대로 부자라는 말을 듣는다. 그리고 이동李洞의 집이 바로 취해서 들어갔던 집이라고 한다. 그리고 소실이 낳은 자손 역시 번성했다고 한다.

이야기 마흔넷. 이설 허생전

허생許生은 방외인方外人이다. 집안이 몰락하여 가난하였는데도 독서를 좋아할 뿐 집안 식구들이 먹고 살 일은 하지 않았다. 책상머리에는 오직 『주역周易』 한 부만 있었고, 누추한 끼니마저도 자주 걸렀으나 신경을 쓰지 않았다. 그래서 그의 아내가 베 짜는 것과 삯바느질로 허생을 받들었다. 하루는 허생이 안방으로 들어가니, 아내가 짧게 자른 머리를 싸맨 채 앉아있었다. 아침저녁 끼니를 잇기 위해 머리카락을 잘라 팔았던 것이었다. 허생이 길게 한숨을 쉬고 나서 말했다.

"내가 십 년 동안 『주역』을 읽은 후에 뭔가 하려고 하였으나, 머리를 짧게 자른 아내는 차마 볼 수가 없구나."

그리고 부인에게 약조하며 말하였다.

"나는 일 년 동안 밖에 나갔다 돌아오겠소. 자네는 실낱같은 목숨을 잘 연명하고 그 사이에 머리도 기르도록 하시오."

허생은 갓의 먼지를 털며 집을 나섰다. 그는 곧바로 송도 제일의 갑부인 백가白哥를 찾아가 돈 천 냥을 빌려달라고 청하였다. 백가는 그를 딱 한 번 보았을 뿐이었으나, 그가 보통 사람이 아니라는 것을 알고 즉시 허락하였다. 허생은 천 냥을 가지고 서쪽 기성箕城, 평양에서 노닐기 시작했다. 명기名妓 초운楚雲의 집으로 찾아가 날마다 술과 고기를 차려놓고, 잘 노는 사람들과 방탕하게 노닐었다. 돈이 다 떨어지자 허생은 다시 백가를 찾아가 말하였다.

"내게 큰 장사꺼리가 있으니 다시 3천 냥을 빌려 주시겠소?"

백가가 또 허락하자 허생은 다시 초운의 집으로 가서 녹색 창문에 붉은 누각, 붉은 주렴, 비단 침상 등으로 집을 화려하게 꾸며놓고, 날마다 술자리와 풍악을 베풀면서 즐겼다. 돈이 다 떨어지자 다시 백가에게 가서 말하였다.

"다시 3천 냥을 빌려주겠소?"

백가가 또 허락하자 허생은 또 다시 초운의 집으로 가서 연경燕京 시장에서 유명한 진주와 패물 기이한 비단들을 몽땅 사서 초운의 환심을 사고자 했다. 돈이 다 떨어지자 다시 백가에게 가서 말하였다.

"이제 3천 냥만 더 있으면 일이 성사될 것 같소만, 그대가 믿지 않을까 모르겠소."

"어찌 그런 말씀을 하십니까? 만 냥을 더 빌려드려도 아깝지 않습니다."

백가는 또 허락하였고 허생은 또 다시 초운의 집으로 갔다. 이번에는 명마 한 필을 사서 마구간에 매어두고 전대를 만들어 벽 위에 걸어 두었다. 그리고 여러 기생들을 모아 질탕하게 놀며 돈을 뿌려서 초운의 비위를 맞추어 주었다. 돈이 다 떨어지자 허생은 일부러 적막하고 처량한 분위기로 초운을 대하였다. 그녀는 성품이 물과 같아서 이미 허생에게 염증이 나고 있었기 때문에 그를 떼어내기 위해 다른 소년들과 함께 꾀를 내는 중이었다. 허생 또한 그러한 생각을 알고 있었다.

하루는 허생이 초운에게 말하였다.
"내가 여기에 왔던 것은 장사를 하려던 것이다. 그런데 만 냥의 돈도 다 떨어져 빈손일 뿐이니 떠나고자 한다. 너는 나를 그리워하지 않을 수 있겠느냐?"
"오이가 익으면 꼭지가 떨어지고, 꽃이 시들면 나비도 드문 법인데 어찌 그리워하는 마음이 있겠습니까?"
"내 재물이 몽땅 재물을 녹여버리는 길거리에 들어가 버렸구나! 이제 곧 영원히 이별하게 될 텐데, 너는 무엇으로 나를 전별해 주겠느냐?"
"아무것이나 원하는 대로 가져가시지요."
허생이 좌중에 허름하게 생긴 오동烏銅 화로를 가리키며 말했다.
"이것이 내가 원하는 것이다."
초운이 웃으며 말했다.
"호호호. 무엇이 아깝겠습니까?"
허생은 그 자리에서 화로를 조각조각 부수어 전대에 쓸어 넣고 초운의 집을 나섰다. 그리고 명마를 타고 달려 하루 만에 송경松京, 개성에 도착했다. 허생은 백가를 만나 말했다.
"일을 성공시켰소!"
그리고 전대 속의 물건을 내어 보이니 백가는 머리를 끄덕일 뿐이었다.

허생은 다시 전대를 가지고 명마를 달려 회령會寧의 개시開市로 갔다. 그곳에서 가게를 차려놓고 앉아있으니 어느 오랑캐 상인 하나가 와서 부수어진 화로 조각을 살펴보더니 혀를 차며 말했다.
"이것이다! 바로 이것이야!"
그가 흥정을 청하며 말했다.
"이것은 값을 매길 수가 없는 보물인지라, 비록 십만 냥으로도 적습니다만 부디 교역하기를 바랍니다."
허생이 그를 한참 동안 노려보다가 허락하고 교역을 마치고 돌아와 백가를 만났다. 그에게는 10만 냥을 그대로 주니, 백가가 물었다.
"이게 도대체 어찌 된 일입니까?"
"지난번에 부서진 화로 조각은 구리가 아니라 바로 오금烏金이오. 옛날 진시황이 서시徐市를 동해東海로 불로초를 구하라고 하면서 곳간 속의 오금 화로를 주어 보냈소. 이 화로로 약을 달이면 온갖 병에 효과가 있다오. 그런데 서시가 바다를 건너다 잃어버렸던 것을 왜인倭人이 얻어 국보로 삼았소. 그것을 임진왜란 때 왜장 평행장平行長이 군사를 이끌고 올 때 가지고 왔소. 그가 평양을 점거하고 있다가 밤에 후퇴하면서 병사들이 흩어지는 가운데 잃어버렸다오. 그 물건이 기생 초운의 집에 있던 것을 내가 기미를 살펴 찾아내고 만 냥을 들여 바꿔온 것이오. 그 오랑캐 상인은 서역인西域人으로 그 또한 기미를 살펴 찾아왔던 것인데 그가 값을 매길 수 없다고 한 말은 분명한 것이오."
"화로 하나를 얻기 위해서였다면 비록 만 냥을 들이지 않았더라도 쉬웠을 터인데, 어찌하여 몇 번에 걸쳐 수고하셨던 것인지요?"
"이것은 천하에 다시없는 보물이오. 귀신이 돕고 있으니 높은 가격이 아니라면 얻을 수가 없소."

"오히려 그대가 귀신같은 사람입니다. 이 돈은 모두 돌려드리겠습니다."

"허허. 어찌 나를 가지고 장난을 하려 드시오? 내 집이 비록 가난하나 글을 읽으며 뜻을 즐길 뿐이오. 이번 행차는 재주를 한번 시험해 본 것일 뿐이오."

허생은 작별인사를 하고 떠나갔다. 백가는 허생이 놀랍고도 기이하여 사람을 시켜 뒤를 따르게 하여 집을 알아내니 자각봉紫閣峯 아래의 한 초옥이었다. 집에서는 책 읽는 소리가 낭랑하게 들려올 뿐이었다. 백군은 그의 사람됨을 알았기에 매월 이른 새벽에 돈꿰미와 쌀푸대를 문 안에 놓아두었는데, 딱 한 달 쓸 정도만 준비해 주었다. 허생은 빙그레 웃으며 이를 받았다.

당시 상공 이완李浣이 원융元戎이 되어 재상宰相을 추천하는 중임을 맡았는데, 북경을 칠 계책을 도모하며 인재를 찾고 있었다. 그러다가 허생이 어질다는 말을 듣고, 어느 날 저녁 미복微服, 신분을 숨긴 옷차림으로 천하의 일을 논해 보고자 가르침을 청해 오자 허생이 말하였다.

"공께서 오실 줄 알았소이다. 공께서 큰 일을 일으킨다고 하던데, 나의 세 가지 계책대로 하지 않으시겠소?"

"감히 말씀을 듣겠습니다."

"지금 조정에서는 당인黨人들이 권세를 부려 모든 일을 멋대로 하고 있소. 공께서 돌아가거든 임금께 아뢰어 당론을 타파하고 인재를 쓸 수 있겠소?"

"그것은 진실로 어렵습니다."

"첨군簽軍의 군포軍布를 거두는 문제는 온 나라 백성들에게 근심과 수고를 끼쳐주고 있소. 만약 공께서 호포법戶布法*을 시행하여 비록 경상卿相의 자제라도 그 의무를 회피하지 못하게 할 수 있겠소?"

"그것 또한 어렵겠습니다."

"우리나라는 바닷가에 있어서 비록 어업과 제염의 이익이 있지만 쌓아둔 것이 많지 않고, 곡식은 일 년을 지탱하지도 못 하오. 땅이 3천 리에 불과한데도 예법에 얽매여 겉을 꾸미는 짓만 일삼고 있소. 온 나라 사람들이 오랑캐의 옷을 입도록 할 수 있겠소?"

"역시 어렵습니다."

허생이 발끈 화를 내며 그를 꾸짖었다.

"너는 당장 해야 할 일도 모르는 주제에 망령되이 큰 꾀를 펼친다고 하니, 도대체 뭘 할 수 있겠느냐! 당장 물러가라!"

이공은 긴장하여 등을 적실 정도로 땀이 났다. 그래서 다시 오겠다고 고하고 급히 물러 나왔다. 다음날 아침 다시 허생을 찾아갔으나 쓸쓸히 빈 집이 있을 뿐이었다.

이야기 마흔다섯. 천하일색을 얻은 이여송의 역관

제독 이여송이 동쪽을 정벌할 때에 여러 달 동안 김포金浦에 머무르며 금琴 씨 여인을 가까이 하였다. 그러다가 회군回軍하는 길에는 역관인 김金 씨 선비에게 용양龍陽*의 총애를 내려 밤낮으로 함께 소곤거렸다. 김생은 나이가 겨우 스물이었는데 용모가 매우 아름다웠다. 이 제독은 그의 말은 반드시 따랐고 그가 낸 계책 역시 반드시 썼으니 그를 얼마나 친애하는지 알 수 있었다. 이 제독은 압록강을 건널 때에 얼마만한 군량을 정해진 기일까지 산해관으로 운송하라는 명령을 요동 도통遼東都統에게 문서로 보냈다. 그때 제독은 강을 건너 책문柵門으로 향하고 있었는데 그 도통이 군량을 운송하라는 명령을 어겨버렸다. 제독이 크게 노하여 도통에게 군율軍律을 행하려 하였다.

도통에게는 아들 셋이 있었는데 큰아들은 이 때 시랑侍郞을 맡고 있었고, 둘째 아들은 서길사庶吉士*였다. 셋째 아들은 신이한 승려로 황제도 그를 신사神師로 대접하며 별원別院을 궐내에 세워 그를 머물게 하였으니 마치 숙종이 업후鄴侯를 봉래원蓬萊院에 거처하게 한 것*과 같았다. 세 아들은 그 소식을 듣고 모두 아비에게 와서 위기를 벗어날 계책을 의논했다. 신승神僧이 말했다.

"묘책이 있습니다."

이에 김 역관을 맞이하였고 세 사람이 합석하였다. 세 사람이 청하였다.

"부친께서 이번에 당하신 불행은 살아날 길이 전혀 없소. 오직 그대만이 우리를 위해 얽힌 사태를 잘 풀어주시기를 바랄 뿐이오."

"보잘 것 없는 외국인이 무어라고 감히 하늘같은 장군의 군기軍紀에 관여할 수 있겠습니까? 하지만 이처럼 간절하고 정중하시니 어쩔 수가 없겠습니다. 듣고 안 듣고는 장군께 달려 있으니 일단 조용히 말씀드려 보겠습니다."

김생이 돌아오자 제독이 말하였다.

"그들이 너를 맞아 무슨 수작을 하더냐?"

김생이 그 전말을 모두 말하자 제독은 한동안 생각하다가 말했다.

"나는 전장을 누비고 다니면서 단 한 번도 다른 사람의 사적인 부탁을 들어준 적이 없다. 하지만 네가 저들 같은 귀인의 간청을 받았으니 네가 나에게 긴요한 사람임을 알 수 있다. 그리고 내가 이곳에 온 후로 네게 생색낼만한 일을 해주지 못했으니 내가 네 말을 꼭 들어주어야만 하겠구나."

김생이 다시 세 사람에게 가서 제독이 한 말을 고하자 세 사람은 나란히 머리를 조아려 절하며 말했다.

"그대의 은덕이 하해河海와 같소. 무엇으로 보답하면 되겠소?"

"제 덕이 아닙니다."

"그대는 아직 나이가 어리니 보배나 노리개에 뜻이 있을 듯한데 어떠한지 모르겠소."
"제가 비록 나이는 어리지만 본디 검소하고 질박함을 마음에 두었고, 집도 또한 가난하지 않은지라 일찍이 노리개에는 마음을 두지 않았습니다."
"그대는 조선의 유생이니 상국上國에서 명하여 그대 나라의 정승이 되게 한다면 어떠하겠소?"
"우리나라는 오로지 명분을 숭상하는데 저는 청금靑襟, 중인입니다. 제가 갑자기 정승에 제수된다면 반드시 남행南行*으로 된 정승政丞이라고 손가락질을 받을 것이니 오히려 되지 않는 것만 못합니다."
"그렇다면 그대가 대국의 벼슬 높은 고관이 되고 중원 명문대가의 벌족이 되면 어떻겠소?"
"저희 부모님께서 모두 살아 계신데 집을 떠나 그리운 정이 간절합니다. 오직 빨리 돌아가기를 원할 뿐입니다. 제독께서 회군하신 후 바로 돌아가라고 명해 주신다면 큰 은혜가 될 것입니다."
"우리들이 은혜를 갚아야 한다는 것은 두 번 말할 필요도 없소. 그대는 꼭 소원을 말해주시오."
세 사람이 간절하게 권하기에 김생은 어쩔 수 없이 말했다.
"제 평생의 소원은 천하일색天下一色을 한 번 보는 것입니다."
세 사람은 그 말을 듣고 한참동안 말없이 있더니 신승이 말했다.
"좋소."
그러자 두 사람도 따라서 허락하였다.
"좋소. 좋소."

이와 같이 하고 헤어졌다. 김생이 제독의 거처에 들어가 뵈니 제독이 물어보았다.
"너는 무슨 소원을 말하였느냐?"
"천하일색을 한 번 보는 것이 소원이라고 말하였습니다."
제독이 벌떡 일어나 그의 손을 잡고 말하였다.
"너는 소국의 인물이 아니구나! 말하는 것이 어찌 그리 크냐? 그러면 그들이 모두 허락하였느냐?"
"허락하였습니다."
"그들이 무슨 수로 천하일색을 얻어 올꼬? 이는 비록 황제의 귀함으로도 볼 수가 없는 것인데."

그리하여 김생은 제독을 따라 황성皇城으로 들어갔다. 이때 세 사람이 찾아와서 맞이하기에 김생이 따라갔다. 세 사람이 말했다.
"돌아가지 마시고 오늘 밤을 길게 즐기십시오."
차를 다 마시고 조금 있으니 온 집안에 꽃다운 향기가 가득하여 자신에게 엄습해 왔다. 그리고 정원 문이 열린 곳에서 곱게 화장한 여인 수십 명이 혹 향로를 들거나 혹 붉은 보자기를 덮은 상을 들고 나와 당에 늘어섰다. 김생이 보기에는 그녀들 모두 경국지색傾國之色이 아닌 이가 없었다. 김생은 천하일색을 이미 보았다 여기고 자리에서 일어나 돌아가고자 하자 세 사람이 말했다.
"어찌 일어나시오?"
"제가 이미 천하일색을 보았으니 더 머물 필요가 없지요."
"허허. 이들은 시녀요. 어찌 천하일색이라 할 수 있겠소? 금방 나올 것이오."

얼마 후 정원 문이 활짝 열리며 한줄기 난초와 사향의 향이 진하게 퍼지면서 한 여인이 나왔는데 시녀 십여 인이 뒤에서 옹위하며 마루에 올랐다. 화려하게 단장한 여인이 교자交子에 앉자 세 사람과 김생 또한 마주하여 교자에 앉았다. 그들이 김생에게 말했다.

"이 여인이 진짜 그대가 보고자 했던 천하일색이오."

김생은 눈에 보이는 것이 없어서 그녀가 어떤 자태인지는 알 수가 없었다. 세 사람이 말했다.

"오늘 밤 그대는 반드시 이 여인과 함께 운우雲雨의 만남을 이루어야 합니다."

"저는 한 번 보기를 원했지 동방洞房, 신혼 첫날밤을 치르는 방에서 가까이 하기를 바랐던 것은 아닙니다."

"아니, 무슨 말씀이오? 우리들이 그대에게 은혜를 입었고 그대는 이미 천하일색을 보고자 하였소. 우리들이 비록 뼈를 갈고 살을 베어 낼지언정 어찌 들어주지 않을 수 있겠소? 천하에서 두 번째나 세 번째의 미모를 지닌 여인을 얻기는 어렵지 않으나 천하일색은 비록 천자의 권세로도 얻기 어려운 것이 사실이오. 년전에 운남雲南의 왕이 어떤 사람을 원수로 여겼는데 우리들이 그를 위해 원수를 갚아주자 왕이 곧 은혜를 갚으려 하였소. 그대가 일색을 보기를 원하였는데 마침 그 왕의 딸이 천하일색이었소. 지난 번 우리들이 한참 있다 좋다고 했던 것은 이런 이유 때문이었소. 그대와 헤어지고 나서 나와서 우리는 운남 왕에게 중매를 보내었는데 왕도 허락하였소. 그대가 북경으로 들어올 때를 맞추어 그녀를 데리고 오느라 천리마를 죽인 것이 세 번이오. 거기에다 은자 수만 냥을 썼으니 운남에서 북경까지는 삼만 리나 떨어져 있기 때문이오. 그렇게 해서 이제야 만나게 된 것이오. 그대는 남자이고 저쪽은 여자인데 한번 보고 헤어진다면 앞으로 저 여인은 깊은 규방에서 사람을 꺼리는 신세가 될 것이니 과연 어찌하는 것이 좋겠소? 다시 사양하지 말고 오늘 저녁 합근례合卺禮, 결혼 예식의 절차 중 하나를 올리는 것이 적당할 듯하오."

김생은 그 밤을 머물며 그녀와 희생犧牲을 함께 나누어 먹었다. 밀랍의 촛농이 쌓였으나 사향 냄새가 엄습하고 눈앞이 아찔하여 상대방의 모습을 제대로 볼 수가 없었으니 나비가 미친 듯 꽃을 찾는 마음도 없는 듯 했고 원앙이 물결을 희롱하는 소리도 들리지 않았다. 세 사람은 밖에서 엿보다가 김생이 이처럼 풍치가 없다는 것을 알고 그를 불러내 말했다.

"합환의 즐거움이 어찌 그리 적막하오?"

그리고서 접시를 꺼내 앞에 두며 말했다.

"이것을 들어보시오. 촉산蜀山에서 나는 홍삼이오."

김생이 이것을 먹고 방에 들어가니 눈이 밝아지고 정신이 상쾌해졌다. 비로소 그녀의 털끝과 모든 모습을 볼 수 있었다. 밤을 지낸 후 세 사람은 이미 와서 기다리고 있었다. 그들이 김생에게 와서 물었다.

"이제 저 여인을 어찌 하시겠소?"

"돌아보건대 저는 외국인으로서 외람된 은혜를 입었으나 앞으로의 일은 예측할 수 없겠습니다."

"그대는 기이한 만남으로 천하일색을 얻었으니 어찌 한 번 만나고 헤어질 수 있겠습니까? 하지만 그대는 외국 사람이니 이곳에서 그녀와 해로偕老하는 것은 의리상 불가능할 것입니다. 우리 세 사람이 그대의 두터운 은혜를 입었으니, 상국에서 보내는 사신 편으로 매년 정사正使의 행차에 역관의 임무로 반드시 따라 들어오게 되어 있습니다. 그때 그녀와 일 년에 한 번 만나면 견우와 직녀가 칠석에 만나는 것처럼 또한 아름다운 일이 되지 않겠소?"

김생은 그 말대로 하였는데 젊어서부터 늙을 때까지 역관의 임무로 매년 한 번 만나 즐겁게 지내다가 마침내 아들 하나를 얻게 되었다. 김생의 후예는 연경燕京에서 크게 번창했다고 한다.

이야기 마흔여섯. 왜란을 예견한 청지기의 사위

동고東皐 이준경李浚慶의 청지기 중에 피皮 씨 성을 가진 자가 있었는데, 동고를 어려서부터 늙어서까지 시중들었다. 그에게는 아들이 없고 딸 하나가 있었는데 조금 자라자 매번 동고에게 말씀드렸다.
"소인은 딸 하나가 있을 뿐이니, 장차 데릴사위를 얻어 의탁할 계책을 삼고자 합니다. 신랑감은 오로지 대감의 분부만을 따르겠습니다."
그의 딸은 꽃다운 열여섯의 나이였는데 동고는 이렇다 할 말이 없었다. 그러다가 하루는 동고가 대궐에서 돌아오더니 좌정한 후 급히 청지기 피 씨를 불렀다.
"오늘 아침 네 사윗감을 얻었으니, 빨리 불러와야한다."
그리고 즉시 하인을 불러 말했다.
"지금 육조六曹거리에 가면 경조부京兆府 앞에 빈 쌀 포대로 몸을 가리고 앉아 있는 총각이 있을 것이다. 반드시 그를 불러오너라."
하인이 즉시 가 보니 과연 그러한 자가 있어 말하였다.
"정승 대감의 분부로 너를 데리러 왔다."
"정승 대감이 저를 찾을 일이 없을 것입니다. 저는 마음대로 할 것입니다."
그는 굳이 사양하며 오지 않아 하인들은 어쩔 수 없이 허탕을 치고 왔다. 그러자 동고가 말했다.
"분명히 그랬을 것이니라."
동고가 다시 기수旗手 몇 사람을 보내어 초대하니 드디어 왔다. 동고가 분부하였다.
"너는 아내를 얻고 싶으냐?"
"소인은 별로 생각이 없습니다."
동고가 힘써 권하고 나서야 허락을 얻었으나, 청지기 피 씨는 그 수작을 옆에서 보면서 매우 경악하지 않을 수 없었다. 그러나 동고가 이미 분부를 하였으니 어쩔 수 없이 맞이하여 행랑채에 머물게 하면서 목욕을 시키고 맞는 옷을 입혔다. 동고가 다시 청지기 피 씨에게 분부하였다.
"택일擇日, 좋은 날을 고르는 것할 필요도 없다. 내일 당장 혼례를 치러라. 만약 시간을 허비한다면 분명 그를 놓칠 것이다."
피 씨는 과연 다음날 초례를 치르고 성혼을 시켰다. 온 집안사람들이 코를 가리고 웃지 않는 경우가 없었으나 그 총각은 조금도 부끄러운 기색이 없었다. 총각은 하룻저녁 사이에 장가든 이후 건넌방에서 나오지도 않고 게으름뱅이가 되어 삼 년을 보냈다.

하루는 피 씨의 사위가 갑자기 일어나더니 얼굴을 씻고 탕건을 쓰는 것이었다. 온 집안사람들이 의아하게 여겼는데 피 씨가 말했다.
"오늘은 어찌하여 얼굴을 씻고 머리까지 빗었느냐?"
"오늘 분명 대감께서 저를 찾아오실 것입니다."
잠시 후에 문 밖에서 사람 물리치는 소리가 나더니 대감이 과연 문으로 들어왔다. 그가 피 시에게 물었다.
"네 사위는 어디 있느냐?"
"건넌방에 있습니다."
동고는 즉시 건넌방으로 들어오더니 피 씨의 사위 손을 잡으며 말했다.
"도대체 이 일을 어떻게 해야 하겠느냐? 오직 너만 믿겠다."
"천운天運이니 어찌하겠습니까?"
"너는 분명 네 처가 사람들을 구제할 터이니 그때 내 집 아이들도 함께 구제할 수 없겠느냐?"
"보아하니 앞일이 어떻게 될지 단언할 수가 없겠습니다."
이처럼 함께 몇 마디를 나누더니 동고는 되돌아갔다. 그 후로 온 집안이 괴이하게 여겼고 그 사위를 대접하는 것도 전보다 조금 나아졌다.

어느 날 저녁, 청지기 피 씨가 동고의 집에서 돌아와 막 문으로 들어가려 하는데 그 사위가 급히 부르며 말했다.
"장인어른! 옷을 갈아입지 마시고 즉시 대감 댁으로 가서서 대감의 운명을 지키십시오!"
"내가 방금 이부자리를 펴 드리고 왔다. 대감께서는 담배를 태우며 앉아서 손님과 말씀을 나누고 계셨는데 도대체 무슨 말이냐?"
"어서 가십시오! 어서요!"
장인이 그 말대로 즉시 대감의 침실로 들어갔으나 이미 어찌할 수가 없는 지경이었다. 동고는 얼마 후에 별세別世하였다. 예전에 동고가 와서 피 씨의 사위를 만났을 때 어떻게 하느냐고 거듭 말했던 것은 자신이 죽은 후에 용사龍蛇의 액운*이 있었기 때문이었다.

동고가 세상을 떠난 지 삼년 만에 피 씨의 사위가 갑자기 그 장인에게 청하였다.
"제가 이 집에 한번 들어온 뒤로 하는 일이 없는지라 울적한 마음을 풀기 어렵습니다. 장인께서 수천 냥을 마련해 주신다면 장사를 해 볼까 합니다."
"자네 말이 그럴 듯하네."
그는 수천 냥을 가지고 가서는 불과 서너 달 만에 빈손으로 돌아왔다. 그리고선 말했다.
"이번 행차에서는 낭패를 당했습니다. 다시 오륙천 냥을 마련해 주시면 장사를 잘 할 것입니다."
그의 장인이 다시 그만큼을 마련해 주니 대여섯 달 만에 또 빈손으로 돌아왔다. 사위가 말했다.
"다시 낭패를 당하게 되었습니다. 이번에는 장인의 집과 전답田畓, 살림살이를 다 팔아 제게 주시면 마땅히 좋은 방도가 있어 크게 장사를 해 올 것입니다."
장인은 한결같이 그의 말을 따르며 해달라는 대로 마련하느라 결국 다른 사람의 집을 빌려 살 지경에 이르렀다. 그 사위가 재산을 몽땅 가지고 갔으니 그 사이 피 씨 집안 사이에 오고간 꾸짖음이 어떠했겠는가? 그런데 그 사위가 또 빈손으로 와서 말했다.
"장인께서 주신 돈은 또 모두 낭패를 보아 몽땅 잃어버렸습니다. 제

가 대감댁 서방님을 뵙게 해주신다면 돈을 얻어서 다시 장사를 일
으켜 보고자 합니다."
장인은 함께 동고의 집으로 가서 피의 사위가 안부를 묻고 먼저 오
륙천 냥을 빌려달라는 청을 드리니, 동고의 자제가 한 번 듣자마자
즉시 허락하였다. 피의 사위는 그 돈을 가지고 가더니 도로 전처럼
빈손으로 돌아왔다. 다시 동고 자제를 만나 남아 있는 집안의 토지
를 있는 대로 헐값으로 팔아 돈을 장만해 빌려달라고 청하였다. 동
고 자제는 한 마디의 싫은 기색도 없이 즉시 허락하며 어느 날에
갖추어 보낼 것을 약속하였다. 사위는 그 돈을 받자마자 다 가지고
갔고, 그 후 네댓 달 만에 돌아왔는데 처음 돈을 운용하던 때부터
그 햇수를 계산하니 오 년이었다.

사위가 장인과 동고의 자제들을 모아놓고 말하였다.
"제가 장사를 해 보려다 낭패를 당해 두 집안의 재산을 모두 없앴으
니 이제 와서 드릴 말씀이 없습니다. 두 집안 권속과 저희 권속이
저와 함께 시골로 내려가서 살아갈 방도를 찾고자 합니다."
두 집안사람들이 일제히 허락하였으니, 모두 동고의 유훈遺訓이 있
었기 때문이었다. 좋은 날을 가려 양가 권속들은 남녀노소를 불문
하고, 모두 우마牛馬를 갖추어 싣거나 태워 동문을 향하여 나갔다.
며칠 동안 가니 한 골짜기에 다다랐는데, 길이 다하고 산이 깊어지
며 높은 봉우리가 바위벽이 되어 앞을 막았다. 이곳에 이르자 싣거
나 타고 온 소와 말은 풀어 보내주고, 두 집안사람들은 산 아래 앉
은 채 단지 서로 바라보며 울고 있을 뿐이었다. 잠시 후 석벽 위에

비단 밧줄 수백 가닥이 내려와서 모두들 그 비단 밧줄을 잡고 일제히 올라갔다. 석벽을 오르자 그 반대편에는 평원이 넓게 펼쳐졌는데 기와집이 여러 곳에 있고 닭과 개소리가 연이어지니 엄연히 작은 마을의 모습을 이루고 있었다. 기와집 한 곳에 각각 살 곳을 잡았는데 소금 및 간장과 창고에 쌓아둔 곡식이 있었다. 이에 비로소 지난 날 돈을 운용한 묘리를 알 수 있었다.

두 집안은 봄에 밭 갈고 가을에 수확하면서 나름 시골에 사는 재미를 보며 편안한 느낌을 받았다. 그러나 동고의 자제는 본래 경화京華 재상의 자제라 매번 고향을 그리워하는 생각이 있어 때때로 그런 말을 하기도 하였다.

하루는 피 씨의 사위가 사람들을 이끌고 높은 봉우리로 올라가 한 곳을 가리키며 말했다.

"지난 해 왜적이 우리나라에 쳐들어와 백성들이 어육魚肉이 되었고 서울까지 쳐들어간지라 임금께서는 지금 의주義州에 계십니다. 이와 같은 때에 집이 서울에 있었다면 생명을 보존할 수 있었겠습니까? 소인이 다행히 대감을 만나 중매를 서 주시기까지 하셨으며 대감께서 친히 왕림하셔서 서방님 형제를 부탁하셨기에 이러한 무릉도원武陵桃源을 벌여놓게 된 것입니다. 그것도 어언간 8년이나 산중에서 살게 되었습니다."

그 뒤 피의 사위가 말했다.
"서방님은 이곳에서 영원히 살고자 하십니까?"

"이곳에 살면서 세월을 보내고자 한다."
"안됩니다! 만약 서방님께서 이곳에서 살게 되시면 분명히 평범한 백성이 될 것입니다! 그러면 대감께서 조정에 세우신 것들은 끝내 사라지게 됩니다. 지금은 왜적이 다 철수하여 온 나라가 깨끗해졌으니 세상으로 되돌아가시는 것이 좋겠습니다."
장인인 피 씨가 말했다.
"나는 자제가 없이 사위가 하나 있을 뿐이고 이미 늙어버렸으니 세상으로 나갈 생각이 없다. 이곳에서 늙어 죽고 싶구나."
"원하시는 대로 하십시오."
사위는 동고 자제의 식솔들을 거느리고 충주 읍내의 남산 아래로 와서 말했다.
"이 터가 아주 좋습니다. 후손에게는 재산이 많이 쌓일 것이고 과거에 급제하는 경사가 있어 고관대작高官大爵이 줄을 이을 것입니다. 다른 곳으로 옮기지 마시고 길이 살 곳으로 삼으십시오."
그는 말을 마치고 돌아갔다.

이야기 마흔일곱. 나무꾼에게 검술을 얻은 임경업

임경업 장군이 한미했을 때 달천에 살았는데 날마다 사냥하는 것으로 일을 삼았다. 하루는 월악산月岳山 가에서 사슴을 쫓았는데 말도 타지 않은 채 손에 검 하나를 들었을 뿐이었다. 사슴을 쫓다가 태백산太白山 산 속까지 이르렀는데 날이 지려 하였고 길 또한 막혀 버렸다. 풀숲이 매우 무성하였고 바위 골짜기는 비탈졌는데 한 나무꾼을 만나게 되었다. 그는 근처에 인가人家가 있느냐고 묻자 나무꾼이 말하였다.
"여기에서 산등성이 하나만 넘으면 그 밑에 사람 사는 집이 있습니다."
임공은 그 말을 따라 산등성이를 넘어 보니 과연 큰 기와집 하나가 있었다. 임공이 그 집으로 들어갔을 때 날은 이미 어두워져 좌우를 구분할 수도 없을 지경이었다. 집에는 사람 기척이 전혀 없는 빈 집이었다. 임공은 종일토록 산을 돌아다녀 기력이 쇠진하여 방 한 칸에 들어가 자려고 하였다. 옷을 벗고 혼자 누워있는데 갑자기 창밖에서 불빛이 비쳤다. 마음속으로 도깨비불이 아닌지 의심하고 있는데 갑자기 문이 열리며 누군가 물었다.
"당신은 이 방에서 주무시려는 것입니까?"
그는 아까 만났던 나무꾼이었다. 그가 물었다.

"요기는 하셨습니까?"

"아직 못 먹었습니다."

그러자 나무꾼이 들어와 벽장을 열더니 술과 고기를 내어주며 말했다.

"다 드십시오."

그때 임공은 배가 매우 고팠기 때문에 주는 대로 다 먹었다. 그리고 나무꾼과 이야기하다가 몇 마디 하지 않았는데 나무꾼이 다시 벽장을 열더니 장검長劍을 꺼냈다. 임공이 보고 말하였다.

"이것이 무엇이오? 나에게 시험해보려는 것이오?"

"허허. 아닙니다. 오늘 밤 볼만한 것이 있을 텐데, 보고 싶으신지요?"

"말씀하신 대로 하리다."

그때는 한밤중이 아니었는데 나무꾼은 검을 가지고 임공과 함께 출발했다. 겹겹의 대문과 높다란 누각을 지나자 등잔 그림자가 연못에 드리워졌고 연못 가운데엔 높은 누각이 하나 있었다. 그 위에서는 웃음소리가 흐드러졌는데, 창에 비친 것은 두 사람이 마주 앉아있는 모습이었다. 나무꾼이 연못가에 서 있는 나무를 가리키며 말했다.

"당신은 반드시 이 나무 위로 올라가 계시오. 그리고 허리띠를 풀어 나무 가지에 몸을 묶어 두시고 절대 소리를 내면 안 됩니다."

임공은 그의 말을 따랐다. 나무꾼은 누각 안으로 들어가더니, 세 사람이 함께 앉아 술을 마시기도 하고 말을 나누기도 하였다. 나무꾼이 어떤 남자에게 말하였다.

"오늘로 약속하였으니 결판을 짓는 것이 어떻겠느냐?"
"좋다!"
그들은 함께 일어나 문을 열고 연못 위로 뛰어올라 싸우기 시작했는데 공중에는 단지 번쩍거리는 섬광과 칼이 부딪히는 소리만 들려왔다. 그들은 오랫동안 싸웠는데, 나무 위에 있던 임공은 한기寒氣가 뼈에 스며들어 몸을 가눌 수가 없을 지경이었다. 그 한기는 곧 검기劍氣였던 것이다. 갑자기 무언가 땅에 떨어지고 나서 임공더러 아래로 내려오라는 소리가 들려오니 나무꾼이 한 말이었다. 그제야 한기와 떨림이 조금 풀리면서 정신이 들었다. 임공은 나무에서 내려왔다. 나무꾼이 부축하며 함께 누각 안으로 들어가니 거기에는 아름다운 미인이 있었다. 나무꾼이 그녀에게 말했다.
"너는 어디서 온 여자이길래 세상에 크게 쓰일 인재를 해쳤느냐! 네 죄를 네가 알렸다!"
이어 임공에게 말했다.
"그대는 담력과 용기를 가졌으니 세상에 나갈 필요는 없을 것이오. 내가 저 아름다운 여인과 이 집을 주겠으니 산 속 조용한 곳에서 여생을 보내는 것이 어떠하겠소?"
"나는 오늘밤의 일이 대체 어떤 일인지를 모르겠으니, 자초지종을 듣고 나서 결정하겠소."
"나는 평범한 사람이 아니라 바로 녹림호객綠林豪客, 도적이오. 여러 해 동안 이와 같은 집을 마련해 두었는데 각 도마다 하나씩 지어두고 거기에는 반드시 미인을 하나씩 두었소. 그런데 저 여인이 틈을 타 조금 전에 죽은 남자와 간통을 하더니 도리어 나를 해치려

한 것이 한두 번이 아니오. 그래서 어쩔 수 없이 아까와 같은 일이 있었던 것이오. 내 비록 그 사내를 죽였지만 저 여자를 어떻게 차마 죽일 수 있겠소? 이 골짜기와 저 여인을 그대에게 주는 것은 그 때문이오."
"죽은 남자의 성은 무엇이고, 사는 곳이 어디요?"
"그 역시 양국兩國의 대장군 감으로, 남대문 안의 절초장切草匠, 담배 써는 일을 하는 사람이었는데 어둠을 타서 왔다가 새벽이 되면 갔소. 나는 이미 이것을 알았으나 사내가 꽃을 탐하고 계집이 향기를 질투하는 것이야 굳이 책망할 것이 없기에 내가 조심하면서 피하였소. 그러다가 그가 요망한 계집의 꼬임에 넘어가 반드시 나를 죽이고자 하여 일이 이렇게 되었소. 이러한 일이 어찌 나의 본심이었겠소?"
곧이어 한바탕 크게 곡을 하더니 말했다.
"슬프구나! 내 손으로 큰 사내를 죽였구나!"

그는 다시 임공에게 말했다.
"그대는 또한 잘 생각해서 내 말대로 하시오. 세상에 나가면 반은 성공하고 반은 실패할 것은 모두 천운에 달린 것이오. 분명히 마음대로 되지는 않을 것이니 헛수고에 그칠 것이오."
임공이 한결같이 머리를 휘저으며 거절하자 나무꾼이 말했다.
"다 끝나버렸소."
그는 즉시 몸을 돌려 검으로 그 미인의 머리를 베어버렸다. 그 다음날 나무꾼이 말했다.
"그대는 쓸 만한 재주를 가지고 있지만 남자가 세상에 나가려면 검술을 알지 않으면 안 되오."

임공은 검술을 배운 지 불과 오륙 일이라 그 신묘하고 변환하는 술법을 완전히 꿰뚫지 못한 채 그 대략만 익히고 왔다. 아마도 그 나무꾼은 병자년의 일병자호란을 미리 알았으므로 이처럼 하였던 것이다.

이야기 마흔여덟. 절개를 지킨 이 씨 부인

절부節婦 이李 씨는 충무공忠武公, 이순신(李舜臣)의 후예이다. 그녀는 시집가서 병사兵使 민閔 씨의 손자며느리가 되었는데 겨우 초례를 치른 신랑이 집에 돌아가자마자 죽어버렸다. 그때 절부의 나이는 겨우 열다섯으로 조모를 따라 온양溫陽에 있었는데 시댁인 청주에서 부음이 오자 곡을 하며 물과 미음도 먹지 않았다. 부모가 불쌍히 여겨 그녀를 위로하고 좌우에서 절부를 지켰다. 하루는 절부가 청하며 말하였다.

"제가 남의 집 며느리가 되어 이런 붕성지통崩城之痛, 남편이 죽은 슬픔을 당했으니 사는 것이 죽는 것만 못합니다. 다시 생각해 보면 시가에 조부모와 구고舅姑, 시아버지와 시어머니께서 계시는데 봉양할 사람이 없습니다. 저는 아직 신례新禮도 올리지 못했습니다. 또한 불행히 아버지께서 일찍 돌아가시어 장례지내는 여러 절차와 제사도 주관할 사람이 없습니다. 그러하니 제가 헛되이 죽으면 남의 며느리 된 도리가 아닐 것입니다. 저는 앞으로 시댁으로 가서 남편을 곡하며 상례를 치른 후, 친척 집에서 양자를 들여 시댁에 후사가 끊어지는 문제가 없도록 하여야 제 책임을 다하는 것이라고 생각합니다. 바라건대 어서 떠날 채비를 할 수 있게 해 주십시오."

그녀의 부모가 그 말을 들으니 비록 딸의 나이가 어렸으나 말이 바르고 이치에 어긋나지 않았으나 따르고자 하면서도, 목을 매어 자진自盡, 자결할까 걱정되어 일단 미뤄둔 지 오래 되었다. 그러자 절부가 말했다.
"의심하지 않으셔도 됩니다. 저는 이미 마음을 정했습니다."
그녀는 정성으로 부모의 마음을 감동시킨 후 결국 행장을 차려 청주로 출발했다.

그녀는 까마득히 나이 어린 며느리로 그 집에 들어가 시부모를 효도로써 봉양하였으며 제사를 예로써 지냈다. 가산을 일구고 비복婢僕을 다스림에도 너그럽고 조리가 있으니, 인근의 친척들이 모두들 어진 덕을 칭찬하며 어린 나이에 과부가 되었음을 불쌍히 여겼다. 친척집에 자손을 애걸하였는데 몸소 가서 거적을 깔고 간청하여서야 비로소 아들을 얻어올 수 있었다. 아이에게 스승을 두어 부지런히 가르치고 아이가 크자 며느리를 집안에 들였다. 십여 년 후 그 조부모와 시부모가 다 천수를 누리고 돌아가시자 예로써 장례를 지냈는데 슬픔이 지나쳐 절도를 넘기도 하였다. 삼대三代의 산소를 집 뒤의 후원에 꾸미고 석물石物을 갖추어 두었다.

하루는 새 옷을 지어 입고 아들 며느리와 함께 묘소를 살피고 절을 하였다. 그리고 집으로 돌아와 가묘家廟에 배알하고 집안을 청소하였다. 방안으로 돌아와 앉아서 아들 내외를 불러 집안의 일을 나누어 전해주며 말했다.
"너희 내외가 이미 장성하여 충분히 집안의 제사를 받들고 손님을 맞이할 만 하게 되었다. 나는 또 이미 노쇠하였으니 너희는 사양치 말거라."

권면하고 경계하는 말이 자못 많아서 아들 내외는 밤이 깊어서야 물러나와 잠을 청할 수 있었다. 그런데 갑자기 어린 계집종이 뛰어와 급함을 알렸다. 그 아들이 들어가 보니 작은 병의 독약이 이불에 흥건하였다. 이것은 옛날 남편을 분곡奔哭할 때 가지고 온 것이었다. 어머니는 이부자리를 깔고 의복을 단정히 하여 누워 있는데, 이미 어쩔 방도가 없었다. 그 아들 내외가 곡을 하고 있을 때, 이불 앞에 커다란 종이 두루마리 하나가 눈에 띄었다. 펼쳐 보니 유언遺言이었다.

먼저 일찍 만난 남편의 죽음을 서술한 다음, 집안의 법도와 예부터 내려온 조상의 업적을, 다음으로 집안을 다스리는 규칙들을 적고 다음으로 노비문서를 보관해 둔 곳을 기록했는데 아주 자세하여 빠뜨린 것이 없었다. 끝으로 또 말하였다.

"내가 남편의 부음을 들은 날 죽지 않은 것은 민 씨의 후손을 끊는 짓을 차마 할 수 없었고 부모님께서 의탁할 곳이 없었기 때문이었다. 이제 내 책임이 끝났고 사람을 얻어 부탁했으니 어찌 구차하게 실낱같은 목숨을 이어갈 필요가 있겠는가. 저승에서 아버님께 전말을 고하는 것이 내 일이다."

그 아들은 어머니를 아버지의 묘소에 함께 장사지내고 그녀의 유훈을 따라 집안의 법도를 굳게 지켜나갔다. 원근遠近의 사림士林들이 다투어 글을 지어 고하니 임금께서 정려旌閭를 내렸다.*

이야기 마흔아홉. 동굴을 탐험하는 나무꾼의 꿈

어떤 나무꾼 하나가 다른 나무꾼 두세 사람을 이끌고 산에 들어가 나무를 하였다. 나무가 우거진 곳 사이에 석굴이 하나 있었는데 기이한 바위가 무지개 모양의 문처럼 되어 있었다. 그 가운데 깊숙한 곳에 특별한 기운이 느껴졌다. 나무꾼이 서로 말하였다.
"이곳은 분명히 대단한 볼거리가 있을 것 같네. 나는 들어가 보고자 하니, 먹을 것과 횃불 기름 등을 많이 준비해 가세."
나무꾼들은 함께 그 굴로 들어갔는데 한 사람이 횃불을 쥐고 두 세 사람이 그 뒤를 따랐다. 조심스러운 발걸음으로 가다가 굴 가운데 넓고 평평한 곳에 기암괴석奇巖怪石이 좌우에 늘어서 있어 석가산石 假山처럼 되어 있는 곳이 있었다. 어떤 것은 긴 뱀이 가로놓인 듯 하고, 어떤 것은 사나운 호랑이가 웅그려 있는듯하여 형형색색으로 모두 대단한 볼거리였다. 돌로 된 종유석이 유리처럼 늘어져 있었고, 돌구멍에서는 맛있는 술맛이 나는 물이 퐁퐁 샘솟았다. 나무꾼들은 그 물을 떠 마시더니 정신이 훨씬 상쾌해지는 것을 느꼈다.

그렇게 며칠간 탐험하자 횃불은 이미 다 타버렸고 등잔 기름도 다 떨어졌다. 앞으로 나아가려고 하였으나 어두워서 지척도 분변할 수가 없었고 물러나 돌아가려고 했지만 길도 알 수가 없었다. 이에 끈을 잡고 따르고 벽을 만져가면서 조용히 전진하기를 다시 며칠 동안 계속하였다. 굴이 다 끝나가자 하늘의 빛이 홀연히 보였고, 마침 짙은 안개가 개면서 동쪽 하늘에 해가 뜨려고 하였다. 나무꾼들은 놀랍고 기쁜 마음으로 동굴에서 뛰쳐나와 만 길이나 되는 석벽 아래에 펼쳐진 바다를 내려다보았다. 하늘과 땅을 살펴보니 해와 달이 비추고 산천은 아름다워 참으로 하나의 선경仙境이었는데 몸에 날개가 없어 날아 내려갈 수 없을 뿐이었다. 그들은 서로 부축한 채 탄식하며 말하였다.

"신선세계에 와도 환골탈태換骨奪胎하는 술법을 모를 뿐이오."

또한 요기를 하려고 하였으나 전대의 양식은 이미 다 떨어져 있었다. 나무꾼들은 이 암벽 위에서 뼈를 드러낸 채 헛되이 죽을 수밖에 없는 상황이었다. 그런데 갑자기 공중에서 피리소리가 들려와, 소리가 나는 곳을 찾아 아래쪽을 살펴보니 바람을 타고 가는 배 한 척이 멀리서 오고 있는 것이었다. 배 위에는 노인 서넛이 바둑을 두고 앉아있었고, 한 쌍의 동자가 그들을 모시고 서서 옥피리를 불고 있었다. 나무꾼들은 아래를 내려다보며 소리 질렀다.

"사람 살리시오! 사람 좀 살려 주시오!"

한 노인이 말하였다.

"어디에서 온 속된 놈들이 감히 우리 선계仙界에 들어와 더럽혀 놓고 소리를 질러대는가?"

"사정을 말씀드릴 터이니 부디 불쌍히 여겨 주십시오!"

"그러나 너희들의 남은 목숨이 가련한지 모르겠고, 깎아지른 높은 절벽에서 내려올 방도가 없으니 어찌하겠는가?"

"돛을 펴서 네 귀퉁이를 잡아 펼쳐 주신다면 저희들이 뛰어내릴 수 있을 것입니다. 잘못하여 공중에 떨어져 버리지만 않는다면 천명天命을 알 수 있겠지요."

노인들은 나무꾼의 말대로 돛을 펴서 받아주기로 하고 뛰어내리기를 기다렸다. 나무꾼들이 뛰어내리자 폭풍에 솜이 날아다니듯, 폭우에 우박이 떨어지는 듯이 돛으로 떨어지는 사이에 갑자기 놀라 잠에서 깨어났다. 알고 보니 나무꾼은 초옥草屋 안에 누워 있었고, 넓적다리가 몸 위에 올라와 있어서 괴로웠던 것이다. 그는 놀라 등이 땀으로 흠뻑 젖었다.

이야기 쉰. 상사병을 고쳐 준 여인

당나라 백락천白樂天의 시에 다음과 같은 구절이 있다.

사람은 나무나 돌이 아니라서 모두들 정이 있으니
경국지색은 만나지 아니함만 같지 않다네.
人非木石皆有情
不可不遇傾國色

이는 천고에 경계할 만한 말이다. 주周 유왕幽王은 포사褒姒에게 빠졌다가 여산驪山에서 죽임을 당하였고, 관황關皇, 당 현종은 양귀비에게 빠졌다가 촉 땅으로 쫓겨났으니 거짓으로 봉수를 올린 짓*은 참으로 가소로운 일이다. 무지개 빛깔의 아름다운 치마[霓裳]의 춤을 어찌 충분히 즐길 수 있겠는가? 소자경蘇子卿에 이르러서는 19년간 일체 움직이지 않는 척 하면서 몰래 호희胡姬, 오랑캐 여인를 가까이 하는데, 하량河梁에서 헤어질 때도 애틋하여 주저하였다. 호담암胡澹菴, 송나라 호전(胡銓)은 한 척의 종이로 백 만의 군대를 물리쳤으나 여왜黎娃를 총애하여 강호로 돌아온 후에도 그녀에게 빠져있었다. 이러하니 참으로 색계色界에 있어서는 영웅이나 열사烈士가 드물다고 하겠다.

어떤 사람이 있는데 집안의 외아들로 어릴 적부터 행실이 깨끗하였으며, 부모는 그의 효성스런 태도를 사랑하였고 마을 사람들은 그의 행동을 칭찬하였다. 어느 날 그는 학우學友 두셋과 공부를 하고 있었는데 이웃 주인집에 새로 시집 온 낭자를 우연히 보게 되었다. 그녀는 꾸밈없이 자연스럽고 나면서부터 아름다운 듯 했는데 여자 중에서도 뛰어난 미모였다. 그는 이러한 여인은 평생 처음 보는 것이라 그녀가 시집가기 전에 서로 만나지 못한 것을 한탄할 정도였다. 한번 그녀를 본 후로, 그녀는 깊은 규방으로 들어가 버려서 예쁜 얼굴을 볼 수가 없게 되었다.

그날부터 그는 혼이 녹는 듯 장이 끊어질 듯 그녀를 그리워하며 잠 못 이루다가 끝내 병이 나고 말았다. 그는 길거나 짧게 탄식하였고 정신없이 혼잣말을 늘어놓으면서 자신은 반드시 죽게 될 것이라고 생각하였다. 그러나 다른 사람들은 무슨 병인지도 알지 못했다. 그의 부모가 슬퍼하며 조용히 물었다.
"병이 일어난 것은 반드시 그 원인이 있다. 너는 있는 대로 말하고 숨기지 말아 구천九泉의 원혼이 되지 말거라."
그 아들은 마음을 숨기고 말하지 않았는데 여러 차례 말을 하려다가 참는 것이었다. 그의 부모가 재촉하여 물어보니 곧 탄식하며 말하였다.
"말하지 않아도 죽을 것이요 말해도 죽을 것이니 조용히 한을 품기보다는 차라리 분명히 말씀드리겠습니다."
그가 결국 그 전말을 이야기하니 그의 부모가 말하였다.

"어째서 일찍 말하지 않았느냐? 일단 방법을 도모해보자꾸나!"
이에 근처에 사는 노파에게 부탁하여 몰래 그 집 며느리에게 소식을 전해 달라고 하였다. 노파에게 소식을 듣자 그 여인이 말하였다.
"저는 일개 아녀자에 불과하니 관계된 것이 매우 적으나, 그는 귀한 집안의 외아들이니 관계된 것이 매우 큽니다. 하지만 저는 친척집의 사람도 아닙니다. 여자가 그쪽으로 가기 어렵지만, 남자가 피차에 왕래하는 것은 거리낄 것이 없지 않겠습니까? 그의 병이 조금 낫기를 기다렸다가 한번 만나면 제가 잘 처리할 방도가 있습니다. 너무 염려하실 것 없습니다."
남자는 그 말을 듣자마자 당장에 벌떡 일어나 얼마 되지 않아 소생하였다. 그리고 그녀의 집으로 가서 우물가를 배회하였는데 마침 그녀가 항아리를 안고 물을 뜨러 나왔다. 가만히 보니 그녀가 자신을 반기는 기색과 맞이하기에 그 역시 기쁨이 하늘에 닿을 듯하였다. 그녀가 점점 다가와서 그를 어두운 곳으로 데려갔다. 그랬더니 갑자기 머리를 질끈 묶은 후 비단 신 한 짝을 벗어서 맹렬히 남자의 왼쪽 뺨을 후려치면서 말하였다.
"이 멍청한 놈아! 제대로 들어라. 너는 저 집 남자이고 부인이 있지? 나는 이 집 며느리이고 역시 남편이 있다. 어찌 네 짝을 배신하고 망령되게 간음하려는 마음을 품느냐? 이 짐승 같은 놈아, 얼른 죽어버려라!"
그리고 머리채를 잡아 세 번쯤 흔들고 다섯 번쯤 때렸는데, 부드러운 그녀의 손이 사나운 호랑이 발톱처럼 강력했다. 그녀가 하는 말도 추상秋霜 같아서 그는 부끄러운 기색이 얼굴에 가득하였으며, 머리를 감싼 채 설설 기어가니 삿된 마음이 전혀 일어나지 않았다.

평하기를, 여인네는 한쪽으로 치우친 성품이 있다. 그러나 정절을 굳게 지키고 다른 이와 함께 할 때 잊지 않았으니 이 여인은 아주 훌륭하다. 아! 이 여인이 일을 잘 처리하여 상사병에 빠진 남자의 목숨을 구하고서도 자신의 절개는 손상되지 않았구나. 그녀는 경국지색傾國之色과 숙녀의 덕성을 겸비한 사람이었다. 위에서 말한 유왕幽王이나 호희胡姬, 소자경蘇子卿 등은 이러한 어진 여인을 만나지 못하였구나! 경계하고 부끄러워 할 일이다.

이야기 쉰하나. 죽은 신부의 한을 풀어준 신랑

옛날에 한 신랑이 있었는데 나이가 어리고 성격이 급하였다. 결혼을 하여 첫날밤을 지내려는데 신부가 처음으로 신방에 들어와 신랑의 등 뒤에 앉았다. 신랑이 잠깐 나가려고 일어났는데 도포 자락이 갑자기 당겨지는 것이었다. 신랑은 신부가 끌어당기는 것이라고 여겨 생각하기를, '초면에 이처럼 함부로 행동을 하고 있으니, 이 여자가 얼마나 방자한지 알 수 있는 것이다.' 그리고는 곧바로 나가 버렸는데, 밤인데도 불구하고 자기 집으로 돌아가 버렸다.
여자 집에서는 신랑이 가 버린 이유를 알 수가 없어 신부에게 물어보니, 신부가 말하였다.
"이 일의 실마리를 하느님 말고 누가 알겠습니까?"
그녀는 곧장 이불을 덮어쓰고 누워 음식을 물리치며 말하였다.
"일이 이 지경에 이르렀으니 어찌할 방법이 없습니다. 이렇게 누워있으면서 움직이지 않겠습니다."
또한 부모에게 청하며 말하였다.
"제 마음은 이미 정했습니다. 맹세컨대 다시는 일어나지 않겠습니다."
이 일 이후로는 그녀의 부모가 그녀의 뜻을 가련히 여기고 슬퍼하였기에 감히 문을 열어 보지 못하였다. 문 밖에서 불러보면 때때로 응답하는 듯한 소리가 들려왔는데 이러던 것이 거의 십 년째였다.

신랑은 문예文藝가 남들보다 뛰어났다. 그는 향시鄕試나 국시國試가 열릴 적마다 모두 응시하였으나 매번 시권試券, 시험지을 쓸 때마다 답안을 다 써 가면 하늘에서 먹이 쏟아져 종이를 더럽혀 버렸다. 그래서 매번 시권을 제출하지 못하였다. 그 후 시험장에서 시관試官, 시험 감독관이 시험장을 살펴보았다. 그런데 어떤 미인이 구름 속에서 손을 뻗어 먹이 든 병을 기울여 쏟자 한 선비의 시권에 온통 먹이 묻어 한 글자도 분간할 수가 없게 되는 것을 보게 되었다. 그 선비는 탄식하면서 정신이 소모되어 시험장을 나가려고 하였다. 이에 시관이 그를 불러 말하였다.

"자네는 분명 원한을 쌓아둔 곳이 있을 것이네. 요망스런 마귀가 장난을 치고 있으니 그 원한을 풀기 전까지 다시는 과거에 응시하지 말게."

그는 갑자기 지난번의 일을 깨우쳐, 곧장 부인의 집을 방문하였다. 집안 사람들이 그의 얼굴을 알아보지 못하는지라 일의 전말을 설명하니 장인이 눈물을 흘리면서 예전 부인의 방으로 데리고 갔다. 방은 자물쇠가 굳게 닫혀 있었는데 신랑이 문을 열고 들어가자 신부가 화려하게 꾸민 채로 앉아있었다. 신부가 천연덕스럽게 신랑을 올려다보고 웃으며 말하였다.

"이제야 당신께서 오셨군요. 이것은 하늘이 제 마음을 알고 당신을 이끌어준 것입니다. 제 원한을 한 번만 풀 수 있다면 죽어도 여한餘恨이 없을 것입니다."

그리고서 예전의 자리를 보여주며 말하였다.
"부디 예전처럼 잠시만 앉아 계셨다가 일어나보십시오."
그가 몸을 일으킬 때 예전처럼 옷이 끌렸다. 돌아보니 조그만 쇠고리가 옷장에 굽은 채 걸려 있었는데, 그것이 옷의 가장자리에 걸렸던 것이다. 그는 지난번의 잘못을 크게 깨우쳤으니 이 일은 곧 까마귀 날자 배 떨어진다고 생각하여 신부를 의심한 것이었다. 이에 계속하여 지난 잘못을 사죄하였다. 신부가 말하였다.
"오늘 밤이 바로 신혼이 아니겠습니까?"
그리고 원앙 이불을 깔고 서로 운우雲雨의 정을 나누었는데 동쪽 하늘이 이미 밝아지는지도 몰랐다. 아침에 일어나 보니 미인은 없고 다만 잘 단장한 해골이 그와 함께 이불을 덮고 누워 있었다. 그는 곧장 제문祭文을 지어 제사 지냈다. 그러자 울고 있는 그녀의 원혼이 공중에서 사례하며 떠나갔다. 그는 이듬해 갑과甲科로 등제하였다.

이야기 쉰둘. 항우의 귀신에게 빌어 아들을 살린 부자

강남 지방은 땅이 비옥하고 물산이 풍부해 백성들 중에 거부巨富인 자가 많아 천호후千戶侯와 부유함을 나란히 하였다. 그 중에 한 사람이 있었는데 삼천 마지기를 수확하였다. 슬쩍 보아도 석숭石崇*이 소봉素封*한 듯하였고, 원대元載*가 후추 팔백 석의 녹을 모은 것과 같았다. 하지만 오복五福도 고르지 못한지 아들이 없었다. 어려움 끝에 간신히 곰 꿈을 꾸고 아이를 얻었는데 외모가 뛰어났고 학문도 일취월장하여 집안의 기대를 한 몸에 받았다. 그런데 13살이 되자 갑자기 병이 들게 되었다. 늙은 부모는 의원을 찾고 점쟁이에게 점괘를 구하는 등 온갖 방법을 써도 효과가 없었다. 아들은 간신히 쉬는 숨이 곧 끊어질 듯하여 그 부모는 가슴을 치며 말하였다.
"차라리 내가 먼저 죽어야지 차마 자식 놈이 죽는 꼴은 못 보겠구나!"

그의 아버지는 끝내 미친병이 일어나 정처 없이 돌아다니게 되었다. 산과 계곡을 걷다가 한 암자에 도착하였는데 물과 돌은 아름답고 꽃과 풀이 자라고 있었다. 그 가운데 몇 간의 띠집 하나가 있었는데 아주 정결하여 함부로 들어갈 수가 없었다. 주저하고 있다가 얼마 후 문을 두드려 들어가 보니 한 신선 같은 늙은이가 갈건葛巾을 쓰고 초의草衣를 입고 의젓하게 앉아 있었다. 손님으로 온 자가 그에게 공경스러운 태도로 말했다.

"아무것도 모르는 속세 사람이 산수를 노닐다가 신선 세계를 더럽히게 되었습니다. 너그러이 용서해 주시기 바랍니다."

"허허. 적막한 산에 살다 보니 서로 짝할 사람이 없었소. 이제 다행히 그대를 만났으니 어찌 선계와 속계를 논하겠습니까? 산이 깊고 날이 저물었으니 청컨대 머물고 가시지요."

그는 송화 가루로 밥을 짓고 약초로 반찬을 하였으니 매우 정성스러웠다. 그리고 소나무 등불과 대나무 자리에 마주 앉아 마음을 터놓고 고상한 이야기들을 하였다. 이야기가 아이의 근심에까지 이르자 그는 뚝뚝 눈물을 흘렸는데 선옹仙翁이 불쌍히 여기며 말하였다.

"귀한 아이가 그리 되었군요. 저 또한 의술을 알고 있습니다."

그러면서 부적을 써서 날리니 잠깐 사이에 귀졸鬼卒 둘이 나타났는데 머리에는 황건黃巾을 쓰고 손에는 긴 창을 잡고 당 아래에 서서 말하였다.

"어떤 분부가 있으십니까?"

"이 분의 댁의 아이가 아프다고 하는데 즉시 낫게 하고 오너라."

귀졸이 명령을 듣고 즉시 떠났다가 얼마 후에 돌아왔는데 숨을 헐떡이면서 땀을 흘리며 말하였다.

"어떤 대장군이 당상에 앉아있는데 위엄이 대단하여 어떻게 손 쓸 방법이 없었습니다."

선옹이 발끈 화를 내면서 다시 부적을 써서 날렸다. 잠시 후 백마를 탄 장군이 나왔는데 은과 옥으로 만든 갑옷을 입은 채 허리를 숙여

인사하였다. 선옹이 일어나 답례하며 지난 번처럼 하라고 말하였다. 장군이 떠나고 나서 잠시 후에 병기를 끌며 돌아왔는데 핏자국이 온 갑옷에 가득하였고 몸에는 여러 군데의 상처를 입었다. 그가 무안해하면서 말하였다.

"그는 산을 뽑는 항우項羽였습니다. 저의 작은 용맹으로는 사마귀가 수레바퀴를 상대하는 것과 같이 감당할 수 없는 일입니다."

선옹이 탄식하며 말하였다.

"상대하기 가장 어려운 신입니다. 어찌해야할지 모르겠군요."

그가 선옹 앞에 엎드려 애걸하며 말하였다.

"병의 원인을 알게 되었으니 제발 목숨을 살려 주시길 바랍니다!"

선옹이 곧 커다란 부적을 만들어 바람에 날려 보내자 잠시 후 두 사람이 하늘에서 내려왔다. 용모가 매우 엄숙하였고 의관은 예스러우면서도 소박하였다. 선옹이 계단을 내려가 맞이하여 윗자리에 앉게 하고 절하였다. 두 사람이 말하였다.

"우리가 어떻게 하면 되는지 알려주십시오."

선옹이 그 일을 고하였다. 두 사람은 그 말을 듣고 갔다가 곧바로 돌아와 말하였다.

"병의 원인은 큰 것이 아닙니다. 그 집에서는 선세先世에서부터 항우에게 매우 정성들여 제사를 지내 왔는데, 그것으로 부유함을 이뤘습니다. 그런데 후세 사람들이 이를 소홀히 여기다가 결국 그 신위神位마저 창고 밑 진흙 속에 파묻어버린 것입니다. 항우의 영혼이 이를 참지 못하여 이러한 일을 일으킨 것입니다. 만약 깨끗한 곳에서 제사를 지내고 향을 사른다면 아무 일 없을 것입니다."

그는 기쁨을 이기지 못하였다. 돌아가게 되자 선옹에게 절하고 감사해하며 물었다.
"감히 묻건대 부적을 만들어 부른 것은 어떤 신입니까?"
"두 사람은 풍후風后와 역목力牧*이고 백마를 탄 장군은 오자서伍子胥*입니다. 귀졸鬼卒은 신장神將이었습니다."
그는 집으로 돌아가 그 말대로 했더니 아이의 병이 약을 쓰지 않았는데도 나았다.

이야기 쉰셋. 이 씨 부인의 기지

옛날에 장張 씨와 이李 씨 두 젊은이가 살고 있었는데 나이가 서로 비슷하였고 사는 곳도 가까웠다. 그런데 장 씨는 부유하였고 이 씨는 가난하였다. 비록 형세에 큰 차이가 있었으나, 사귀는 정의情誼는 매우 두터웠다. 하루는 장 씨가 이 씨에게 말하였다.
"남아가 일삼을 만한 것으로 문장만한 것이 없네. 산사山寺에 함께 들어가 공부를 하면 어떻겠는가?"
"참으로 그러고 싶네만, 집안이 가난하여 그럴 돈이 없으이. 항상 먹고 입는 것은 반드시 집사람의 힘을 빌어야 하니, 집에 돌아가 상의해보도록 하겠네. 만일 양식을 마련할 수만 있다면 함께 공부하면 좋겠네."
이 씨는 집으로 돌아와 그 부인과 상의하니 부인이 말하였다.
"낭군님의 말씀이 제 생각과 같군요. 삯바느질이라도 하면서 돈을 마련해 보도록 하겠습니다."

이후 이 씨와 장 씨는 북한산으로 들어가 힘써 공부하기 시작하였다. 옷과 양식 버선과 같은 것도 장 씨의 집에서는 그치지 않고 수레로 싣고 왔기에, 이 씨의 집에서 지고 온 것으로도 생활하기에 부족하지 않았다. 공부하는 시간이 길어질수록 서로의 사귐도 더욱 밀접해졌다. 독서하는 여가에 집의 부인에 대해 이야기하게 되었는데 장 씨가 말하였다.

"그대의 집은 부인이 어질어, 분명 보통 사람이 아닐 것이네. 자세한 이야기를 듣고 싶네."

"그렇다네. 다른 집의 부녀들은 재주나 착한 행실 모두를 겸하는 경우가 적은데, 내 부인은 행실이 착할 뿐만 아니라 일을 모의할 때 기미機微를 잘 살펴서 행한다네. 이런 것은 지략이 있는 남자에게도 꿀리지 않을 것이라네."

"게다가 또한 매우 출중한 자색姿色이 아니던가?"

"그것까지 말하게 되었으니 거리낄게 무엇이겠는가? 굽은 눈썹과 통통한 뺨, 흰 이와 붉은 입술은 비록 달이 숨고 꽃이 부끄러워할 만하고, 특히 조운모우朝雲暮雨*에 대해서는 선녀도 그보다 낫지는 못할 것이네."

"세상에 어떻게 이런 여인이 있을 수 있는 것인가!"

이 씨는 부끄러운 마음을 이기지 못하여 그 칭찬을 사양하였으나, 장 씨는 그러기를 그치지 않았다. 그로부터 장 씨는 질투하는 마음이 생겨나 얼굴이 온통 붉어졌고, 묵묵히 말이 없게 되었다. 또 독서에 힘을 쏟지 않다가, 간혹 담배를 피우거나 차를 마셨고, 또 때때로 산보를 하였는데 정신없이 뭔가를 중얼거렸다. 이러기를 며칠간 하다가 독서를 그만두고 중간에 돌아가게 되었다. 이 씨 역시 혼자만 머물기에는 무료하여 책 상자를 지고 집으로 내려왔다. 이 씨는 여가가 났을 때 장 씨의 집에 들렀는데 다른 사람이 들어가 살고 있었다. 주위의 이웃들에게 물어봤더니 다들 장 씨는 산에서 내려오고 나서 집을 팔고 떠나 어디로 갔는지 모른다고 하였다. 이 씨는 그 이유를 몰라 괴이하게 여겨 집으로 돌아와 그 일을 부인에게 말하자, 부인이 말하였다.
"사람들이 이사하는 것은 매번 있는 보통 일인데 이상하게 여길 게 무엇입니까?"

그 후 이 씨는 등제하여 여러 청요직淸要職에 올랐고, 외딴 시골 읍에 수령으로 나가게 되었다. 가속을 이끌고 내려가다가 한 여관에서 머물게 되었는데 어떤 관원이 많은 군병軍兵을 이끌고 건너편 집에 머물렀다. 깃발이 바람에 펄럭였고 검과 창이 번뜩이니 완연히 대장군의 위의威儀였다. 잠시 후 그 장군이 이 씨 자신을 찾아와 군사를 앞뒤로 배열하고 옹립하여 왔다. 그가 계단까지 와서 말에서 내린 후 천천히 걸어왔다. 그는 금 갑옷과 자개무늬 투구를 쓰고 있었는데 위풍이 행동거지가 당당하였다. 이 씨는 그 장군이 누구인지 몰랐으나 자리에서 일어나 맞이하였고 장군은 간략히 예를 갖춘 후 말하였다.
"그대는 나를 아는가?"
이 씨가 자세히 살펴보면서 말하였다.
"10년 전에 상운사祥雲寺에서 동문수학하던 친구가 아닌가? 나와 이별하여 생사도 몰랐다네. 어디로 이사 갔었는가? 무슨 관직에 있으며 품계는 어찌 되는가?"
장군이 말하였다.
"자네가 워낙 변변치 못하여 웃음이 다 나는군. 관직에 있은 지 오래인데, 만약 같은 조정에 있었다면 어찌 몰랐겠는가? 나는 도적의 우두머리네. 다른 성읍城邑이나 부녀자들을 겁탈하는 일은 다반사네. 자네 처의 어짊과 아름다움을 지금까지 잊지 못하여 배필로 삼고자 하니 허락해 줄 수 있는가?"

그 말을 듣자 이 씨는 가슴이 답답하여 아무런 대답을 하지 못하였다. 장군이 꾸짖으며 말하였다.

"자네는 참 나약한 사내일세! 아무리 작은 일이라도 스스로 결정하지 못할 것이네. 어서 자네 처에게 가서 말하고 속히 단장하도록 하게!"

이 씨가 어쩔 수 없이 부인이 있는 방으로 들어가 사실대로 말하니, 부인이 정색하며 말하였다.

"당신께서는 참으로 졸장부시군요. 어찌 부인 하나도 지키지 못하십니까? 어진 신랑이 저를 찾는다니 참으로 마음이 기쁩니다. 당신을 버리고 저 분을 따르겠으니 안 될 것이 무엇이겠습니까?"

이 씨가 힘없이 나와서 사실대로 고하자 장군이 말하였다.

"과연 어진 부인이로다. 내 배필이 될 만하다!"

곧 옆에 있던 장군에게 명하였다.

"속히 백량百兩의 예禮*를 갖추어라."

갑주를 입은 병사 수백 명이 응답하고 물러갔다. 잠시 후에 옥교玉轎가 오는데 미인 수백 인이 붉은 초를 들기도 하고, 꽃을 들고서 앞에 늘어섰다. 이 씨의 부인은 기쁘게 웃으며 가마에 올라 떠나버렸다. 이 씨는 날이 새도록 잠도 자지 못하고 새벽까지 슬픈 기분으로 앉아있었다. 어린 여종이 안에서 나와 말하였다.

"부인께서 들어오라고 하십니다."
이 씨가 깜짝 놀라며 말하였다.
"지금은 도적의 부인이 되어 이미 멀리 떠났을 텐데, 대체 어떤 부인이 나를 오라고 하는 것이냐?"
"일단 가보십시오."
이 씨가 방으로 들어가 보니 부인은 온전히 앉아있는 것이었다. 그 이유를 묻자 부인이 말하였다.
"이러한 변고를 저는 이미 오래 전에 예견했었습니다. 그래서 몰래 저와 비슷한 사람을 구해서 함께 지내고 식사를 하면서 잠시도 떨어져 있지 않으면서 오늘의 근심을 대비했지요. 오늘 저의 모습대로 단장하였으니 그가 어떻게 알 수 있겠습니까?"
이 씨는 놀랍고 또 기뻐하며 함께 군읍郡邑으로 갔는데, 이후로 도적은 다시 침입하지 않았다.

이야기 쉰넷. 점쟁이의 시와 일치한 운명

옛날에 어떤 사람이 있었는데 이름은 잊어버렸다. 그는 일찍부터 부모를 여의고 나이가 스물이 꽉 차도록 부인을 얻지 못하였다. 조그만 방에서 궁박하게 지내다가 항상 스스로 탄식하며 말하였다.
"무지한 금수禽獸도 모두 짝이 있는데 나는 사람이지만 배필이 없구나!"
고개 남쪽에 점을 잘 본다고 소문난 사람이 있었는데, 그는 점을 칠 때는 작은 솥 하나를 복채로 사주었다. 사람들이 먼 길을 마다 않고 찾아와 점을 쳤다. 마침 그 총각의 점을 치기 위해 댓가지를 늘어 놓고 괘를 얻었는데 '동인지대유同人之大有'*를 얻었다. 점쟁이는 시귀蓍龜*를 던져두고 웃으며 말하였다.
"이보다 길할 수가 없습니다!"
그리고서 절구 한 수를 지어 보여주었다.

    용문동 시장에는 문마다 귀가 있고,
    청룡사에 저녁 비 내리니 사람이 없구나.
    맑은 계곡 버드나무 색은 해마다 푸르고,
    문곡의 동쪽 바람, 소쩍새 우는 봄이네.

龍門日中門有耳
青龍暮雨寺無人
淸溪柳色年年綠
文谷東風杜宇春

그 외에 아무런 설명도 해 주지 않고 말하였다.
"앞으로 저절로 알게 될 것입니다."
그 사람은 아무것도 모른 채 망연히 나와 정처 없이 길을 갔다. 어느덧 용문동龍門洞에 도착했는데 마침 장이 열리는 날이었다. 시장 사람이 다들, "저쪽에 있는 청룡사靑龍寺는 옛날엔 큰 사찰이었는데 지금은 폐사廢寺가 되어 볼 만한 것이 없습니다."라고 하였다. 그가 절로 가서 살펴보니 절에는 사람이 하나도 없었고 마침 날은 저물어 가고 비가 내리고 있었다. 이에 동구洞口를 나오다가 한 노파를 만나 하룻밤 묵어가길 부탁하니, 노파가 말하였다.
"초막이 너무나 누추하여 손님을 들이기에 적당치 않소. 언덕 하나만 넘으면 부잣집이 하나 있는데, 마침 결혼식 잔치가 있으니 먹을 것이 많을 것이오. 깨끗한 잠자리뿐만 아니라 포식을 할 수 있을 게요."
그 사람은 노파의 말대로 그 집에 갔더니 잔치가 끝나 손님들은 모두 집에 돌아간 상황이었다. 집주인이 약간의 술과 안주를 내어주었으나, 얼굴에는 근심이 가득하였다. 그가 말하였다.
"오늘은 길한 날인데 어찌 근심스러운 기색이 있으십니까?"
주인이 눈물을 흘리며 말하였다.

"늦어서야 딸 하나를 얻었는데 훌륭한 배필을 택하여 짝지어 식을 올리려고 하였습니다. 그런데 갑자기 신랑 쪽에서 돌아가 버리고 말았으니 이를 어찌하겠습니까? 지금 아름다운 손님을 뵈니 하늘에서 정해준 사윗감이 아닌가 싶습니다."

그는 아무것도 없이 다 떨어진 옷을 입고 있었는데 갑자기 처지가 바뀌게 되어 일어나 절하며 사례하였다. 이날 밤 그는 그 집의 사위[嬌客]가 되었는데 주인의 성은 유柳 씨였다. 그는 이곳에 머물러 살게 되었는데, 집안에는 천금의 돈이 있었고 딸 하나뿐이었으니 모든 재산이 사위에게 넘어가게 되었다. 그런데 건너편 집에 같은 성의 여인이 하나 있었는데 두 집에서는 같은 사위에게 딸을 시집보내자고 약조한 일이 있었다. 그래서 다음날에는 건너편 집의 여자에게 장가들었고, 그날 밤 잠자리에서 새로 시집온 여인과 이야기하다가 이름을 알게 되었는데 첫 번째 부인은 일년록一年綠이고 다른 부인은 이년록二年綠이었다. 그제야 그는 점쟁이의 말을 떠올리게 되었는데, 그가 지어주었던 시의 내용이 구구절절 맞아떨어지는 것이었다.

'일중日中'은 시장이었고, '유색柳色'은 유 씨 집안의 여인들을 가리키는 것이었다. 또 '년년록年年綠'은 두 집안 여인의 이름을 가리킨 것이었다. 그 이후 그는 몇 년 만에 과거에 급제하였는데, 그는 돌아와 선영先塋을 단장하고 그 산의 이름을 문곡文谷이라 지은 후 제사를 지냈다. 마침 소쩍새 지저귀는 소리가 났는데, 때는 꽃 피고 버드나무 싹트는 완연한 봄이었다.

이야기 쉰다섯. 임금을 만나 과거에 급제한 선비

영남에 한 선비가 있었는데 그는 어릴 적부터 과거에 나갔으나 나이가 칠십에 이르도록 청운의 꿈을 단념하지 못한 채 가난한 동네에서 살아가고 있었다. 마침 나라에 큰 경사가 있어서 특별히 정시庭試*를 열게 되었는데, 온 마을에서 공부하는 사람들이 줄을 이어 상경하였다. 그는 이리저리 생각해보아도 자신의 옛 기량을 시험해보고 싶었기에 몸이 근질거려 가만히 있을 수가 없었다. 이에 지팡이를 짚고 짐을 메고 일어나 길을 떠나게 되었다.

과천진果川津에 이르자 마음이 북받치고 호탕해져서 문득 조적祖逖이 후조後趙를 치기 위해 큰 강에 임한 듯, 형가荊軻가 진시황을 암살하려고 역수易水를 건너는 듯하였다. 배가 강 가운데를 지나니 그는 노를 두드리며 맹세하면서 〈바람은 쓸쓸하고 역수易水는 차다〉*는 시를 한편 읊자, 의기意氣는 배가 되고, 용기가 생겨 웅건한 필력으로 붓을 휘두를 만 하였으니 그야말로 노익장이었다. 문장 역시 따질 필요가 없었다.

그러나 시험을 치르고 나서 붙은 방에 자신의 이름이 없자, 스스로 이광李廣이 기구한 운명을 탄식하고 창려昌黎가 거듭 원망의 눈물을 뿌렸던 일을 기억하였다. 그는 왔던 길을 돌아 가다가 다시 과천진에 이르렀다. 물가의 꽃과 언덕의 새가 모두 자신이 과거에 떨어져 헛되이 돌아가는 것을 조롱하는 것 같았다. 그는 다시 강을 넘어 사람들을 만날 면목이 없어서 스스로 물에 빠져 죽기로 작정하고 옷을 입은 채 강물 속으로 걸어 들어가기 시작하였다. 눈을 감고 점점 나아가 낮은 곳에서 깊은 곳까지 들어가 거의 목까지 물에 잠기게 되자 마침 위쪽에 있던 번군蕃軍이 크게 놀라 그를 앞뒤에서 부축하며 강기슭으로 끌어올렸다. 그러자 선비가 눈을 뜨며 말하였다.
"나는 죽음을 달게 여기는데 그대는 어찌 나를 구해주었소? 그대가 구해 주어도 은혜롭게 생각지 않고, 또 다시 물에 몸을 던질 것이오."
번군이 책망하며 말하였다.
"쯧쯧. 사람은 모두 살기를 좋아하는데 당신은 왜 죽으려고 합니까? 이유나 말해보시오."
선비가 일일이 말해주니 번군이 말하였다.
"마침 우리 번군 중에서 한 명이 모자라니 당신이 숙위宿衛, 밤에 숙직하며 궐을 지킴 노릇을 하면서 숫자를 채워서 인원을 맞추면 죽는 것보다 낫지 않겠소?"
선비가 말하였다.
"이 또한 하늘의 뜻이 아니겠소."
선비는 그를 따라 궁궐로 들어가 금군禁軍, 궁궐을 지키고 임금을 호위하며 경비하던 군대에 편성되었다.

어느 날 밤에 하늘은 맑고 달은 밝았는데 적막하여 모든 소리가 들리지 않았고 수많은 꽃들이 활짝 피어 교태를 부리고 있었다. 금군이 된 선비는 금원禁苑에 들어가니 그림과 같은 풍경에 흥을 이기지 못해 풀을 깔고 누워 낭랑하게 『시경詩經』의 〈칠월편七月篇〉*을 읊었다. 그것을 다 읊자 이어서 『서경書經』의 〈우공편禹貢篇〉을 읊고, 『주역周易』의 〈문언전文言傳〉과 『예기禮記』의 〈월령편月令篇〉을 읊었다. 그가 글을 외는 소리가 하늘에 퍼졌는데 마침 임금이 밤을 타 미행微行*을 하고 있었다. 그 소리를 듣고 친히 그가 누워있는 곳으로 와서 말하였다.

"어떤 번군이 시서詩書를 알고 있소? 내 한번 시험해 보겠소."

임금은 경사자집經史子集*의 내용을 하나하나 들어가며 묻고 답하였는데 선비의 대답이 급히 흐르는 강처럼 술술 흘러나왔다. 임금이 감탄하며 말하였다.

"번군에 이처럼 학식 있는 선비가 섞여 있으리라고는 생각지도 못했소!"

선비는 그가 궁감宮監의 내시[內人]라고 생각하여 대화하는데 어려움이 없어 마음속의 이야기를 다 했다. 임금이 참으로 안타깝다고 하면서 봉한 종이를 주면서 말하였다.

"잘 알았다. 훗날 서로 만나도록 하자."

그리고서 그는 궁궐로 들어가는 것이었다. 그는 매우 이상하게 여겨졌다. 그리고 그가 준 봉한 종이를 찬찬히 펴 보았는데, 뭔가를 아주 잘 접어 보관해 놓았다. 차례대로 열어보니 커다란 이[虱] 한 마리가 들어있었다. 다음날 아침에 감결甘結, 상급관서에서 하급관서로 내리는 문서을 내려 갑작스레 별과別科 시험을 친다고 하였는데 누구든 신분에 관계없이 시험에 응시할 수 있다고 하였다.

해가 뜨자 문제가 내걸렸는데 「대신한 상번군上番軍에게 밤늦게 임금의 이[廙]를 하사하다」였다. 선비는 답안지를 한 번 펴서 자신의 뜻을 모두 서술하였다. 방이 나자 그 선비 한 사람만 합격하였다. 비록 공손홍公孫弘이 금마金馬로 특별히 발탁된 것이나, 마주馬周가 영주瀛洲로 급히 불려간 것*도 이보다 낫지는 않을 것이다.

이야기 쉰여섯. 배를 따먹는 노인을 막은 아이의 기지

귀한 가문과 보잘 것 없는 집의 세력은 현격히 다르다. 커다란 집과 달팽이 껍질 같은 집도 담이 이어져 있으면, 물건이 오고 가기 감에 자기 것이 아닐 수가 있다. 또 얻으려는 자가 많으면 아주 하찮은 것이더라도 염치를 상하게 하는 경우가 많다.

뒷집에 있는 배나무의 가지가 멀리 굽어서 앞집 마당까지 뻗어 있었다. 가을바람이 불어오자 서리가 서서히 내렸고 배는 잘 익어서 노란 과일의 색이 신선세계[瑤池]의 복숭아[蟠桃]와 같았고 맛은 동정호에 달린 귤과 같았다. 앞집 부녀와 아이들은 태연히 배를 따 가는데 막을 수가 없어서, 뒷집의 노인과 아이들은 분해서 견딜 수가 없었지만 어떻게 할 방법이 없었다. 뒷집에는 어린아이가 있었는데 나이는 겨우 대여섯 살이었고 재치는 조조曹操와 비슷하였고, 총명하기는 육지陸績와 비슷하였다. 아이가 그 나무를 가리켜며 그 아버지에게 말하였다.

"우리 집의 배를 왜 앞집에서 먹나요?"

"나무가 앞집 마당까지 자랐기 때문이지 저들의 잘못이 아니다. 지나치게 책망할 수가 없는 것은 저들은 세력이 강하고 우리는 분명 약하기 때문이니 표정을 숨겨야 할 것이다."

"하늘과 땅 사이에 물건은 각각 주인이 있는데, 제가 그들에게 따져보겠습니다."

이에 아이는 앞집으로 달려가서 주먹을 창 밖에서 찔러 넣었다. 몸은 밖에 있고 주먹은 방 안에 들어가 있었다. 아이가 물었다.

"이 주먹은 어르신의 주먹입니까? 제 주먹입니까?"

주인 늙은이가 말하였다.

"네 주먹이지."

"이미 방안으로 들어가 버렸으니 제 주먹이 아닙니다."

"참으로 네 주먹이니 어찌 내외內外가 있겠느냐? 어른을 속이려들지 말거라!"

"사람과 나무도 이치는 하나입니다. 저 뜰의 배나무가 어르신의 나무입니까? 옛날 왕길王吉은 남의 집 대추나무를 먹지 않았고,* 동파東坡는 뜰의 오동나무 값을 물어주었는데, 어째서 어르신께서는 염치도 없이 우리 집 배를 돌려주지 않으십니까?"

아이는 말이 끝나자 나가버렸다. 주인 늙은이는 그 아이의 담량膽量을 크게 칭찬하였고 이후로는 그 집의 배를 따먹지 않았다.

이야기 쉰일곱. 임금께 배를 진상한 송길

송길宋吉이라는 사람은 과단성이 있고 어디에 얽매이지 않는 사람이었다. 일찍이 아전[小吏] 일을 하고 있었다. 마침 배를 진상進上하게 되었을 때, 그것을 가지고 가게 되었다. 색리色吏가 말에 싣고 온 것이 거의 수백 개였는데, 밤낮을 잊고 서울로 올라왔다. 길을 가는 중에 숙소에 묵게 되어 말을 쉬게 하였다. 그런데 배를 먹어보고 싶은 마음을 이길 수가 없어서 하나를 훔쳐 먹게 되었다. 과연 감미로운 맛이 비할 데가 없었다. 그로부터 진상하는 일의 중요함을 잊고, 먹고 싶을 때마다 몇 개씩 배를 먹었는데 매 역참마다 버릇처럼 하였다.

서울에 거의 다 오니 남은 것이 많지 않았다. 상자를 기울여 보니 수십 개 밖에 남지 않았다. 멍하니 있다가 그제야 두려운 마음이 생겨났지만 이제 와서 어찌할 방법이 없었다. 결국 스스로 생각하기를, '공물을 올리고자 하나 아무것도 없으니, 반드시 죽어야 끝날 것이다. 곧 죽을 중이 고기를 먹는 것 또한 장쾌한 일이 아닌가?' 하고, 몇 말의 술을 사고 남은 배를 모두 가지고 곧바로 남문의 누각으로 올랐다. 이날 밤은 달이 밝고 바람도 맑아 사방을 둘러보니 아무도 없었다. 술병을 끼고 난간을 기대며 스스로 몇 순배 들이키니 아름다운 흥이 일어났다. 술 한 잔 마시고 배 한 입 먹으니 그

즐거움이 대단하여 죽더라도 아까울 것이 없을 듯하였다. 그는 취흥醉興을 이기지 못하여 드디어 다음과 같은 장가長歌를 지어 불렀다.

태백太白은 물에 비친 달을 즐겼고,
백륜伯倫*은 취한 후에 위태로워졌네.
오늘 밤 끝없이 술 마실 것이니,
황천길에 술 권할 자 누구인가.
太白翫餘月
伯倫醉後危
無限今宵酒
黃泉勸者誰

초나라의 노래처럼 구슬픈 소리가 밤하늘로 퍼졌다. 그런데 한 노인이 어느 곳에서 와 인사하고 물었다.
"노래를 하는 사람은 누구인가? 또 어떤 일로 노래하고 있는가?"
송길은 그를 올려다보며 말하였다.
"그대는 내가 아닌데 물어서 무엇 하겠소? 또 나는 그대가 아닌데 말해봤자 무슨 도움이 있겠소?"
노인이 그 호탕함을 기이하게 여겨 계속 물어보니 송길이 대답하였다.
"그대는 생각이 깊은 사람이로군요."
송길이 술잔을 들고 술을 권하고 안주로 배를 올리니, 술은 얼큰하고 배의 향이 가득하였다. 두 사람이 마주하여 술을 마시다 보니 서로 매우 취한 것도 깨닫지 못하였다. 술을 다 마시고 서로 헤어지게 되자 송길이 말하였다.

"그대는 내가 누구인지 알고 싶다면 내일 아침에 동쪽 시장에 나와 보시오. 당돌하게 임금께 진상할 배를 다 먹어버리고 죽임을 당하는 희한한 남자가 바로 나, 송길이오."

"그대는 많은 말을 할 필요가 없소. 내게 그대를 살릴 방도가 있소. 진상을 하지 않았으나 실은 진상을 하였으니 그 죄는 용서받을 수 있을 것이오."

드디어 첩문帖文을 써 주며 말하였다.

"내일 아침에 이것을 진상하는 곳에 내면 아무 일 없을 것이오."

송길이 첩문을 살펴보자 제목은 없고 글자가 많았으니 노부가 바로 임금이었다.

이야기 쉰여덟. 정려문을 세워 준 협객

한 협객이 있었는데 주가朱家와 곽해郭解*와 같은 부류였다. 그는 평생토록 의기義氣가 가득하여, 남의 선함을 자신의 것인 양 좋아하였고 남의 악함을 자신이 더러워지는 양 싫어하였다. 매번 간음姦淫이나 분수를 넘는 짓을 저질렀다는 소식을 들으면 멀고 가까움을 물론하고 찾아가 반드시 칼로 보복하였다.

하루는 어느 곳에 도착하였는데 궁벽한 산골 마을이었다. 사방을 둘러보았으나 마을이 텅 비어있었고 집집마다 살펴보았으나 다들 가난하게 살고 있었다. 어느 화려한 집이 있었는데 매우 깨끗하게 관리되어 있었다. 주인에게 방문하려다가 일단 문 밖에서 잠시 쉬고 있는데, 조용하여 문 심부름할 아이도 없는 듯했다. 그런데 갑자기 어딘가에서 더벅머리에 얼굴이 고약하고 못되어 보이는 젊은 놈이 좌우를 엿보고 있었다. 주위에 아무도 없는 것을 확인하자 곧장 그 집으로 들어가는 것이었다.

협객은 그 행동거지를 괴이하게 여겨 꽃그늘에 몸을 숨겨 그 행동을 살펴보았다. 그 총각은 뜰 가운데로 가서 웃으면서 미인을 불러냈다. 그랬더니 한 처자가 지게문을 열고 총각을 보더니 자못 경악스러운 표정을 지었는데, 그 총각이 자신의 양경陽莖,남자의성기을 드러낸 채 흔들고 있었기 때문이다. 처자는 부끄러워하며 망연히 문을 닫으려고 하자, 그 총각이 억지로 문을 열려고 하였고 처자는 저항할 수가 없어 협방夾房, 안방에 딸린 작은 방으로 뛰어 들어갔다. 총각은 자신의 욕정을 참을 수가 없었는지, 협방으로 들어가 온갖 난리를 쳤고 처자는 소리 지르며 저항하였다. 그러나 얼마 있자 교성嬌聲이 점점 잦아들더니 여인에게도 교합하려는 마음이 생겨나 남자에게 굴복하여 맞이하게 되었다. 결국 운우雲雨의 만남을 가지게 되었고, 추한 소리가 문 밖으로 들려왔다. 협객은 방 안을 한번 들여다보았다가 의기가 끓어오르고 분노가 횃불처럼 타올라, 방으로 들어가 보도寶刀를 휘두르니 두 사람의 머리가 떨어졌다. 협객은 칼을 거두고 유유히 돌아왔다.

그 후로 몇 년이 지나 마침 그곳을 지나는데, 붉은 문이 높이 서 있었다. 이웃사람에게 물어보자 말해주었다.
"이 집은 열녀烈女가 완악한 노비에게 더럽힘을 당하자 칼로 그 노비를 죽이고 스스로 목을 베어 죽었다고 합니다. 어느 날에 정려旌閭가 내려졌소."
정려문은 대체로 이러한 경우가 많았다고 한다.

이야기 쉰아홉. 여우에게 홀린 선비

옛날에 거자擧子, 과거 응시생 무려 수십 명이 함께 서울로 가서 과거 시험을 보려 하였다. 가장 험한 곳에 이르자 그들이 동행중에서 가장 겁이 많은 자에게 말하였다.

"아무 곳이 가장 험한데 자네가 그곳에 지팡이를 꽂고 온다면 자네의 여행 경비는 우리들이 모두 부담하겠소."

겁 많은 자가 응낙하고 출발하였다. 마침 어떤 미인이 손에 비단 수건을 쥐고 나무를 올려다보며 슬프게 울고 있는 것을 보았다. 목을 매어 죽으려고 하는 것이었다. 겁 많은 자가 숨어서 죽으려고 하는 이유를 물었다. 그러자 여인이 말하였다.

"저는 시집을 갔었는데 음란한 짓을 일삼았다는 시누이의 누명을 입었기에 죽으려고 하는 것입니다."

"당신이 누명을 쓰고 죽기보다 차라리 나와 함께 사는 것이 어떠하겠소?"

여인은 처음에는 수긍하지 않다가 두세 번 계속 설득하니 마지못해 따라오게 되었다. 함께 어느 곳에 도착하니 푸른 산에 물이 맑았고 무성한 나무가 자라니 하나의 별세계였다. 그곳에 집을 하나 짓고 전장田庄, 논밭을 많이 두니 어느새 부자가 되었다. 자녀를 많이 낳아 기르니 자라서는 과거에 급제하여 장군과 재상이 되었다. 노년에 은퇴하여 쉬는데 전원에 돌아오니 참으로 급한 물길 속에서 과감히 물러난 사람이요, 완연히 땅 위에 사는 신선옹神仙翁이었다.

세월 점점 지나 죽음이 다가오자 상을 준비하는 사람들이 서 있고, 제사에 쓸 돼지가 우는 소리가 들려왔다. 진晉 영공靈公이 머리를 풀어헤치고 있을 때 사람과 귀신의 기로에 있는 듯하였다. 백년이라는 시간이 금세 지나가 버린듯하고, 생사의 문 앞에서 이승과 저승의 경계가 경각에 있으니 늙은 부인은 옆에서 울며 환혼단還魂丹, 죽은 사람을 살린다는 약을 올리고 있고, 둘째 놈과 큰 놈은 돌절구로 약을 찧으며, 큰 딸과 막내딸은 죽을 끓이고 있었다. 금당金鐺과 다른 자손들 및 동복僮僕들은 좌우에 늘어서 있었다. 겁이 많은 자가 말하였다.
"내 명이 오늘 다하게 될 것인데 집안의 물건들을 각각 나누어주겠다."
큰아들에게 명하여 문기文記*를 작성하던 즈음에, 동행하던 거자擧子들이 그가 오지 않음을 이상하게 여겨 사방으로 흩어져 찾았다. 그랬더니 어떤 바위 밑에 있는 우거진 수풀 속에 겁 많은 자가 누워 있었고 곁에는 늙은 여우가 앉아있었으며 큰 여우와 중간 여우, 조그만 여우 수십 마리가 둘러앉은 채로 그가 죽기를 기다리고 있었다. 함께 갔던 거자들이 크게 소리를 지르자 여우 무리들이 각각 흩어졌다. 겁이 많은 자는 정신을 잃은 채로 웃으며 말하였다.
"그대들은 올해 시험을 보고 돌아왔는가?"
일행한 거자들이 그의 뺨을 후려치자 기절했다가 다시 정신을 차려 소생하여 그제야 여우에게 속은 것임을 알게 되었다.

이야기 예순. 여인을 죽게 한 청년의 운명

옛날에 새롭게 은혜를 입은[新恩]* 청년이 있었는데 열여섯에 장원급제를 하였다. 흑개黑蓋*가 옹립하고 화동花童이 춤추었다. 대취타大吹打*로 장악원에서 임금이 내려주신 새로운 악보를 연주하면서 사흘 동안 서울 길거리를 돌아다녔다.* 입을 것과 먹을 것은 풍성하게 내려주셨으니 삼장三場*에서 장원을 했던 송나라의 왕증王曾이 부럽지 않았고, 복숭아 꽃과 자두 꽃을 모두 구경한 것은 하루만에 그것을 구경한 맹교孟郊보다 나았다.* 온 성에서 구경하는 사람들이 누가 그를 부러워하지 않았으랴.

그의 문장은 당세에 으뜸이어서 〈청평사清平詞〉 3장은 이태백李太白보다 아름다웠고, 상량문上樑文은 독보적이어서 자안子安, 왕발(王勃)에게도 양보하지 않았다.

그의 풍채 또한 사람의 마음을 움직일 만하여 서울의 유곽에 걸린 발이 그를 보기 위해서 모두 걷혔다. 학사學士 소양주蘇楊州가 귤포橘浦를 지나다가 두한림杜翰林의 말로 수레를 끌었다.*

원앙루鴛鴦樓 위에 한 규수가 있었는데, 구름과 비와 같은 마음에 양대陽臺의 선녀 항아姮娥가 땅에 내려온 듯하였다. 또한 꽃 같은 얼굴에 달 같은 자태요, 교공喬公의 딸*이 다시 태어난 듯하고, 수려한 자태와 소박한 근본은 한漢나라 때 금오金吾의 며느리와 같았다. 세상에서 뛰어난 훌륭한 본보기요 좋은 배필이었다. 그녀는 행렬이 번화가[章臺]에서 노닐 때에 사람들을 따라갔다가 난간에 기대어 보이는 대로 구경하였다. 마을[曲坊]에서 울려 퍼지는 노래 소리에 마음이 흔들리고 간절하여 주랑周郞이 한번 돌아보기를* 바라면서, 그녀는 창문 너머에서 거문고를 타려 하였으나 사마상여司馬相如의 삼도三桃*를 마음속에 품기만 하고 드러내지는 못하였다. 그녀는 행렬의 먼지만 바라보며 한탄할 수밖에 없었다.

그녀는 깊은 규방으로 돌아와서 홀로 조용히 있어도, 계속 그 청년이 생각나 잊으려 해도 잊을 수가 없었다. 전전반측 하다가 병이 나서 자리에 눕게 되었는데 그녀는 곧 이조吏曹에서 서리를 단골로 해 온 사람의 여식이었다. 서리의 집안에는 딸 하나뿐이라 매우 사랑하며 키웠는데 한순간에 식음을 전폐하여 모습이 수척해지고 눈을 흘겨 뜨고 정신없이 헛소리를 하는 등 누군가를 그리워하는 듯하였다. 서리는 딸이 걱정되어 정답게 물었다.

"어찌 아비가 되어 그 딸의 마음을 알지 못할 수 있겠느냐? 그리고 어찌 딸이 되어 아비에게 마음속의 말을 털어놓지 않을 수 있느냐? 숨기지 말고 말해주어 아비가 평생토록 고통스러워하지 않도록 하거라."

여인이 서서히 옥 같은 이를 보이며 꾀꼬리 같은 목소리로 몇 마디 말하였다.

"달포 전에 과거에 장원으로 급제한 청년을 보았습니다. 과연 어느 집의 귀공자인지 앞에는 청개靑蓋와 흑개黑蓋가 앞뒤로 옹위하고 무동舞童과 가동歌童들이 왼쪽에선 노래하고 오른쪽에선 행렬을 이끌었는데, 참으로 신선 중에 사람이지 세속 사람이 아닌 듯하였습니다. 또 그가 부는 옥피리 소리가 깊은 규방 속에 들려와서 저도 모르게 높은 누각에 올랐다가 한번 바라보게 되었는데 이것은 평생토록 보지 못했던 훌륭한 청년이었습니다. 여자로서 그러한 사람을 그리워만 하고 배필로 삼지 못한다면 차라리 달나라[月宮]의 항아[姮娥]와 같은 선녀가 되어 종신토록 텅 빈 규방을 지키는 것이 낫지 보통 사람의 배필이 되어 억지웃음을 짓지는 않으렵니다."
이는 딸이 정말로 좋아하는 남자인 듯 했으니, 편작[扁鵲]과 같은 뛰어난 의원이라도 고칠 수 있는 병이 아니었다. 대저 이러한 일념으로 스스로 불효하는 잘못에 빠지면, 부모를 떠나서 헛되이 구천의 외로운 혼이 될 듯하였다. 서리는 좋은 말로 위로하며 말하였다.
"부디 죽지 말거라. 그 집은 지위가 높은 집안이라 귀천이 현격히 다르다. 집을 원망하고 나라를 원수로 여겨도 어쩔 수가 없으니 또한 이전에 정해진 인연인 것이다. 그렇다면 차라리 네가 이처럼 예쁜 나이에[夭桃] 소실[小星]이라도 된다는 가약을 맺는다면 우리들 분수에 충분한 일이 아니겠느냐? 그리고 너의 소원도 풀 수 있을 것이다."
그 말을 듣자 여인은 신음하는 중에 그 말을 듣고 튀어 오르듯 일어나 말했다.
"그렇다면 병이 나을 수 있을 것입니다!"
그리고서는 날마다 전처럼 먹고 마셨다. 서리는 신은[新恩]의 집으로 찾아가서 말하였다.
"여자가 시집가고 남자가 부인을 두는 것은 부모의 지극한 소원입니다. 남자 집이 귀하고 부인이 천한 것은 잉첩媵妾으로 들이니 이러한 것도 군자의 보통 일입니다. 그대는 아름다운 배필이니 순무나 부추[葑韭]를 건드리기 위해 몸을 숙인다면 종적을 의심받을 것입니다. 저에게 미천한 자식이 있사오니 원컨대 키질하고 마당 쓰는 천한 일을 맡겨주시길 바랍니다. 그대의 뜻을 알지 못하나 살펴주시기 바랍니다."
신은이 크게 노하며 말하였다.
"삼가하여 말을 많이 하지 말라. 여자의 행동이 참으로 이래서야 되겠는가? 조용함과 정절을 굳게 지키고, 마땅히 죽은 사슴처럼 순수함을 지키며 중매하기를 기다려야 할 것인데, 감히 새들처럼 짝을 구하러 돌아다니니 작약芍藥이나 동관彤管*을 주려고 하지 않겠는가? 한심하구나!"
그러고서는 서리를 문 밖으로 질질 끌어내었다. 서리는 우울한 표정으로 집으로 돌아오게 되었다. 딸이 급히 물어보았다.
"그가 뭐라고 하던가요?"
서리는 다른 일을 핑계 대며 속여 대답하였다. 이후 서리는 두 번 세 번을 찾아갔으나 지난번과 같은 대답을 듣자 방법이 없어 결국 신은의 부친께 찾아가 상황을 알리고 도와달라는 부탁을 하였다. 그러자 신은의 아버지가 그를 불러 책망하였다.
"부인 하나와 첩 하나를 두는 것은 대부분의 사람들이 그러한 것인데 너는 앞으로 조정에 오를 명사名士로서 별실別室을 두어도 불가할 것은 없을 것인데 어찌하여 그렇게 고사固辭하느냐? 또한 저들은 귀신도 감동시킬 만큼 지극한 정성으로 첩이 되고자 하고 있으니 달군 쇠를 버리거나, 광주리에 담은 매화를 버리는 일은 하지 말도록 하여라."

신은은 화가 났지만 부친의 말을 거스를 수가 없어서 먼저 서리를 만나고 그가 부친에게 말한 것에 대해 책망하였다. 또 그 여인을 만나자 또 여자로서 망령되이 짝을 구하고, 조정의 선비인 내가 이런 일을 당하는 것이 무슨 도리냐고 책망하였다. 여자는 그 말을 듣고서 한편으로는 한스럽고 한편으로는 부끄러워 조용히 있다가 갑자기 입에서 실 같은 선혈을 토해 푸른 적삼을 적시고는 기가 막혀 죽어버렸다. 신은은 또한 화가 나고 괴이하게 여겨 서리를 크게 책망하면서 그의 집으로 돌아오자 그의 부친이 말했다.

"첩 하나를 잃고, 사람 하나를 죽였으니 사람의 마음으로 어찌 그럴 수가 있느냐? 하늘이 주신 것을 취하지 않으면 오히려 재앙을 얻게 된다!"

신은은 끝내 현달하지 못하였고, 후사도 없었다.

이야기 예순하나. 도적을 소탕한 암행어사

옛날에 암행어사가 협읍峽邑,산읍을 암행하는데 산이 많고 계곡이 깊어서 방향을 알 수가 없었다. 장차 한 계곡 입구로 들어가는데 양쪽 언덕의 석벽에는 나무들이 푸르게 자라고 있었고 계곡물은 콸콸 흘렀다. 숨어 있다가 가끔씩 보이는 진기하고 괴이한 짐승들이 날거나 울었는데 참으로 많은 경치가 선경仙境이라고 할 만 했다. 심부름을 위해 따라오던 서리에게 분부하였다.
"내일 아침 장차 출도할 때에 부근의 군병을 이끌어, 이곳으로 와 대기하라."
그리고 어사는 이에 계곡을 따라 나 있는 조그만 길로 들어갔다. 구불구불하게 이어졌는데 오육십 리를 갔는데도 사람 사는 집이 보이지 않았다. 석양은 산에 걸려 있고 호랑이와 여우가 우는 소리가 들려와 두려운 마음이 가득하였다. 앞뒤로 계곡뿐라 오도 가도 못하는 처지가 되었는데, 홀연히 삼림 속에서 연기가 일어나는 것을 보았다. 보일락 말락 하는 집을 급한 걸음으로 찾아 들어가 보니 백여 간이나 되는 커다란 기와집이었다. 입구에는 단지 조그만 지게문 하나만 달려 있었다.
어사는 급한 마음에 문을 열고 곧바로 들어가자 수염을 기르고 겹소매의 옷을 입은 부류들 수십 명이 혹은 눕거나 앉아 있었는데 일어나서 옷매무새를 고치고 어사를 윗자리로 맞이하였다. 안부를 물은 후에 먼저 술을 들였고 나중에 차와 밥을 가지고 나왔는데 음식이 너무 푸짐하여 이루 다 먹을 수 없었다. 이후에 쉴 방을 안내해 주었는데 한 아름다운 여인이 촛불을 끄고 어사의 잠자리를 모셨다. 그녀와 운우雲雨의 즐거움이 끝나자 꽃 같이 아름다운 여인이 갑자기 일어나 앉아 울면서 말하였다.

"그대의 행동거지를 보니 반드시 보통 사람이 아닐 것인데 어찌 이러한 호랑이굴에 들어오셨습니까? 밤이 지나면 저들이 당신을 가죽 부대에 넣어 깊은 연못에 빠뜨릴 것이니 누가 다시 알아주겠습니까?"

어사가 놀라며 말했다.

"너는 어떤 사람이기에 이곳에 왔느냐?"

"저는 경성京城 사대부의 여식으로, 이 도적들에게 잡혀와 죽으려고 해도 그럴 수 없는 지경입니다. 구차한 목숨을 이어 세월을 보내다 이러한 광경을 보게 된 것이 한 두 번이 아닙니다."

"그렇다면 네가 나를 살릴 수 있는 길이 있다."

그리고 자신이 이 깊은 곳까지 들어오게 된 이유를 설명하였다. 또 종이와 붓을 찾았는데 여인이 말하였다.

"그런 것은 구할 방법이 없습니다."

어사는 비단 치마 한 폭을 찢고, 손가락을 깨물어 피를 내어 자신의 뜻을 써내려갔다. 그 내용은 다음과 같다.

'내가 도적의 소굴에 들어와 목숨이 경각에 달려 있으니 빨리 와서 나를 구해 달라.'

어사는 여인에게 편지를 전하며 말하였다.
"네가 무슨 수로 내 서리에게 전할 수 있겠느냐?"
"죽음을 무릅쓰고 전하겠사옵니다. 도적이 잠들 때를 기다렸다가 문을 열고 나가겠습니다."
새벽이 되자 도적의 괴수가 일어나 앉아서 어사를 불러놓고 말하였다.
"너는 무엇 때문에 이와 같은 호랑이 굴에 들어왔느냐? 안됐지만 네 남은 목숨이 오늘 다할 것이다. 내가 너를 죽이는 것이 아니라, 네가 스스로 죽으러 온 것이다."
어사가 꿇어앉아서 자신이 이곳에 온 전말을 거짓으로 이야기하면서 시렁 위에 있는 서책을 가리키며 말하였다.
"제 평생의 즐거움이 여기에 있습니다. 원컨대 책 한편을 읽고 죽고 싶습니다."
책 읽기가 끝나자 평상 위의 거문고를 청하며 말하였다.
"원컨대 노래 한곡을 연주하고 싶습니다."
거문고 연주가 끝나자 다시 청하며 말하였다.
"원컨대 하늘과 땅 및 부모님께 인사드리고 싶습니다."
여러 도적들이 그를 불쌍하게 여겼다. 하나하나 일일이 고하기가 끝나자 말하였다.
"큰일에는 삿됨이 없습니다."
이에 스스로 가죽 주머니에 들어가니, 도적들은 주머니를 묶어 말에 매어놓고 출발하려고 하였다.
그 사이에 여인은 몰래 동구洞口를 나와 뛰어나오다 기운이 다하여 땅에 엎어지게 되었다. 마침 서리가 이른 새벽 군병을 이끌고 동구에 들어갔는데 갑자기 길가에 여인의 시체가 엎어져 있는 것을 보고 살펴보니 손에는 비단 치마폭이 쥐여있었다. 어사가 쓴 혈서가 분명하여 급히 달려가 들어가서 연이어 "암행어사 출도야!"라고 외쳤다.

그러자 근처에 걸려 있던 가죽 주머니에서 "나는 여기에 있다! 속히 영을 거행하라!"라는 소리가 들렸다. 모든 도적들이 이를 듣고 놀라 각자 누각 안으로 도망가 숨었는데, 이에 문을 부수고 들어가 하나하나 결박하여 잡아들여 그물처럼 하나도 놓치지 않았다. 죽은 여인을 잘 수습하여 묻어주고 정표旌表를 세워주었다.

이야기 예순둘. 오유 선생의 절개

오유烏有 선생이 스무 살쯤 되었을 때였다. 그는 홀로 앉아 독서를 하고 있었다. 사방이 적막하였고 장차 한밤중이 되어가려고 하였다. 홀연히 한 어린 여인이 문을 열고 서서히 들어와서 자연스럽게 마주앉았다. 그녀의 꽃 같은 얼굴과 달과 같은 자태가 사람의 눈과 마음을 흔드는 것이었다. 선생은 한참동안 독서를 하다가 끝나자 여인에게 물었다.

"너는 귀신이냐? 사람이냐? 이곳에는 어찌하여 온 것이냐?"

여인이 말하였다.

"저는 귀신이 아닙니다. 앞집에 사는 여자인데 당신이 독서하는 소리가 쇠와 옥소리처럼 좋아서 직접 들어보고 싶어서 밤을 무릅쓰고 찾아왔습니다."

"여인으로서 백주 대낮에 문을 나서는 것도 오히려 불가한 일인데 하물며 깊은 밤에 남자를 만나러 왔으니 예의를 크게 어긴 것이오. 빨리 집으로 돌아가시오!"

"예의에서는 그러하나 사람의 정욕情慾은 남녀가 같지 않겠습니까? 당신의 글 읽는 소리를 듣고 나오게 된 것이고 보통을 넘는 그대의 단아한 모습이 마음을 흔들어 찾아온 것입니다. 제가 비록 여자이지만, 마음에 품는 정情이 있습니다. 그대는 장부인데 어찌 꽃을 탐하려는 마음이 없겠습니까? 만일 한 번의 기쁨을 내려주시면, 죽더라도 무슨 서운할 것이 있겠습니까? 죽음은 사람이 면할 수 없는 것이지만, 차라리 그대 앞에서 죽을지언정 차마 부끄러운 마음으로 헛되이 돌아갈 수는 없습니다."

선생이 용모를 단정히 하고 일어나 앉아 말하였다.

"아니 이 무슨 말이오? 나는 사대부의 남자이고, 그대 또한 명가의 여식이며 모두 결혼하기 전이오. 만약 담을 넘어버리는 경계를 범한다면 우리는 진실로 기와가 깨지듯 산산이 부서지는 낭패에 처할 것이고, 그대 또한 옥에 흠이 생기는 결과가 될 것이오! 이러한 나쁜 행동에 경계를 하지 않을 수가 없소!"

이에 뜰 앞에 앵두나무를 가리키며 말하였다.

"저 나뭇가지 몇 개를 꺾어오시오!"

그의 위엄과 풍모가 늠름하고 사리에 맞는 말이 엄격하여 여인은 마음에 부끄럽고 두려운 마음이 가득하여 고개를 숙이고 계단을 내려가 나뭇가지를 꺾어와 두 손으로 선생께 올렸다. 선생이 말하였다.

"치마를 올리고 종아리를 걷고서 공손히 내 훈계를 받으시오!"

여인은 감히 따르지 않을 수가 없어서 똑바로 서니 선생이 맹렬히 종아리를 때렸다. 몇 대 때리자 눈 같은 피부가 찢어져 붉은 피가 흘렀다. 다 때리고 나자 선생이 노여움을 거두고 공경하는 태도로 문까지 바래다주면서 말하였다.

"훗날 또다시 삿된 마음이 일어난다면 이번의 일로 징계하도록 하시오."

여인은 비로소 자신의 잘못을 깨닫고 백배사죄百拜謝罪하며 망연히 돌아갔다. 여인은 이로부터 마음을 다잡고 행동을 고쳐서 명문 집안의 규수가 되어 끝내는 이름난 부인이 되었으며, 선생 또한 아름다운 배필을 얻어 자손을 많이 낳았고 끝내 과거에 급제하여 관직이 상상上相, 영의정에까지 이르렀다.

훗날 그는 자신의 나이 때문에 더 이상 벼슬을 할 수 없다고 사양하여 고향으로 돌아와 쉬었는데 일생 동안의 풍류와 모든 일이 자신이 뜻한 바대로 이루어졌다. 다만 아들 하나를 일찍 잃어서 어린 며느리가 과부가 된 것이 마음에 항상 걸렸다. 그래서 따로 정사精舍를 지어주어 살게 하고, 화원花園 가운데에는 온갖 아름다운 풀들을 나열해 놓고 수백 가지 꽃을 완상하며 즐길 수 있게 하였으니 그녀의 시아버지가 얼마나 며느리를 아끼는지 알 수 있었다. 며느리는 마음 내키는 대로 혹은 달빛 아래에서 산보를 하거나 혹은 꽃그늘에서 낮잠을 자기도 하였다.

어느 날 며느리는 완연한 봄기운에 나른해져서 옷을 벗고 몸을 드러낸 채 누워있으니 잠이 몽롱하게 올 때 즈음에 갑자기 어떤 사람이 번개처럼 튀어나와서 담을 넘어 달려가는 것이었다. 여인이 놀라 일어나 자신의 몸을 살펴보니 이미 겁탈을 당해 머리는 풀어헤쳐져 있었고, 비단 치마는 땀에 흥건히 젖어 있었다. 마음속으로 매우 분하고 근심스러워 죽으려고 하였으나 그러지 못하여 그 미친놈을 잡기 위해 매번 옷을 홀라당 벗고 잠을 자게 되었다.

하루는 선생이 지팡이를 짚고 화원을 살펴보다가 며느리가 옷을 홀랑 벗고 누워있는 것을 보고 이불을 끌어다 덮어주었다. 그리고는 담장 주변을 배회하였다. 며느리가 그 광경을 엿보다가 결국 의심이 크게 들었다. 아마도 지난번의 미친 아이도 다른 사람이 아닌 시아버지인 듯하였다. 이로 인해 매우 분하게 여기다가 결국 시아버지와 시어머니에게 말씀드리고 본가로 돌아가겠다고 하고 몰래 형제들에게 알리니, 형제들이 모두 분통을 터뜨리며 말하였다.

"다른 사람이 음란한 짓을 행해도 오히려 부끄러운 일인데 집안에서 이런 일이 일어날 수 있단 말입니까!"

이 사실이 임금에게까지 알려지게 되자 임금이 말하였다.

"오유 선생은 양조의 원로이고 일세에 명망이 높다. 짐도 고굉股肱의 신하로 여겨 믿어 왔다. 하지만 이번에 이러한 추한 일이 일어나다니, 법으로 단죄하지 않을 수가 없다. 화원에서의 일은 말하자면 길지만, 짐이 매우 안타깝게 생각하지만 용서할 수는 없다."

그리고는 금오랑金吾郞, 의금부 도사에게 명하여 그를 감옥에 가두라고 하였다.

금오랑은 조정에서 물러나와 잠시 자신의 사제私第, 사저에서 동생들을 불러 의논하였다.

"이러한 일은 강상綱常을 범한 죄이고 엄한 임금의 뜻도 있었기에 죽음을 면하기 어려울 것 같다."

동생들도 한 입에서 나오듯 같은 말을 하였다. 그의 모친이 당에 계셨는데 세 아들을 불러 놓고 말하였다.

"조정에서 논의된 것은 어떠하냐?"

세 아들이 같은 말로 대답하니 하니 그 어머니가 답답한 마음에 크게 한숨을 쉬고 다른 사람들을 물리치고 몰래 말하였다.
"분명히 잘못된 것이다. 그 사람이 어찌 이런 일을 저지른단 말이냐!"
이에 어린 여종에게 명하여 따뜻한 물을 가져오라고 하고는 두 정강이를 씻었는데 주름지고 검은 흉터가 있었다. 이를 보여주면서 말하였다.
"너희들은 이 상처를 보고 의심을 풀도록 하여라. 나는 그분을 유혹할 수 없었다. 네 어미인 나와 너희들이 어떻게 살아났겠느냐?"
곧이어 예전에 오유 선생에게 회초리를 맞았던 사건의 전말을 이야기하였다. 그리고 또 말하였다.
"이것은 너희들을 정鄭나라의 음란한 풍속을 면하고 노魯나라의 훌륭한 남자가 되었으면 해서이다. 만약 그 분이 무고를 입어 죽음을 당한다면, 나 역시 너희들 앞에서 칼에 엎드려 죽음으로써 그분의 무고함을 밝힐 것이다."
금오랑이 꿇어앉아 그 가르침을 받아 미복微服, 관복이 아닌 평상복으로 갈아입고 화원 옆으로 가서 상황을 살폈다. 그때 두 세 사람의 여종이 창 옆에서 몰래 말하였다.
"상공께서는 죄가 없어 내가 그것을 알지. 양梁 씨 집의 미친놈이 흉악한 마음을 먹고 어느 날 밤에 술에 취했을 때 몰래 화원에 넘어왔다가 나간 것이지. 나중에 분명히 보았으니 조금도 틀리지 않아."
금오랑이 그 말을 듣고 다음날 그 놈을 잡아들여 심문하니, 창 옆에서 들었던 여종의 말과 똑같이 진술하였다. 이것을 임금께 고하니 임금이 무릎을 치며 감탄하고 옥에 갇혔던 선생을 풀어주었고 국공國公의 작위를 주었다. 죄를 범한 사나이는 시장에서 형벌이 처해져 몸이 찢겨져 죽었고 며느리는 그 사실을 듣고서 부끄러워 창문 아래에서 자결하였다. 그녀의 무덤을 세상에서는 수총羞塚, 부끄러운 무덤이라고 부른다.

이야기 예순셋. 사기꾼을 죽여 의인이 된 나장

옛날에 체격이 장대하고 훌륭한 자가 있었는데 어릴 적에 양친을 잃고 고아로 의지할 곳이 없었다. 의금부의 나장羅將이 되어 어떤 사람의 시양자侍養子*가 되었다. 그는 물화物貨의 교역에 간여하다가 선전縇廛*을 열었다. 온 성에 사람들이 분분히 다니면서 장사를 하고 있었는데 한 아름다운 여인이 대나무 광주리를 끼고 예쁘게 걸어오는 것이었다. 눈은 가을의 언덕 같았고 눈썹은 먼 산과 같았다. 만약 저라산苧羅山에서 내려온 서시西施*가 아니라면, 분명히 요지瑤池, 신선세계나 월변月邊, 달세계에서 놀던 선녀인 듯 하였다. 그녀가 가게 앞에서 가락지와 머리장식 등의 물건을 가리키며 가격을 물었는데, 가게 주인은 그녀를 한번 보고는 혼이 쏙 빠져서 조금도 아까워하지 않고서 반값을 부르거나 혹은 공짜로 주기도 하였다. 여인은 살 것을 다 산 후에 일어났는데 가게 주인은 정욕을 이기지 못하고 그녀의 뒤를 따라가게 되었다. 길을 가다가 여인이 뒤를 돌아보며 말하였다.
"무슨 일이 있어 먼 길을 따라오셨습니까?"
가게 주인이 말하였다.
"남아가 세상에 태어나 당신과 같은 아름다운 사람을 못 보았으면 그만이지만 이미 보고서 탐하지 않는다면 장부가 아니오."

여인은 거짓으로 부끄러워하는 척 하면서 말하였다.
"첩이 비록 천인賤人이지만, 저를 이처럼 음란하게 희롱하시면 또한 부끄러운 일입니다."
그러는 사이에 눈길이 오고가 눈이 맞게 되자, 두 사람 모두 마음이 흔들렸다. 이에 여인이 멀리 남쪽 산 아래에 있는 작은 집을 가리키며 말했다.
"저기가 첩의 집입니다. 오늘 저녁 적절할 때에 창을 열고 당신을 부르겠습니다."
가게 주인은 기뻐하며 한걸음에 집으로 돌아왔다.

주인은 금 등으로 화려하게 장식하였고 관과 옷이 선명하였으며 새끼 양가죽으로 만든 배자褙子를 입고, 검은담비 가죽으로 만든 목도리를 둘렀으며, 호박 장식을 단 부채와 모자 및 장도粧刀를 찼다. 가벼운 발걸음으로 여인의 집으로 길을 나서니, 참으로 하나의 자도子都*였다. 약속했던 대로 여인의 집에 이르자 여인은 심지를 돋워 등불을 밝히고 혼자 앉아 기다리고 있었다. 곧 문이 열려 집안으로 들어갔다. 남자는 흔쾌하고 여자는 기뻐하며 뿔로 장식한 베개와 비단 이불에 누워 운우雲雨의 즐거움이 바야흐로 짙어지고 있었다. 그런데 갑자기 툭탁거리는 소리가 나더니 누군가 소리를 지르면서 문을 열었다. 여인은 깜짝 놀라며 일어나며 가게 주인에게 말하였다.
"저이는 남편인데 이제 우리 둘은 죽었습니다!"
그 사람은 매우 화가 난 채로 문을 열고 들어와서 등불을 켰다. 가게 주인은 정신없이 옷을 입었으나 피할 곳이 없어서 당돌하게 앉을 수밖에 없었다. 그 사람이 노려보며 말했다.
"남의 부인을 훔쳤으니 그 죄는 만 번 죽어도 마땅할 것이다."
칼을 뽑아 손에 쥐고서 관을 가리키며 말했다.
"어서 관을 벗어라."
또 옷을 옷을 가리키며 말했다.
"어서 옷을 벗어라."
하나하나 모두 벗겨내어 저고리와 바지[襦袴]까지 벗으라고 하였다. 가게 주인이 간절하게 빌면서 말하였다.
"죽어도 마음으로 달게 받겠습니다만 한 마디만 하겠습니다. 군자는 죽어도 관을 벗지 않는다 했습니다. 설의褻衣, 속옷는 속살을 보이지 않기 위한 것인데 하물며 허리 아래 부분을 다른 사람에게 보여도 되겠습니까? 제발 설의만은 입고 죽게 해 주십시오."
그 사람은 고집을 피우며 그의 말을 따르지 않자 가게 주인이 말하였다.
"잠시만 돌아앉아 계시면 속옷을 모두 벗을 것이니 그때 죽여도 늦지는 않을 것입니다."
그 사람이 웃으며 허락하니 드디어 속옷을 벗었다가 몰래 그 남자의 머리에 덮어씌우고 그의 팔을 세게 차니 쨍그랑 하며 검이 떨어졌다. 이에 잽싸게 칼을 쥐고 그 놈의 상투를 잡은 후 왼손으로 그 목을 쳤다. 그 후에 돌아보니 여인이 벽에 기대어 서 있었다. 이에 남자의 머리를 들고 여인의 목도 치니 피가 철철 흘러 흥건하였다. 두 사람의 머리를 들고 나오니, 밖에는 양반 하나가 있었는데 반쯤 젖힌 망건[驄巾]을 하고서 그 집의 마당 주변을 배회하고 있었다. 그자의 머리도 베어버렸으니 검 한 자루로 세 사람의 머리를 벤 것이다.

그는 곧바로 남산의 잠두산蠶頭山, 지금의 잠실의 바위 아래에 머리를 놓아두었다. 그때 자신을 살펴보니 온 몸에 피가 묻어있고 혈흔이 낭자하여 마음이 섬뜩하였다. 급히 달려 집으로 돌아와 시양부侍養父를 뵈려 하였으나 마침 다른 곳에 다른 곳에 가 계셨고, 양조養祖께서도 주무시고 계셨다. 그런데 갑자기 피비린내가 코를 찔러서 잠을 깨어 등불을 켜 보니 손자의 온 몸에 붉은 피가 흥건한 것이었다. 그가 깜짝 놀라며 그 이유를 물어보자 손자가 말하였다.

"제가 죽을죄를 지었습니다. 이제 와서 후회해 봤자 어찌할 수가 없습니다."

그의 양조가 말하였다.

"너는 내가 낳은 자식은 아니지만, 10년을 기른 정이 있는데 어찌 네가 죽임을 당하는 것을 보고만 있을 수 있겠느냐? 동서남북으로 도망 다녀서 부디 목숨을 이어가도록 하여라."

이에 겸금兼金* 백 냥을 주고 그날 밤 즉시 떠나보냈다.

그 뒤 양부養父가 그를 온성穩城의 시장에서 만났는데 등에는 대나무 대롱을 지고서 길을 다니며 장사를 하고 있었다. 아버지가 그의 손을 잡고 울면서 말했다.

"이곳에서 너를 만나다니 천행이로구나! 실은 네게 죽임을 당한 세 사람은 곧 남산 아래에 살던 가난한 양반이었는데 여종에게 사람을 유인해오라고 시킨 후 몰래 사람을 죽인 후에 옷가지 등을 빼앗는 것으로 살아가던 자들이었다. 당시에 시체를 시장에서 시체를 늘어놓는 것은 다반사였는데 탐문해 봤더니 사람들이 모두 '어느 곳의 의인이 이 세 도적들을 죽였는가? 참으로 상을 내릴 만한 일이지 벌할 수는 없는 것이다.'라고들 하였다."

그는 즉시 아버지를 따라 집으로 돌아가 예전처럼 살았고 지금까지 아무런 탈 없이 잘 살고 있다고 한다.

이야기 예순넷. 처녀 귀신의 원한을 풀어준 이상사

경성의 현족顯族 한 사람이 있었는데 사관史官은 그 이름을 잊어버렸다. 그는 부귀와 풍류가 장안에서 제일이었다. 자녀도 많아서 완연히 푸른 대나무와 오동나무가 숲을 이뤄 자라는 듯 작약과 모란이 가지가 이어진 듯 아름다운 용모와 뛰어난 자질을 갖춘 자식들이 한 집안에 모여 있었다. 딸 하나가 있었는데 참으로 요조숙녀의 자질을 갖추고 있어서 태사太姒, 주문왕(周文王)의 왕비와 비견해도 부끄럽지 않았고, 단정하고 정숙한 덕은 장강莊姜, 주문왕의 어머니에게도 덜하지 않아 선비[縉紳] 집안에서 부녀자가 지켜야 할 도리를 잘 지켰으니 부모가 매우 사랑하고 공경해주었다.

비녀를 꽂을 나이(15세)가 되자 그녀의 아버지가 경상도 관찰사가 되어 온 집안이 떠나게 되었는데 여자아이 또한 따라가게 되었다. 마침 신라시대의 저수지에 도착했는데 강산이 수려하고 읍의 건물들이 굉장宏壯하였으며 내아內衙, 지방 관아의 안채는 깨끗하였다. 높은 벽이 사방으로 쌓여있었고 대나무와 연꽃, 매화 등이 좌우를 둘러싸고 있었다. 사계절 아름다운 경치가 사람의 마음과 눈을 즐겁게 해주는 곳이었다. 여자아이는 비록 성품과 행동이 고결하였으나 꽃 피는 아침과 달뜨는 저녁마다 매번 유모를 이끌고 왕왕 연못으로 가 경치를 즐기곤 하였다.

그러던 어느 날 밤에 유모 혼자만 돌아오고 여자아이는 돌아오지 않으니 온 집안이 놀라고 괴이하게 여겼다. 꽃밭과 대나무 숲 등을 모두 일일이 찾아다녔으나 종적이 묘연하였다. 온 집안 사람들은 그녀가 신선이 되어 우화한 것이 아닌가 하였다. 그 아버지는 근심이 가득하였으나 임기가 차서 돌아가게 되었다.

그 이후로 새로운 관찰사가 오면 사흘을 채우지 못하고 밤중에 갑자기 죽어버리는 일이 일어났는데 무슨 귀신이 저지르는 일인지 도무지 알 수가 없었다. 매번 이러한 일이 벌어지니 서울 사람들에게도 소문이 퍼져 겁을 내게 되었다. 이후로 아무도 경상도 관찰사를 하려고 하지 않았다. 조정에서 이를 근심하여 문무관文武官을 물론하고 잘 다스릴 수만 있다면 뽑아 쓰겠다고 하였다.
이상사李上舍라는 자가 있었는데 그가 경상도 관찰사로 자원하자 즉시 급제를 시켜주었고 품계도 높여주었다. 임금께 절하고 출발하니 얼마 지나지 않아 관아에 도착하였다. 사흘째 밤에 촛불을 밝히고 혼자 앉아있는데, 어떤 여인이 밖으로부터 걸어 들어왔다. 붉은 피가 온 몸에 흐르고 있었고 피비린내가 온 집안에 가득했다. 몸을 돌려 똑바로 서 있었는데 마치 하소연할 것이 있는 듯 보였다. 그는 용모를 단정히 하고 마음을 편히 먹은 후에 조용히 물어보았다.
"무슨 요망한 귀신이 나타난 것인가?"
여자 귀신은 차분히 옷깃을 단정하게 여미고서 꿇어앉아 대답하였다.
"첩은 아무개 절도사의 여식입니다. 처음에 아버지의 가마를 따라와 문득 관아의 내실內室에 도착하였습니다. 비녀 꽂을 나이가 넘었으나 아직 시집가라는 허락은 떨어지지 않았고 여인이 지켜야할 도리는 조금 알고 있어 함부로 놀러 다니지 않았습니다. 어느 날 밤에 촛불을 밝히고 동산 뒤에 가니 온갖 꽃이 활짝 피어있고 밝은 달은 낮과 같았습니다. 잠시 유모를 이끌어 배회하면서 즐기고 있는데, 누가 박명薄命한 저의 용모를 보고 음심淫心을 품었으리라고 상상조차 할 수 있었겠습니까. 꽃그늘 아래 우거진 수풀에서 한 지인知印, 수령의 심부름을 하던 구실아치이 갑자기 튀어나왔습니다. 그자는 부친께 앙심을 품고 딸의 정절을 더럽히기 위해 달려들었습니다. 변고가 갑작스레 일어나 마음이 매우 고통스럽고 절박하여 사방을 둘러보았으나 유모는 이미 어디로 갔는지 알 수가 없었습니다.

그 지인 놈은 저에게 달려들어 온갖 나쁜 짓을 다 하였는데 연약한 몸인 저는 달아날 방법이 없어서 죽음을 맹세하였습니다. 결국 그 미친놈의 검에 맞아 원혼이 되고 시체는 붉은 연꽃이 심겨진 연못의 진흙 속에 거꾸로 처박혀 있습니다. 이러한 원통함을 하소연할 곳이 없었습니다. 꺾인 꽃과 부서진 옥을 누가 알아주겠습니까? 소거素車* 소리 덜커덩 거리면서 저승사자를 따르지 못하였으니 돌아갈 길을 알려주시면 이 외로운 혼이 절대 잊지 않으리니 기구한 여인이 이승을 떠날 수 있도록 도와주십시오. 원통하게 죽은 제 몸은 지금까지 썩지도 않고 있습니다. 매번 새로 오시는 관찰사께 하소연하려 하였으나 모두 겁이 많으신 분들이라 제가 한 마디도 드리기도 전에 놀라 돌아가셨고 또 가위를 눌렸다가 깨지 못하셨습니다. 오늘 저녁은 참으로 다행이라 신명神明같으신 분을 만났으니 이는 참으로 황천皇天이 저를 불쌍히 여겨 공을 보내주신 것입니다. 원통하고 분한 정황을 다 말하고 싶으나 말이 길어질 것입니다. 애당초 유모가 지인의 뇌물을 많이 받아 저를 유혹하였으니 공께서 제 원통함을 풀어주시어 고향의 혼으로 돌아간다면 참으로 감사하겠습니다. 유모는 아직도 저희 집에 있고 지인은 아전인 아무개입니다."

말이 끝나자마자 사라져 보이지 않았다. 그는 즉시 아전 아무개를 잡아들여 곤장을 치니 즉시 납초納招*하였는데 그 귀신이 한 말과 조금의 차이도 없었다. 또 연못에 있는 여인의 시체를 찾아내었는데 마치 살아있는 듯하였다. 이것으로 여인의 집에 편지를 보내었고 결국 그 유모와 지인은 같은 날 참수형에 처해졌다. 그리고 여인에 대해서는 정려문旌閭門이 세워졌다.

이야기 예순다섯. 아비의 원수를 갚으려던 종

호남의 선비가 말 한 마리와 노비 하나를 이끌고 과거시험을 보기 위해 상경하고 있었다. 길에서 점치는 자를 만나게 되었는데 관로管路나 곽박郭璞*의 부류였다. 선비가 말에서 내려 물어보았다.

"내가 장차 과거시험을 볼 것인데 그 길흉이 어떠한가? 장차 행원杏園의 탐화랑探花郎*이 되겠느냐? 아니면 패교灞橋에서 눈물을 삼키겠느냐?"

점치는 자가 용모를 단정히 하고 마음을 맑게 한 후에 향을 사르면서 점을 치고 나서 말하였다.

"괘卦의 조짐이 크게 흉합니다. 과거 시험에서 떨어질 것이 문제가 아닙니다. 장차 황천黃泉으로 가게 될 근심이 있습니다. 이 괘의 형상은 육효六爻가 타당하지 않고, 백호지세白虎持世하여 동動합니다.* 그 효사爻辭는 '달 밝은 날 사두沙頭에서 호환虎患이 두렵구나.[明月沙頭, 虎患可畏]'라고 하였으니 청룡이 공중에서 떨어진다는 효사와 응한다면, 문서文書로 상충됩니다. 어쨌든 대단히 조심해야 할 것입니다."

"그렇다면 흉함을 변화시켜 길함으로 나아갈 수는 없습니까?"

"무조건 말馬이 가는 대로 따라 가십시오."

이에 말이 가는 대로 따라갔더니 홀연히 길을 잃어 산기슭의 조그만 길로 들어가게 되었다. 석양이 서쪽 하늘에 있었고 밝은 달이 동쪽에서 떠오르는데, 너른 들판과 흰 모래사장이 끝없이 펼쳐져 있었다. 발걸음이 사두沙頭에 이르자 노비가 갑자기 말고삐를 쥐고서 말했다.

"주인어른! 청컨대 잠깐만 말에서 내려 주십시오. 장차 큰일을 행해야 합니다!"

주인이 놀라며 물었다.

"그것이 무슨 말이냐?"

"주인께서는 접때 '사두에서의 호환[沙頭虎患]'이라는 말이 생각나십니까? 호랑이는 속칭으로 범이라고 하는데, '범凡'은 바로 제 이름입니다. 주인께서 지난번에 제 아비를 죽였는데 천하에 어찌 아비 없는 사람이 어디 있겠습니까? 아버지가 있은 후에 주인이 있습니다. 지금은 제가 원수를 갚는 때라는 것입니다."

드디어 번뜩이는 칼을 꺼내어 말하였다.

"사두沙頭에서 목을 빼고 엎드려서 칼을 받으십시오."

주인은 표정이 하나도 변하지 않고 말하였다.

"네 말이 그럴 듯하구나. 하지만 너는 나라의 대전大典, 법전을 모르느냐? 주인을 죽인 노비는 사정상 죄를 감해 줄 수는 있어도 목숨으로 보상하는 법은 없다. 또한 임금과 어버이는 한 몸이다. 임금이 법에 의해 어버이를 죽였거늘 신하가 어찌 감히 원수를 갚을 수 있겠느냐?"

노비가 말하였다.

"차라리 자남子南처럼 죽음으로 나아갈지언정 예양豫讓*처럼 옷이라도 베어야 하겠습니다."

곧바로 주인의 피부에 상처를 내어 피를 낸 후에 곧바로 사죄하며 말하였다.

"제가 드디어 소원을 풀었으니, 청컨대 주인님께서는 안심하십시오."

이후로 그는 다시 충직한 노비가 되었다.

이야기 예순여섯. 힘 센 스님의 특이한 내력

진장鎭將* 하나가 있었는데 진보鎭堡* 하나를 맡게 되었다. 어디에서 왔는지 알 수 없는 산승山僧이 와서 자신을 지사地師*라고 칭하며 터를 봐주었고 일꾼을 써서 돌을 옮길 때에는, 몇 장 높이의 석곽石槨을 주먹돌 옮기듯 하였다. 진장은 그 중의 용력勇力이 뛰어남을 장하게 여기고 또 두 귀가 찢어져 있는 것을 기이하게 여겨 그의 내력을 물었다. 중은 말하기 어렵다고 한 후 역사役事, 성 쌓는 일가 끝나면 자신의 내력을 자세히 말씀드리겠다며, 일단 기다려 달라고 하였다. 역사가 끝나자 중이 말하였다.

"저는 본래 해인사의 중으로서 가라암伽羅菴에 거처하며 수행하고 있었습니다. 그곳에 신비한 샘이 있는데 그 물을 마시는 사람은 힘이 산을 뽑을 듯 세졌습니다. 소승小僧이 10년 동안 그 샘물을 마셨는데 용력勇力이 오확烏獲과 같고 날래기는 경기慶忌와* 같아졌고 일세를 멋대로 하며 다른 사람의 재물을 빼앗기를 제 주머니의 물건을 찾듯이 하여 끝내 파계승이 되고 말았습니다. 이후로 장안사長安寺에 들어갔는데 그곳은 금강산의 대찰로 거처하는 스님만 오백 명이었으나 생계가 감당이 되지 않아서 스님들이 모두 흩어지게 되었습니다. 이후로 향산사香山寺에 이르러 패강浿江, 대동강의 누선樓船

주위를 지나가게 되었습니다. 거기에는 신행新行* 하는 사람들이 있었는데 따르는 종 수십 명이 좌우에 늘어서 있었습니다. 제가 배 위로 날아오르자 사람들이 모두 두려워하여 복종하였는데 교자의 발을 걷어 신부를 희롱하는데도 사람들이 저를 어찌하지 못하였습니다. 오직 호위하는 나이가 열두세 살쯤 된 소년이 있었는데 초립草笠에 푸른 도포를 입고서 배꼬리에 앉아있는데 당황하는 기색이 전혀 없었습니다. 그가 기합을 한 번 내더니 도포가 전부 찢어지고, 그가 날아와 저의 양 어깨 위로 올라탔는데 무겁기가 태산泰山과 같았습니다. 저는 가슴이 덜컹 내려앉았는데 몸을 움직이려 하였으나 나무처럼 굳어버렸고, 입에서는 조그만 소리만 낼 수 있을 뿐이었습니다. 다만 저절로 살려달라고 애걸하게 되니, 소년은 제 머리를 손으로 잡고 강어귀로 날아갔습니다. 제가 큰 길 가에 엎드려 있으니 감탕나무 가지를 꺾어오라고 하였습니다. 가지를 꺾어주자 그는 그것을 깎아 커다란 나무못을 만들었는데 굵기는 집게손가락만 하였고 길이는 편전片箭만 하였습니다. 이에 나무못으로 두 귀를 뚫고 땅에다 박아놓았습니다. 그가 떠나면서 말하기를, '웬 놈의 산승山僧이 헛된 기운을 믿고 감히 사대부를 희롱하느냐! 신행新行을 하는 때에 죄를 범하였으니 마땅히 백 번 죽어도 모자라겠지만, 길한 일에 살생을 하면 좋을 것이 없으니 목숨을 살려주는 것이다. 남은 목숨이 붙어있는 동안 부지런히 불도를 닦고 수신을 하되 다시는 흉악한 짓을 하지 말라!'라고 하였습니다.

소승은 한동안 기운이 막혔다가 정신이 겨우 돌아왔지만, 귀가 꽂혀 있어 고개를 들 수가 없었습니다. 좌우로 몸부림치다가 두 귀가 찢어져버렸고 비로소 하늘이 높으니 감히 잘못된 짓을 저지르지 말아야 한다는 것을 알게 되었습니다. 제 나이는 올해로 여든입니다."

이야기 예순일곱. 호랑이를 잡은 장사

한 용사勇士가 있었는데 힘이 장사였다. 맨손으로 호랑이를 때려잡았는데 산을 위아래로 뛰어다니고 수풀과 숲속을 평지나 탄탄한 도로처럼 출입하였다. 스스로의 용기勇氣를 믿어서 호랑이 잡으러 다니는 것을 일로 삼았는데, 활이나 화살도 가지고 다니지 않았고 총포銃砲도 메고 다니지 않았다. 맨손으로 산속을 돌아다니다가 문득 호랑이를 만나면 사로잡았는데 민첩하기는 초나라 무사를 뛰어넘었고, 맨손으로 호랑이를 잡던 진나라의 풍부馮婦보다 용맹했다. 그가 잡아 죽인 호랑이만 몇 천 마리가 되는지 알 수가 없었다. 동지冬至에 임금에게까지 그 소문이 들려와 임금이 그를 칭찬하여 장사를 불러 군관軍官으로 삼았다.

그가 군관으로 연경燕京으로 떠나게 되었는데 중강中江을 지나고 무너진 사군四郡*으로 들어가게 되었는데, 사방에 인가가 없었고 나무가 높이 자라 하늘을 가릴 정도였다. 또한 들짐승과 날짐승의 발자국들이 이리저리 길에 나 있어 사람들은 겁나 간담이 서늘해졌다. 일행은 매일 밤 역참驛站마다 노숙을 하였는데, 겨울이라 삭풍이 매섭게 몰아쳐 살을 에는 것 같았고, 가는 모래바람이 얼굴을 때리는 등 고생이 매우 심했다. 대부분의 인원이 반쯤 잠들었는데 상사上使 홀로 깨어있었다. 눈이 내리는 가운데 달빛이 은은하게 비쳤는데 눈 위에 발자국이 있었다. 살펴보니 한 처자가 흰 깃발을 가지고 웃으며 들어와서 여러 사람들을 두로 돌아보고 흰 깃발을 장사(군관)의 머리카락에 꽂고서 천연덕스럽게 나가는 것이었다. 상사는 그 깃발을 빼주었다.

잠시 후 사나운 호랑이가 울부짖으며 들어왔는데 눈은 커다랗고 번개처럼 번쩍였으며 발은 큰 솥의 발 같았다. 호랑이는 구부리고 앉아서 오랫동안 사람들을 보고 있다가 나갔는데 마치 누군가 잡으러 온 듯하고 애걸하는 소리를 내었다. 처자가 또 들어와서 흰 깃발을 장사의 머리에 꽂고 나갔는데 상사가 또 그 깃발을 빼어놓았다. 이러기를 다섯 번을 하니 호랑이는 크게 포효하며 어디론가 가버렸고, 그 소리를 들은 사람들은 깜짝 놀라 잠에서 깨어 일어났다. 상사가 그 이유를 이야기해 주면서 흰 깃발을 보여주고 그 호랑이의 모습을 말했다.

장사가 웃으면서 한걸음으로 뛰어나가 북산北山으로 향하여 호랑이를 잡으러 갔는데, 호랑이 무리 수백 마리가 혹은 구부리고 앉거나 누워있었고 가운데 가장 큰 놈이 장사를 바라보고 있었다. 그놈이 이를 갈며 발을 들어 사람이 선 것처럼 다가왔다. 장사는 호랑이를 맞아 싸워 이겼다. 그리하여 왼팔로는 목을 쥐고 오른팔로는 콧구멍에 줄을 꿰어 말 꼬리에 매달고 채찍을 치며 돌아오니 호랑이의 모습이 수레바퀴 밑에 있는 강아지 같았다. 보는 자들이 감히 똑바로 보지 못하였는데 이로부터 그를 '호장虎將'이라고 불렀다.

이야기 예순여덟. 두 사람의 꿈

경성에 두 아이가 있었는데 하나는 장삼張三이였고 하나는 이사李四였는데 나이가 같고 사는 곳 또한 비슷했다. 죽마 타던 어린 시절부터 함께 공부하여 나중에는 지팡이를 짚고 책 상자를 지고서[負芨] 함께 산방山房에 들어가 동중서[董子]가 휘장을 태운 듯, 한유[昌黎]가 기름을 바른 듯 십년간 열심히 공부할 것을 기약하였다.
어느 날 저녁 독서를 마쳤는데, 달이 휘영청 떠있고 새도 울지 않아 적막한 밤이었다. 사방을 둘러보아도 조용하여, 선방의 창문을 열고 한가히 달 아래에서 산보하며 고인의 아름다운 시구를 외우고, 달밤의 좋은 경치를 완상하다 피곤한 줄도 몰랐다. 넓어진 마음으로 소요하니 세속 밖에 있는 듯하였다.
두 사람은 불정화佛頂花, 수국(水菊) 아래에 앉아서, 각자 자신의 뜻을 말하기로 하였다. 장삼이 말하였다.
"나는 『구구九邱』, 『팔색八索』의 글을 읽고 〈녹명鹿鳴〉, 〈청아菁莪〉의 시를 읽으며, 달나라의 계수나무 가지를 꺾고 운정雲程의 날개를 잡으며, 푸른 연꽃 국을 마시고 맹교孟郊의 봄꽃을 보며, 은대銀臺, 승정원와 옥서玉署, 홍문관의 청직淸職을 두루 역임하고 금마金馬와 단봉丹鳳의 높은 가문에 출입하며, 안으로는 구경九卿의 반열에 임하고 나가서는 연사連師, 塾師의 임무를 할 것이네. 뜻을 얻고 득의만만하니 어디를 가든 좋지 않겠는가? 곧 청구靑邱가 제일의 강산이니 곧 기자箕子의 옛 도읍이라네. 모란봉牧丹峰은 그림 같고 대동강은 거울 같네. 이것은 이른바 아름다운 산천이니 중국의 금릉金陵, 남경(南京)보다 나을 것이네. 또한 수군水軍과 육군陸軍의 사령을 높이 세우고, 40개 주州의 수령을 모두 모아서, 배를 띄우고 뱃놀이를 떠나 여주 마탄馬灘의 불어난 봄물을 보고, 연광정練光亭에서 생황 음악을 들을 것이네. 또한 장경문長慶門을 나가 조천석朝天石을 완상하고, 부벽루浮碧樓에 올라 장강을 내려다보고, 구름처럼 노 저어 가며 중성中城을 돌아볼 것이네. 또한 여염집을 돌아보며 풍물을 구경하고 여덟 가지 비단을 사들여 간직하니 재자才子의 풍류가 과연 어떠하겠는가?"
이사李四가 말하였다.

"그대가 그러하다면 나 또한 뜻이 있네. 장차 신선의 술법을 배워 입으로는 『황정경黃庭經』,* 『청낭비결靑囊秘訣』*의 책을 입으로 외우고, 황금과 벽옥碧玉의 단약丹藥을 손으로 단련할 것이네. 또 환골탈태換骨奪胎하고 세상을 뛰어넘어 자보子普의 푸른 학을 타고 광성廣城의 현포玄圃를 찾으며, 열자列子의 장풍長風을 제어하고 화봉華封의 흰 구름을 타고 서른여섯 개의 마을을 찾으려네. 또 곧바로 도솔천兜率天으로 올라가서 열두 개의 누각 위에 늘어선 여러 신선들을 모실 것이네. 일월전日月殿 위에 자황紫皇, 옥황상제이 높이 모시고 성관星冠을 쓰고 월패月佩를 차며 옥지玉墀, 옥으로 꾸며진 바닥에서 절 올리고 경장옥액瓊漿玉液, 신선 세계의 음료을 마실 것이네. 또 법연法筵에 참석하여 서왕모西王母가 주는 삼천년 묵은 복숭아를 바치며, 여래불如來佛이 억만 세의 긴 수명을 올리고, 또한 홍애洪崖, 악황偓偟, 적송赤

松子, 안기생安期生과 같은 여러 신선들과 단경丹經을 이야기하고 현도玄道를 이야기할 것이네. 그리고 아래로 인간세계를 굽어다보면 아득한 것이 닭장과 개미집 같을 것이네. 진시황秦始皇과 한무제漢武帝가 동남동녀童男童女를 배에 태워 봉래산蓬萊山 어디로 온 것이겠는가? 이것이 바로 나의 뜻이네."

두 사람은 그로부터 하산하여 십 년이 흘렀다. 장삼은 절도사가 되었는데 관할하는 관아로 가는 중에 길에서 그 친구를 만났다. 갈건葛巾에 명아주 지팡이를 짚고 있었는데 비록 매우 맑고 깨끗한 분위기가 있었으나 외로운 몸 그림자 하나가 도리어 불쌍한 생각이 들었다. 옛 친구를 만나 자리를 깔고 두 사람이 길가에 앉아서 악수하였다. 장삼이 물어보았다.

"신선 세계의 즐거움이 과연 어떠한가?"

"내가 망령되이 인간의 영화를 버리고 신선의 풍류를 좇아 방랑하였으나 선가仙家의 조사曹司도 미처 면하지 못하였네. 마침 난가산爛柯山에서 바둑 모임을 가진 후 바둑판을 짊어지고 백로봉白鶴峰으로 갔다가 노래를 듣는다는 소리를 듣고서 거문고를 가지고 왔네. 신선의 괴로움을 이겨낼 수가 없었는데 오늘 자네를 직접 보니 부럽기 그지없네 그려."

이야기 예순아홉. 호랑이로부터 처녀를 구한 용사

산골 마을에 한 용사勇士가 있었다. 매번 깊은 밤[三更]이 되면 잠자리에서 일어나 반드시 집안을 두루 살펴보고, 담 밖으로 넘어가서 사방을 훑어보곤 했다. 어느 날 밤에 달빛이 밝고 사방이 고요한데 갑자기 여자의 교태로운 웃음소리가 멀리서부터 들려왔다. 그 소리를 찾아 뒷산에 오르니 한 처자가 무덤 위에 앉아서 내려다보며 웃는 것이었다. 용사는 그녀가 귀신으로 의심되어 수풀 속에 몸을 숨기고 무엇을 하는지 지켜보았다.

갑자기 커다란 호랑이 한 마리가 머리를 흔들고 눈을 번뜩이면서 사람처럼 서면 곧 처자는 깔깔대며 웃었는데 이러기를 여러 번 하였다. 용사는 그 호랑이가 멀리 물러나기를 기다려 처자를 잡아서 수풀 속에 숨겨두고 그녀 대신 무덤 위에 서 있으니 커다란 호랑이가 전처럼 왔다. 용사가 크게 소리를 치자 호랑이 역시 포효하고 노려보며 곧장 달려들어 싸움을 하게 되었다. 용사는 온 힘을 다해 호랑이를 잡아서 산 밑으로 구르고 깊은 구덩이에 몰아넣었다. 그리고 구덩이를 돌로 채워놓았다. 돌아와서 수풀 속을 살펴보니 다행히 처자는 조금도 상처를 입지 않았으나 이미 혼절해 있는 상태였다.

그는 처자를 업고 집으로 내려오니 용사의 부인은 잠을 자고 있었다. 발로 부인을 툭 차서 깨우고 부인에게 처자의 옷을 벗기고 이부자리에 눕히라고 하면서 말하였다.

"반드시 땀을 내야할 것이니 아랫목에서 땀을 내어 등까지 젖게 한다면 소생할 수 있을 것이오."

이에 부엌으로 가 펄펄 끓도록 불을 때니 얼마 후 처자가 땀을 뻘뻘 흘리다가 갑자기 돌이나 바위를 치는 듯한 소리를 지르며 깨어났다. 그러고는 눈을 떠 이불을 걷으며 말하였다.

"여기는 누구의 집입니까?"

그리고서 곧바로 눈을 감고 잠을 자기 시작했다. 잠시 후 다시 깨어나더니 뜨거운 물과 미음을 마시고서야 정신을 차려 말이 통하게 되었다. 용사가 어느 곳 어느 집에 사는 누구인지 물으니 대답해주었다.

용사는 다음날 그녀를 데리고 그녀의 집을 방문하자 곧 큰 부잣집이었는데 그녀는 그 집의 무남독녀였다. 그녀는 다른 곳으로 시집가기를 원치 않고 용사의 첩이 되고 싶다며 죽음으로써 맹세하였기에 용사는 그녀를 부실副室, 첩로 삼았다.

이야기 일흔. 스님을 죽인 문덕철

문덕철文德哲이 전주를 지나는데 그곳에 거자擧子, 과거응시생 수십 명이 여관에 들어가 각자 숙소를 정했다. 그런데 갑자기 스님 셋이 어디에선가 와서 함께 자기를 청하였다. 거자들이 각자 꾸짖었다.
"어디서 온 완악한 중놈들이 감히 과군科軍과 함께 자려고 하느냐!"
가장 어린 중이 노하여 말하였다.
"중은 사람이 아니오? 내가 입은 승복을 벗고 그대의 망건을 쓴다면 그대들과 무슨 차이가 있소?"
거자擧子 중에서 가장 어린 자가 팔을 걷어 부치며 나와 중의 멱살을 잡고 지팡이를 빼앗아 수백 대를 난타하다가 힘이 다하자 그만두었다. 중이 가만히 일어나 말하였다.
"그대가 나를 다 때렸으니 나 또한 보답을 해야겠지요."
곧 소년을 넘어뜨리고 발로 밟아 눌렀는데 무겁기가 태산과 같았다. 그가 또 말하였다.
"나도 당연히 너를 때려야하겠지만 중으로서 속세의 사람을 때리는 것은 이치상 불가하니 눈 하나를 뽑아가겠다."
거자들은 모두 겁이 나서 어떻게 하지를 못하고 있었는데 덕철德哲이 곁에 있다가 분기를 참지 못하고 어린 중을 잡아 땅에다 내리꽂아버리니 곧바로 죽어버렸다. 가운데 있던 대승이 크게 노하여 앞으로 와 말하였다.
"중 또한 사람이오. 죽이면 어찌하오? 내가 반드시 원수를 갚을 것이오!"

덕철이 전처럼 그를 잡아 땅에 던져버리니 그 역시 즉사하였다. 마지막으로 남은 노승은 전혀 당황한 기색도 없이 지팡이에 기댄 채 나무랐다.

"연이어 두 스님을 죽였으니 어찌 이다지도 무도無道한가? 조그만 용기를 믿지 말라. 뛰는 자 위에 나는 자가 있다."

덕철은 남은 화가 덜 풀려서 말하였다.

"어리석은 중이 또 목숨을 재촉하는구나!"

그가 손을 쓰려고 하였는데 노승이 지팡이를 들어 곧바로 덕철을 때리려고 하였다. 덕철이 급히 지팡이를 잡자 노승이 미소를 지으며 지팡이를 휘둘렀다. 그러자 바람소리가 크게 일어나고 마치 조그만 아이를 가볍게 다루듯 빙글빙글 돌리다가 던져버렸으니, 어느 곳으로 떨어졌는지 알 수가 없었다. 사람들은 겁이 나 기절을 했다가 소생하였는데 노승은 어디로 갔는지 알 수가 없었고, 거자擧子들은 풍비박산이 나 쓰러져 있었다.

이야기 일흔하나. 점괘를 잘못 해석한 박엽의 운명

계해년癸亥年에 이연평李延平과 여러 사람이 장차 능성군綾城君 구인후具仁垕와 함께 의거를 일으키고자 하였다.*
당시에는 박엽朴燁의 막하幕下에 있었는데 하루는 사직을 고하며 떠나가려하자 박엽이 붉은 모 삼천 바리를 주었다. 구인후가 자신은 쓸 데가 없다며 사양하자 박엽이 웃으며 말하였다.
"나중에 분명히 쓸 곳이 있을 테니 가지고 가도록 하게."
그리고는 그의 손을 잡고 부탁하며 말하였다.
"나중에 자네가 내 시체를 잘 거두어주게 된다면 참으로 다행이겠네."
인후가 깜짝 놀라며 말하였다.
"갑자기 그게 무슨 말씀이십니까?"
"자네가 부디 마음에 새겨 잊지 말아주었으면 하네."
인후는 인사하고 물러나왔다.

나중에 박엽이 후명後命*을 받고, 당시 온 조정이 두려움에 떨고 있어 감히 어찌할 바를 모르고 있었다. 그때 구인후가 박엽에 대해 교형絞刑, 죄인의 목을 졸라 죽이는 형벌에 처할 것을 자청하였다. 박엽은 원수진 집안이 많아서, 원수 진 집안의 여러 사람이 일시에 칼을 들고 쳐들어왔으나 인후가 일제히 금하고 입관시킨 후 시체를 장사 지내려고 하였다. 장례 행렬이 중화中和, 평안남도 최남단의 중화군에 이르렀을 때, 인후가 어영대장에 제수되어 먼저 돌아가게 되었다. 이때 원수를 졌던 집안 사람들이 그 틈을 타 쫓아와서, 관을 부수고 시체를 갈기갈기 찢어 잘라갔다. 이는 박엽이 천 명의 사람을 죽였기 때문이었다.

박엽이 어릴 적에 점을 쳐 보았을 때 점괘에서, '천인千人을 죽이지 않으면 천인이 너를 죽일 것이다'라고 하였다. 천인은 곧 인후의 어릴 적 이름이었는데 박엽이 잘못 알고서 무고한 많은 사람을 죽여 천을 채우려고 하였으니 참으로 한탄할 만하다.

그리고 반정을 일으킬 때 인조의 군대가 다른 군대와 구별이 되지 않았기 때문에 붉은 모[洪氈]로 전립을 만들었는데 그 제도가 바로 그것이다. 박엽은 이를 미리 알고 그것을 주었던 것이다.

이야기 일흔둘. 이항복의 인물됨을 인정한 정충신

금남 정충신은 포도대장으로서 도감중군都監中軍을 겸직하고 있었다. 하루는 백사白沙, 이항복에게 가서 배알하니 백사가 말했다.
"내가 타던 말을 내가 매우 아꼈는데, 길이 잘 들어 순하고 잘 달렸다네. 그런데 지금 갑자기 병이 들었으니, 자네가 한번 살펴보고 약을 써 주면 좋을 것 같네."
금남은 공손하게 응낙하고 마루에서 내려왔다. 몸소 말을 끌고 나와 뜰 밑에서 걸음을 걷게 하고 병을 살피며 쓸 약을 의논하였다. 그때, 한 재상이 마침 자리에 있다가 물었다.
"영공께서는 말의 병을 아시오?"
"대략 알고 있습니다."
"영공은 내일 나를 찾아올 수 있겠소?"
"그렇게 하겠습니다."

다음날 가서 보니 재상이 자기 말을 가리키며 말했다.
"이 말에게 병이 있으니 잠시 보고 약을 쓸 수 있겠소?"
금남이 대청으로 나오더니 종을 불러서 말했다.
"급히 도감都監에 가서 마의馬醫 하나를 불러오너라."
종이 명을 받들고 출발하였다. 그 재상이 말했다.

"영공이 이미 말의 병에 대해 알고 있거늘, 어찌 친히 봐 주지 않으시오?"

"소인이 비록 매우 노둔하오나 그 지위를 보면 바로 무재武宰*입니다. 어찌 마의馬醫의 일을 할 수 있겠습니까?"

"그러면 어제 오성鰲城 대감댁에서는 어찌 말의 병에 대해 의논하였소?"

금남이 냉소하며 말했다.

"대감을 어찌 가히 오성 대감과 견줄 수 있겠습니까?"

금남은 곧바로 하직하고 가버렸다.

이야기 일흔셋. 문형이 되고자 한 신익성

동양위東陽衛 신익성申翊聖은 상촌象村, 신흠(申欽)의 아들이다. 문장과 재주가 당세에 으뜸이었다. 하지만 그는 일찍이 선조의 부마駙馬가 되어 경상卿相의 지위에 오를 수 없었기에, 매번 옹주를 대하면 그녀를 질책하며 말하였다.

"내가 도위都尉가 아니라면, 이 세상에서 나 말고 누가 문형文衡, 대제학을 하겠소?"

매양 출입할 때 일찍이 수레를 타고 대로를 다닌 적이 없고, 반드시 나귀를 타고 얼굴을 가린 채 좁은 길로 다녔다. 그리고 항상 뜻을 펴지 못하여 답답해하였다. 하루는 친척집에 혼사가 있어 금교金轎를 쓰려고 하여 동양위가 빌려주도록 하자 상궁 나인이 말하였다.

"이 가마는 옹주님께서 타는 것이라 다른 사람에게 빌려주실 수 없사옵니다."

동양위가 발끈 노하여 말하였다.

"가마가 있는데 사람이 타지 못한다면 장차 어디에다 쓴단 말이냐? 당장 부숴버려라!"

선조께서도 그가 문형이 못 되는 것을 한스러워하고 있다는 사실을 알고 있었다. 그래서 문형을 권점圈點*한 후 권점을 받은 사람에게 문제를 내어 시험하는데, 그것을 동양위가 주관하게 하였다.

선조가 말하기를,
"문형에 천거될 사람을 시험하는 것이니 도리어 문형보다 낫지 않느냐?"
라고 하였다.

이야기 일흔넷. 기개를 꺾지 않은 윤강

숙종조에 춘당대春塘臺, 창경궁 안에 있는 누대 연못에 세 칸 누각을 짓고 '관풍루觀豊樓'라고 이름 하였다. 이 때 판서 윤강尹絳은 부제학으로 있었는데 상소로 간하였다.

"때 아닌 토목 공사는 망국의 징조입니다!"

임금께서는 우비優批* 하시고, 표범 가죽을 상으로 내리니 대궐로 직접 받으러 오라고 명하였다. 윤강이 명을 받들어 입궐하자 한 내시가 앞을 인도하여 춘당대에 이르렀다. 잠시 후 군졸들이 큰 소리를 지르며 그를 잡아들이더니 뜰 밑에 엎드리게 하였다. 임금이 편복便服, 평상복 차림으로 작은 누각 위에 앉아 하교하였다.

"네가 한번 보거라. 이 누각이 세 칸에 불과하거늘 무슨 때 아닌 토목 공사가 나라를 망하게 한다는 말을 할 수가 있느냐? 너희들이 거처하는 곳은 산수 간에 자리 잡은 정자와 누각이거늘 나는 홀로 이 작은 누각도 못 짓느냐? 네가 명성을 얻고자 하여 이런 상소를 올렸으니 항상 마음으로 통한痛恨하였다. 곤장으로 다스려야겠다!"

"소신의 죄는 죽어도 마땅하오나 제 직책을 돌아보건대 옥서玉署, 홍문관의 우두머리이옵니다. 전하께서는 유신儒臣을 욕보일 수는 없으십니다."

"유신은 죄를 다스릴 수 없는가? 곤장 다섯 대를 치도록 하라!"

그리고서 하교하였다.
"너는 유신으로서 이렇게 곤장 맞았으니 이미 이것은 너의 수치다. 너는 나가거든 다른 이들에게 얼마든지 말해도 된다. 이 일이 나에게는 지나친 행동이 되겠지만, 너 홀로 네 몸과 이름을 욕되게 할 것이다."
그에게 표범 가죽을 주도록 명하고 내보냈다.

이야기 일흔다섯. **바른말로 상을 받은 윤강**

숙종께 환후患候가 있었는데, 하루는 이원梨園*의 악사와 기녀를 들어오도록 하였다. 이때 윤강이 홀로 대청으로 나아가 계를 올렸는데 그 내용은 다음과 같다.

"바르지 않은 색깔과 전아典雅롭지 않은 음악 때문에 전대前代의 제왕들이 나라를 망친 것이니 속히 그만두시옵소서."

상은 크게 노하여 곧바로 친히 국문하겠다는 명을 내렸다. 온 조정이 황황한 와중에 의금부에서 대관과 서리, 심지어 갈도喝道*까지 몽땅 달려들어 윤강을 몽두蒙頭*하여 대령시켰다. 금당禁堂*과 포도대장까지 모두 불러들여 모든 것이 갖춰졌는데 궐에서는 아무 동정 없이 풍악 소리가 끊이지 않더니 신후申後, 오후 다섯 시 무렵에 하교가 있었다.

"다시 생각해 보니 대관의 말이 좋도다. 아까 친히 국문을 하겠다는 명은 거두겠으니, 대신과 하례들은 일제히 풀어 보내도록 하라. 또한 상을 내리지 않을 수 없다."

내전內殿에서 다담상 둘과 어주御酒 두 병을 내리니 하나는 대간의 하례下隷에게 먹였다. 또 호랑이 가죽 한 장을 하사하였는데 그제야 대간과 하례의 놀란 혼이 겨우 진정되어 마음껏 취하고 배불리 먹었다. 위아래 사람들이 잔뜩 취하여 조정에서 돌아올 때에는 앞길을 인도하는 하례가 호랑이 가죽을 뒤집어쓰고 큰 길에서 벽제 소리를 외쳤다. 길가에서 보는 사람들이 그 이유를 묻자 이렇게 대답하였다.

"주상전하께서 창기娼妓들을 데리고 술을 드시다가 금난禁亂*에 걸리셨는데, 내가 막 수속收贖*해 드렸다!"

듣는 사람들이 모두 포복절도하였는데 사간원司諫院에서는 지금도 그 호랑이 가죽을 보관해 두고 있다고 한다.

이야기 일흔여섯. 동병상련의 마음으로 아전을 용서한 충익공

충익공忠翼公 이우당二憂堂 조태채趙泰采는 부인을 잃은 후에 슬픔을 이기지 못하고 있었다. 그때 그는 기성騎省, 병조의 판서를 맡고 있었는데, 마침 공무가 있어 새벽부터 일어나 병조 아전이 와 청좌請坐* 하기를 기다렸다. 그러나 아무런 소식이 없었고 해 뜰 때가 다 되어도 오지 않았다. 공이 크게 노하여 급히 탈 것을 대령시켜 관서로 달려갔다. 이후 공이 그 아전을 잡아오게 하여 곤장을 치려고 하자 그 아전이 울며 말했다.

"소인에게 슬픈 사정이 있사온데 한 말씀만 드리고 죽겠습니다."

"도대체 무슨 일이냐?"

"소인이 이번에 부인의 상을 당하였사온데 집에 어린 것이 셋이나 있사옵니다. 첫째 놈은 이제 다섯 살이고 둘째 놈은 세 살인데, 막내딸은 겨우 돌이 되었사옵니다. 소인이 몸소 어미 노릇을 하며 기르고 있었는데, 오늘 새벽에는 일어나려고 하자 어린 딸년이 울부짖는지라 이웃집 여자에게 부탁하여 젖을 주었고 조금 있자 두 아들놈이 배고프다고 소리치기에 소인이 죽을 사다 먹였는데, 이렇게 하느라 시간이 늦어졌사옵니다. 소인이 공사公事가 있다는 것도 알고 있었고 대감의 위엄 높으신 명 또한 잘 알고 있사온데 어찌 감히 일부러 죄를 범했겠사옵니까?"

공이 듣고 슬퍼 눈물을 흘리며 말하였다.
"네 사정이 나와 같구나."
그리고 그를 풀어주며 쌀과 베를 넉넉히 주어 아이를 기르는 데 쓰도록 하였다. 아전에게는 실제로 그런 일이 없었지만 공의 사정을 알았기에 둘러대며 속여 벌을 면하려고 도모했던 것이다.

이야기 일흔일곱. 유척기의 벼슬을 알아본 조문명

문익공文翼公 유척기兪拓基*가 영남 안찰사일 때에 경주를 순시했는데, 이때 경주 부윤府尹은 훗날 재상에 까지 오르는 조문명趙文命이었다. 유척기는 조문명이 크게 쓰일 인물임을 알고 그 도량을 시험하고자 하여 일부러 자그마한 일로 읍의 하인들을 심문하여 다스리니 심문을 면한 사람이 없었다. 이윽고 심문을 그만두고 부윤에게 말했다.

"내가 영감의 읍에 이르러서 하리下吏, 하급관리를 심문하여 다스린 것이 이같이 많으니 영감은 어떤 생각이 드시오?"

조문명이 웃으며 대답하였다.

"사또께서는 이미 이 도를 다스리시는 안찰사이시니 이들은 곧 사또의 관리들입니다. 또한 하인배들 스스로 죄를 지었기에 형장을 얻은 것인데 하관下官인 제가 무슨 상관이겠습니까?"

그러면서 기색이 태연자약했다. 공이 웃으며 말했다.

"허허. 내가 이번 행차에 대신大臣 하나를 얻었구려."

그 후로 유척기는 정경正卿*에 출사하여 양주 목사의 보직을 받았는데 조문명은 이때 총융사摠戎使, 총융청의 관장으로 종 2품 무관직의 임무를 띠었다. 양주는 총융사의 관하라서 조문명이 하루는 총사인 유척기에게 투자投剌, 명함을 들여보내 면회를 요청하는 것하고 인사하는 예를 마친 후 장차 문을 나서려는데 조문명이 웃으며 말했다.
"연전에는 제가 대감 앞에서 이런 예를 차려 인사 드렸는데 이제는 대감께서 또 이 예를 제 앞에서 행하니 세상일은 알 수가 없는 것이로군요."
공이 가만히 보고 있다가 웃으며 말했다.
"허허. 아깝도다! 영의정은 될 수 없겠구나!"
조문명은 과연 지위가 좌의정에 이르렀으나 영의정에는 오르지 못했다. 옛 사람이 말 한마디로 그 지위의 한도를 알아보는 것이 이와 같았다.

이야기 일흔여덟. 관상으로 운명을 안 김수

연산連山 사람 김수金銖는 관상을 잘 보았다. 사대신四大臣*의 문하에 출입하였는데, 신임옥사辛壬獄事* 전에 임금께서 교외에 동가動駕, 어가가 대궐 밖으로 나가는 것 하시는 것을 보았다. 반열 행차의 여러 사람을 두루 보고서는 혼자서 혀를 차며 탄식하였는데 최후의 산반散班*에 이르니 조정의 벼슬아치가 하나 있었다. 그는 맑은 얼굴로 노둔한 말을 탄 채 반열에 참가하여 지나갔다. 그 사람이 누구냐고 물으니 누군가가 심沈 첨지僉知라고 하였다. 또 그의 집이 어느 동에 있는지를 물어보고 알아두었다가 다음 날 가서 찾으니 심 첨지가 놀라 일어나 맞으며 말했다.

"존함을 들은 지 오래입니다. 모셔 오려고 해도 모셔올 길이 없더니 이제 무슨 바람이 불어서 오셨는지요?"

"저는 사람의 관상을 조금 볼 줄 압니다. 영감의 관상을 보고자 하여 청하러 왔습니다."

김수가 또 말하였다.

"영감은 큰 귀인이니 몇 년 사이에 반드시 지위가 일품一品에 이를 것입니다."

"어찌 그럴 리가 있겠습니까?"

"관상을 보는 방법이 없다면 그것뿐이겠으나 있다면 절대로 속여서 말씀드리지는 않습니다."
김수가 또 말하였다.
"제가 영감께 부탁드릴 것이 있는데, 잊지 않으실 수 있겠습니까?"
"뭐든지 말씀만 하십시오."
김수가 종이와 붓을 청하여 썼는데, 그 내용은 다음과 같다.
'모년월일에 호서湖西 김 모는 고향으로 돌아가서 다시는 문을 나서지 않았다.'
김수는 그 글을 벽에 붙이며 말했다.
"나중에 반드시 사단이 있을 것입니다. 저는 오늘 곧바로 고향으로 내려가서 다시는 서울에 들어오지 않을 것입니다. 영감께서는 부디 잊지 마시고 저를 살려주십시오."
심 첨지는 놀랍기도 하고 의아해하기도 하면서 말했다.
"어찌 그런 망령된 말씀을 하시오?"
"망령되고 않고를 따질 필요가 없습니다. 다만 이 글로써 증거를 삼으려는 것입니다."
그러고서 곧장 하직을 고하고 나갔다.
심 첨지는 마음속으로 매우 의아하게 생각했는데, 그는 바로 심단沈檀이었다. 그는 신임년에 판금오判金吾, 판의금부사로 큰 옥사를 담당하였는데, 국문하는 곳으로 한 사람을 불러내게 되었으니 바로 호서湖西 김수였다. 그가 아직도 서울에 출입한다는 노비와 겸인들의 공초供招*가 마구 쏟아져 나왔다. 심단이 이때 크게 깨닫고 말하였다.
"김생은 가히 귀신같은 사람이라고 할 만 하오!"

그리고 김수는 이미 여러해 전부터 한양에 있지 않았음은 자신이 잘 아는 바라고 말하고, 힘을 다해 구해주었다.

이야기 일흔아홉. 풍류 있는 선배 장붕익

무숙武肅 장붕익張鵬翼*은 집안이 가난하고 부친이 연로한지라, 문필을 버리고 무예에 종사하여 지위가 추판秋判, 형조판서에 이르렀다. 무신戊申년의 난*과 을해역변乙亥逆變*을 당하여 몸소 갑옷을 입고 검을 의지하여 궁전 문밖을 지키고 서 있었다. 영조께서 그를 믿고 비로소 잠자리에 드실 수 있었는데 그가 국가 안위를 마음에 두는 것이 이와 같았다. 추판으로서 훈련대장과 포도대장을 겸하였는데 항상 헌거軒車를 타고 다녔다.

하루는 성을 나가 한 마을을 지나는데 이때는 마침 생원과 진사의 방방放榜*을 하는지라 집집마다 풍악을 울리며 창우倡優, 광대를 뽑고 있었다. 길 곁 우물가에서 한 계집종이 물을 긷는데 옆 사람이 물었다.
"너희 집 신은新恩*께서는 어떻게 응방應榜*을 하신다느냐?"
"응방은 오히려 중요한 일이 아니라오. 아침저녁 끼니를 잇기도 어려운 상황이라 우리 집 늙은 상전께서는 배를 곯아 얼굴이 누렇게 떠 있으신데 어느 겨를에 응방을 생각이나 할 수 있담?"
이때 무숙공이 그 말을 듣고 수레를 멈추어 그 여종을 가까이 불러들여 물었다.

"너의 집은 어디며 네 주인은 응방을 하신다느냐?"
"집은 어느 어느 곳에 있습니다."
그리고서 손으로 가리켰는데 집은 멀지 않은 곳에 있었다. 그 집은 비바람을 가리지도 못할 정도로 좁은 두어 칸의 오두막이었다. 공이 이에 신래新來*를 부르니 유생이 기꺼워하지 않으며 말했다.
"무장武將께서 어찌 저를 부르십니까? 저는 나갈 수가 없습니다."
"나 또한 생진生進이오. 생진이 생진을 부르는데 안 될 것이 없을 것이오. 빨리 나오시오."
유생이 부득이 나와, 여러 차례 먼저 들어가라고 사양하다가 함께 문으로 들어갔다. 무숙공이 물었다.
"응방은 어떻게 하실 것이오?"
"부모님께 아침저녁 진지도 제대로 올리기가 어려운데 어찌 응방을 논하겠습니까?"
"그것은 앞으로 내가 준비하겠소."
무숙공이 또 말했다.
"거기다 어른을 모시고 있으니 마땅히 솔창率倡*을 해야 할 것이오."
"비록 어른을 모시고 있으나 응방도 제대로 하지 못하는데 어찌 감히 솔창까지 말할 수 있겠습니까?"
"그렇지 않소. 어른을 모시고 있는데 어찌 솔창을 하지 않을 수 있겠소? 포도청에 분부하여 최고의 창우 네 사람을 고르되 복식과 무령務令을 화려하게 하여 창방唱榜* 전에 대령하게 하겠으니 나는 마땅히 이곳에서 머물러 자면서 한번 놀아야 하겠소."
그는 도감都監의 신영新營에서 성대하게 밤참을 차려 대령하도록 하였으며, 좌우의 산붕山棚*은 포도청에서 대령하도록 분부하였다. 해가 진 뒤에 그 집 앞에서 길가에까지 자리를 펴고 밤새 풍악을 울리다가 새벽이 되어서야 파했다. 또 돈 삼백 냥으로 그 노친에게 헌수獻壽* 하였으니, 선배의 풍류가 이와 같았다.

이야기 여든. 호랑이를 쫓아낸 이우

참판 이우李瑀는 힘이 세어 용력이 신기에 가까웠고 이공의 기개는 세상을 덮을 만하여 매우 뛰어나다고 할만했다. 젊었을 적에 동년배들과 백운대白雲臺에 올랐는데, 앞서 내려가던 사람이 바위 위 좁은 길에서 발이 미끄러져 만길 절벽 아래로 떨어지려 하였다. 이공이 즉시 나는 듯 내려가서 그를 바위 위로 올려놨다.

숙종 때 호남에 귀신같은 호랑이가 있어 날마다 수백 명을 다치게 하고 닥치는 대로 잡아먹었는데 상한 자가 만여 명에 이르자 조선 팔도가 벌벌 떨게 되었다. 조정에서는 영문의 포수砲手를 내려 보내기까지 하였으나 끝내 잡지 못했다. 이 때문에 이공이 조정의 추천으로 도백道伯, 관찰사으로 특별히 제수되어 호랑이를 잡기 위해 내려왔다. 마침 언덕 모퉁이의 객점에 도착했는데 이공이 가마에서 떠나 홀연 노상에서 벗어나더니 지인知印* 하나를 데려와 앉혔다. 일행이 그것을 보고 모두 말에서 내려 어찌된 일인지 여쭈었으나 그 까닭을 알지 못했다. 이공이 혀를 차며 말했다.
"하마터면 지인을 잃을 뻔했구나. 내가 가마에 앉아 봤는데 그 호랑이가 지인을 물어 가는지라 내가 즉각 쫓아가서 빼앗아 왔다."
 감영에 도착한 지 사흘 후 전 감영에 분부하였다.

"오늘 밤에는 횃불을 들지 말 것이며 각 청應은 서로 왕래하지도 말고, 잡담을 하며 시끄럽게 떠들지도 말라."

초경初更, 오후 7시-9시 사이에 이공은 겉옷과 탕건을 뒤에 벗어두고 선화당宣化堂의 교자 위에 나와 앉아 있었다. 잠깐 있자 갑작스레 허공에서 어슴푸레한 그림자가 지나가더니 이공 역시 가만히 당 아래로 내려갔다. 공중에는 단지 어물거리는 그림자만 보일 뿐이었다. 얼마 후 마당에 뭔가 떨어지는 소리가 들렸다. 어떤 검은 물체가 느릿느릿 움직이면서 땅에 엎드리는 것 같았다. 공은 앉은 채로 조용히 그것을 타일렀다.

"네가 우리나라에서 사람을 해치고 상하게 했던 것은 모두 그 사이에 운이 좋아서 그랬던 것이다. 만일 네가 이곳에 더 오래 머무른다면, 내 스스로 처리할 방법이 있다. 너는 반드시 속히 바다를 건너가라. 네가 가고자 한다면 머리를 들어 땅을 두드려라."

이에 큰 짐승은 머리로 땅을 두드리며 꼬리를 흔들었다. 그러더니 잠깐 만에 사라져 자취를 알 수 없었다. 그 이후로는 두 번 다시 도내에 호환이 일어나지 않았다.

이야기 여든하나. 은혜를 베풀어 죽음을 면한 남윤묵의 아들

사구斯久 남윤묵南允默의 큰아들 아무개가 어영 군관이 되어 여러 해 벼슬살이를 하다가 봉산군鳳山郡의 진지에 감監, 동반(東班)의 6품 관직으로 나가 살펴보니 타작하는 곳에 한 총각이 있었다. 비록 농사를 짓고 있었으나 용모는 양반의 혈통이었다. 마음속으로 매우 가련히 여겨 그 내력을 물으니 대답하였다.

"제 성은 신申 씨이고 원래는 양반가의 자손인데 연안延安에 거주하였습니다. 그런데 연전의 흉년으로 온 집안 사람들이 사방으로 흩어져 이 지경에 이르렀습니다."

윤묵이 그 말을 듣고 그를 불쌍하게 여겼다.

삼 년 후 감監의 임기를 마치고 떠나게 되었을 때, 그 총각을 특별히 돌보아 주어 혼사를 도와 장가들게 하고 또 좋은 땅을 주어 집안을 이루게 했다. 이로 말미암아 신 씨는 그제야 모양새를 갖추어 풍요롭게 살게 되었다. 매년 가을이면 신 씨는 보답으로 가는 무명 한 필과 무명실 몇 타래를 가지고 왔는데, 남 씨 또한 후하게 보답하여 보냈다.

한번은 남윤묵이 전염되는 열병이 들어 마침 땀을 뻘뻘 흘리고 있을 때였다. 병세가 자못 위중하여 회생할 가망이 없게 되었다. 그는 혼절한 지 반나절이 되었는데 남 씨가 홀연 길게 흐느끼고 몸을 뒤척이며 말했다.
"이상하구나! 꿈을 꾸었는데 신기한 일이다."
곁에 있던 자들이 물었다.
"어찌하여 이상하다고 하십니까?"
"미음을 빨리 내 오거라."
남윤묵은 미음을 마시고 일어나 앉아 명부冥府, 저승에서 겪었던 일을 말했다.

"내가 두 귀졸鬼卒에게 쫓겨서 갑자기 한 관부에 이르렀는데, 누대樓 臺가 굉장하였고 사령使令들이 분주하였는데 인간 세상에서는 못 보던 것들이었다. 두 귀졸이 나를 문 밖에 세워 두고 들어갔는데, 조금 있다가 한 사람이 문에서 나와 물었다.
'그대는 한양에 사는 남 아무개가 아니십니까?'
'그렇습니다.'
'나는 봉산군 아무개 마을의 신 아무개 놈의 조부입니다. 그대가 제 손자에게 베풀어주신 은혜로 집안을 이루고 점점 부유하게 된 것을 명부에서나마 감사하게 생각하고 있었습니다. 하지만 유명幽明, 저승과 이승이 달라 은혜를 갚을 길이 없었습니다. 마침 그대의 연한年限, 정해진 수명이 다 찼기에 명부의 관리가 차사를 보내어 잡아 오라 했으니 내가 구슬을 머금고 풀을 묶어 은혜를 갚을[結草報恩] 때인 것입니다. 잠시 후에 명부에서 일을 잘 처리해 둘 것이니 그 때 인간 세상으로 돌려보낼 것입니다. 아무쪼록 그대는 조심히 가십시오.'
그리고서 곧바로 문지기를 불러 돌려보낼 것을 분부했는데 아마도 명부의 관원 같았다. 이제 내가 환생한 것은 신 아무개 조부의 은덕이 아닐 수 없다."
그리고 땀을 한참 흘리더니 무사히 나을 수 있었다.

이야기 여든들. 왜란을 미리 알고 집안을 구한 며느리

영남 어느 군에 한 선비가 있었는데 나이가 사십여 세에 이르렀다. 외아들이 있었으나 참척慘慽*을 만나 마음을 안정치 못하는지라 바보가 된 것 같기도 하고 미쳐버린 것 같기도 하였다. 하루는 당 위에 앉았는데 어떤 과객이 들어오더니 주인의 기색이 슬픈 것을 보고 물었다.

"안색이 좋지 않으십니다. 왜 그러시는지요?"
"하나 있는 아들놈이 죽어버렸소."
"그렇다면 당신 집안의 선산先山은 어느 곳에 있습니까?"
"집 뒤에 있습니다."

과객이 한 번 보기를 원하자 주인은 그와 함께 가서 선산을 살펴보았다. 과객이 말하였다.

"이 산이 불길하여 이러한 변고를 당한 것입니다."
"그렇다면 어디에서 길지吉地를 구할 수 있겠습니까? 또 우리 부부는 모두 아이를 못 낳을 지경이 되었는데요. 혹시 복지福地가 있다면 후사後嗣를 이을 수가 있겠습니까?"
"동구洞口에 들어오면서 한 곳을 찾았는데 뜻에 합당했습니다. 그대는 만사를 제쳐놓고 면례緬禮*를 행하셔야 합니다."

과객이 두 세 차례 힘써 권하니 주인은 과연 면례를 행하였는데 몇 달 후에 부인이 죽었다. 선비는 아들에 이어 부인까지 잃자 매우 슬퍼하였다. 불행 중에도 가세가 조금 넉넉한지라 다시 장가를 들었다. 지난번의 과객이 또 와서 먼저 물었다.

"그 사이 부인을 잃고 다시 장가를 드셨는지요?"

"당신의 말을 들었다가 부인을 잃는 지경에까지 갔는데 무슨 낯으로 물어보는 것이오!"

"허허. 오늘의 경사가 있으려고 지난번의 화가 있었던 것입니다."

이윽고 여러 날을 머물렀다가 주인에게 말하였다.

"아무 날 밤에 합방을 하면 반드시 아들을 낳을 것입니다."

다시 과객이 떠나려고 하며 기약하며 말하였다.

"아무 달에 아들을 낳으면 그때 제가 다시 와서 보겠습니다."

그 후에 과연 그 말대로 아들을 낳았고, 그 과객이 또 와서 기쁜 기색으로 당에 올라 말했다.

"주인께서는 아들을 낳으셨습니까?"

"그렇습니다!"

과객은 좌정하고서 태어난 아이의 사주를 보더니 말했다.

"이 아이는 분명히 장수하고 잘 자랄 것입니다. 그 혼처는 제가 직접 중매하도록 하겠습니다."

그 아이가 점점 자라 나이가 열네댓 살이 되었는데 과객은 몇 년이 되도록 오지 않더니 갑자기 찾아와서 말했다.

"자제는 잘 자라고 있습니까?"

주인은 즉시 아이를 불러 보이자 과객이 말했다.

"주인께서는 이 아이가 태어났을 때 중매를 서주겠다고 했던 말을 기억하시지요?"

"시간이 오래되어 희미할 따름입니다."

과객이 떠날 때 사주단자를 청하였는데, 그가 한 말의 자초지종이 부계符契*를 합한 것 같이 딱 맞았으므로 주인은 다만 사주를 써주기만 했다.

오래지 않아 과객이 또 택일단자를 전하니 주인은 문벌이 어떠하며 규수의 소양이 어떤지도 묻지 않고, 조금의 의심도 없이 과객과 함께 혼행婚行*을 갖추어 떠났다. 하룻밤을 묵은 후 점점 깊은 계곡으로 들어가니, 주인이 홱 돌아보며 과객에게 말했다.

"그대는 어찌 이렇게 심하게 사람을 속이십니까?"

"제가 그대와 무슨 원수를 졌다고 속이겠습니까?"

끝내 한곳에 이르러 구불구불 길을 돌아가니 높은 산봉우리 위에 두어 칸의 띠집이 있을 뿐이었다. 그날이 바로 혼례 날이라 마당 가운데에는 간단하게 자리가 펴져 있고, 한 노인이 나와 맞았는데 그가 바로 사돈이었다. 이어 납폐와 초례를 치른 후에야 신부 모양을 보니 전혀 꼴을 갖추지 못한 상태였다. 주인이 근심하는 기색을 밖에 드러내자, 사돈과 과객이 주인에게 말하였다.

"대사를 다행히 순조롭게 치러 여식이 이미 비녀를 꽂았으니 친가親家에 오래 있을 필요가 없습니다."

주인은 어쩔 수 없이 과객이 타고 온 말에 신부를 태우고 돌아오니 온 집안사람들이 그녀를 보고 놀라며 탄식하지 않는 이가 없었으나 신부는 조금도 얼굴색이 변하지 않았다. 신부는 다만 방에서만 머물며 집안 살림에는 관여하지 않았다. 그러나 그 친가의 소식은 앉은 자리에서 아는지라 시부모가 이를 괴이하게 여겼고, 중매를 맡았던 과객은 혼례를 치른 후로는 한 번도 오지 않았다.

하루는 시부모가 서로 상의하며 말했다.
"우리도 이제는 늙었소. 곡식이 들어오고 나가는 것이나 전답에 농사짓는 일을 신경 쓰기에는 머리가 아프오. 모두 아들 내외에게 맡기고 우리는 앉아 먹으면서 여생을 마치는 것이 좋겠소."
이에 집안을 다스리는 제반 절차를 아들 내외에게 맡겼으나 신부는 조금도 겸양의 말이 없었다. 신부는 마루에서 내려가지도 않으면서 남종이 경작하고 여종이 베 짜는 것들을 지휘하였는데, 조금도 법규에 어그러짐이 없게 각각 그 법도를 얻었다. 어느 날에 비가 온다고 하면 비가 왔고 어느 날에는 맑을 것이라고 하면 맑았으니 농사에 때를 놓치지 않아 3년 만에 가산家産이 점차 흥했다. 이에 온 집안과 친지들이 그녀가 비로소 어진 부인임을 알게 되었다.

어느 날 신부가 그 시부모에게 말했다.
"이제 춘추가 칠십이 되셨습니다. 홀로 무료하게 계실 필요 없이 날마다 동네 친지들과 서로 모여 잔치를 즐기시면서 세월을 보내시면 어떻겠습니까? 그 비용은 제가 감당하겠습니다."
"오래 전부터 바래왔던 것이다."
그 후부터는 집안에 찾아오는 많은 사람들의 신발이 서로 뒤섞이고, 명승 구경을 물 흐르듯 다녔다. 그것을 어언 4년 동안이나 하자, 집안에 전장田庄은 없고 가산은 모두 탕진하게 되었다. 신부가 시부모께 말씀드렸다.

"이제 가산이 탕진되어 남은 땅이 없습니다. 이런 상황이라면 이곳에 오래 머무를 수가 없습니다. 바라건대 저희 친가 동네로 옮기신다면, 편안히 살아갈 방법이 있을 것입니다."

시아버지는 크고 작은 일 할 것 없이 전적으로 신부를 믿었기에 두말하지 않고 말했다.

"좋은 방법이 있다면 네가 알아서 잘하도록 해라."

신부는 남은 가산과 척박한 농장을 다 팔아 권속과 노비를 거느리고 줄지어 그 친가로 들어가니 전에 중매를 맡았던 과객이 이미 기다리고 있었다. 그 시아버지는 산중에 오래 사노라니 우울한 기분을 이기지 못하였다. 신부가 함께 산에 오르기를 청하여 산에 오르니, 산 밖에서는 전쟁이 일어나는 소리가 들려왔다. 시아버지가 놀라며 물었다.

"이게 무슨 소리냐?"

"왜적이 지금 아무개 읍에서 싸우고 있기에 나는 소리입니다."

"우리 동네는 어떠하냐?"

"우리가 살던 집은 벌써 불살라졌고 온 동네 사람들도 죽거나 도망쳤습니다만, 그 일대는 모두 어육魚肉이 되었습니다."

"그렇다면 너는 난리가 일어날 것을 미리 알고 기미機微를 미리 보고 산으로 들어왔다는 말이냐?"

"비록 미물이라도 다 천기天機를 알아 바람과 비를 피하는데 사람으로서 모르겠습니까?"

그녀는 팔구 년 후에 다시 권속을 거느리고 산을 나와 가산을 다스리며 농사를 경영하여 집안을 일구었다.

이야기 여든셋. 백인걸의 마음을 얻은 안생의 기지

안동 강흥 녹사錄事, 의정부 중추부에 딸린 아전는 두 딸이 있었는데 우열을 다투면서 자랐다. 강의 집안은 제법 부유하였는데 그 딸 자매는 어릴 적부터 시집갈 때까지 매사에 서로 앞서거니 뒤서거니 하며 일찍이 서로 지는 경우가 없었다. 아들, 딸을 낳는 것까지도 반드시 똑같이 하였다. 큰 딸은 김 씨에게 시집가고 작은 딸은 안 씨에게 시집갔다. 김 씨는 문벌이 조금 있어 사마司馬* 정도나 할 만 하더니 마침내 침랑寢郎, 종묘나 능원을 관리하는 벼슬이 되기에 이르렀고 안 씨는 문벌이 김 씨보다 조금 낮아서 비록 사마는 될 수 있었으나 침랑은 할 수 없는 형세였다. 안 씨 부인은 이 한 가지가 언니에게 미치지 못했으므로 끝내 식음을 전폐한 채 살 뜻이 없어져 말했다.
"나는 어렸을 때부터 시집을 때까지 하나라도 언니에게 진 일이 없었다. 그런데 이제 가장家長의 문벌이 약하여 언니에게 미치지 못하게 되었으니 내가 다시 무슨 면목으로 이 세상에 살겠는가."
이리하여 밥을 먹지 않았다. 그러자 그 아들이 말하였다.
"그렇게 하실 필요가 없습니다. 만일 제게 수천 금을 주시면 아버님께서 초사初仕, 벼슬길에 오름 하실 방법이 있습니다."
그 모친이 드디어 이를 허락하자 아들이 다음날 행장을 차리고 나갔다.

그때 백휴암白休庵, 백인걸(白仁傑)*이 호남의 수령에서 전조銓曹, 이조의 아당亞堂, 참판이 되어 부름을 받고 올라가는 길이었다. 장차 객점으로 들어가려 하는데 안생이 먼저 객점에 들어갔고 휴암이 뒤를 좇아 들어왔다. 안생은 한 방에 함께 앉은 채 자리를 피하지 않았다. 초저녁이 되었는데 문 밖에서 애통하게 울며 곡하는 소리가 들려왔으니 안생이 물었다.
"이게 무슨 곡소리냐?"
종이 대답했다.
"어떤 군郡의 유리由吏, 지방 관아에 딸린 아전의 하나가 여기서 서울 소식을 기다리고 있었는데 좀 전에 서울의 일이 낭패하게 됐다는 소식을 듣자 이처럼 애통하게 곡을 하는 것입니다."
안생이 그 아전을 불러 그 이유를 물었더니 아전이 말했다.
"소인은 어떤 군 유리의 임무를 맡았는데 여러 해 동안 만여 금을 포흠逋欠*하게 되었습니다. 이제 모두 거두어 들여 납부하려 했지만 지금 삼천 냥을 마련하지 못하였다가 서울의 절친한 벗으로부터 빌려줄 것을 허락 받았었습니다. 그래서 소인이 아들을 보내어 이 객점에서 기다리고 있었는데 조금 전 서울 일이 낭패하게 되었다고 합니다. 소인이 만약 헛되게 돌아가면 온 집안이 죽을 지경에 이르게 될 것이니 애통함을 이기지 못하여 곡을 하였습니다."
안생이 한 번 듣고서 한참 잠자코 있더니 말했다.
"삼천 냥의 돈은 적은 것이 아니다. 만약 수천 금을 갖춰 주면 그 나머지는 마련할 수 있겠느냐?"
"만약 수천 금을 얻으면 그 나머지는 어떻게든지 충당하여 납부할 방법이 있습니다."
안생은 더 이상 말을 하지 않고서 태연하게 종을 부르며 말했다.
"행장 가운데 싣고 온 돈 이천 냥을 다 내어 이 아전에게 주어라."
휴암이 곁에서 어떻게 처리하는 것을 보고 마음이 움직이지 않을 수 없었다. 그의 고향과 문벌을 물으니 안생이 말하였다.
"아무 고을 모 성 씨 사람입니다."
그 행장 중의 돈이 어디에서 난 것인지 물으니 안생이 말했다.
"가계가 넉넉하지 못하여 마침 추노推奴*를 하여 온 것입니다."
그 선대의 벼슬을 물으니 안생은 그의 아버지가 사마시만 합격했다고 말하였다. 휴암이 그 아버지의 성명을 자세히 묻고는, 진심으로 그 소년이 일처리한 것을 아꼈다. 휴암은 서울로 들어온 후에 그 사람에게 알맞은 자리가 있어서 침랑寢郎*을 벼슬로 주었으나, 그 처가 끝내 자리에 나아가지 못하게 하였다. 그리하여 김 참봉보다 벼슬을 한 등급 높여주었다.

하루는 안생이 그 모친에게 말하였다.
"듣자하니 백휴암 선생께서 유배되셨다 하니 평소에 받은 은혜를 돌아보면 우리가 구해드리지 않을 수가 없습니다. 만일 천금을 쓴다면 휴암 선생을 위해 뭔가 해볼 수 있을 것입니다."
모친이 그 말을 따라 돈을 주었다. 안생이 상경하여 재물을 써 가며 일찍이 양사兩司, 사헌부와 사간원의 일원을 지낸 사람과 친교를 맺고 절친한 사이가 되었다. 곤궁한 형편에 도움을 주니 대관臺官*이 물었다.

"나는 그대와 평소 절친한 사이가 아니었는데 그대의 도움으로 급한 사정을 넘긴 일이 적지 않았소. 나와 관계되어 도와줄 만한 일이 그대에게 있는지 모르겠소."
그러자 안생이 말했다.
"아무런 관계가 없습니다. 다만 휴암은 내가 예전부터 싫어했기 때문에 이제 사화士禍로 얽어 죽이고자 하나 기회를 잡을 수 없었습니다. 다행히 그대를 만났으니 내 생각과 맞습니다. 내가 천금을 아끼지 않고 결탁했던 것은 이 때문입니다."
"휴암은 사림士林의 두터운 신망이 있고 나도 오래 사모하던 바인데, 그대의 말이 분명한 것이오?"
"휴암 그 자의 음흉함을 아직 모르셨습니까? 이제 왜적과 상통하며 그들을 꾀어 들여 우리나라를 노략질하게 하고 해마다 해상海上으로 곡식을 운송하게 하고 있습니다. 이 한 가지 일로도 엄청난 죄라고 할 수 있는데, 그대는 어찌하여 그를 아끼십니까?"
대관이 반신반의하던 사이에 이 말을 듣고 나자 탄핵하는 상소를 올리지 않을 수가 없었다. 온 조정이 흉흉한 가운데 휴암의 실제 행적을 조사해 보니 끝내 맹랑한 거짓말임이 드러났다. 임금은 이 사태를 결판지어 전교하기를,

"백인걸이 청렴하고 빈한한 것은 온 세상이 다 아는 바요, 충의 절행 또한 품고 있다. 왜적과 결탁하여 쌀을 실어간다는 것은 그를 얽어 날조한 말이 아닐 수 없으니 우선 그 언관言官을 죄주어라. 그리고 이로써 미루어보면 백인걸이 조광조趙光祖와 한통속이었다는 것

역시 모호하고 불분명한 것이니 다시 거론하지 말라."고 하였다. 기묘사화己卯士禍*가 크게 일어났을 때 일시에 청류淸流가 다 섞여 들어갔으나 휴암은 마침내 안생 덕분에 화를 면할 수 있었다.

찾아보기

이야기 셋. 장원급제한 이석의 사연

- 파루罷漏 : 밤 10시경 종을 28번 쳐서 인정人定을 알리면 도성都城의 문이 닫혀 통행금지가 시작되고, 새벽 4시경에 종을 33번 쳐서 파루를 알리면 도성의 문이 열리고 통행금지가 해제되었다.
- 별감別監 : 조선시대에 장원서나 액정서에 속하여 궁중의 각종 행사 및 차비差備에 참여하고 임금이나 세자가 행차할 때 호위하는 일을 맡아보던 하인이다.
- 알성과謁聖科 : 임금이 문묘文廟에 참배한 뒤 성균관에서 실시하던 과거를 말한다.
- 시지試紙 : 과거의 답안지로 쓰던 종이. 과거 응시자들은 과거보기 하루 전날 시지를 예조에 바치고, 예조에서는 이를 임금에게 아뢴 후 어보를 찍어 과거 날 응시자들에게 돌려주었다.

이야기 넷. 자신의 수명을 벗에게 준 정렴

- 북창北窓 : 정렴鄭磏(1506-1549)의 호로, 그는 유불선儒佛仙에 회통했고, 천문, 지리, 의학, 그림 등의 분야에도 능통했다. 매월당 김시습, 토정 이지함과 함께 조선의 3대 기인으로 꼽힌다.
- 남두성 ~ 북두성 : 남두육성을 신격화한 남두성군南斗星君은 살아있는 사람의 수명을 관장하고, 북두칠성을 신격화한 북두성군北斗星君은 죽은 사람을 주재한다고 한다.

이야기 다섯. 검소한 이정구의 부인

- 이정구李廷龜(1564-1635): 조선 중기의 문신으로, 자는 성징聖徵, 호는 월사月沙. 시호는 문충文忠. 본관은 연안延安이다. 문집으로『월사집』이 전하며, 한문사대가漢文四大家의 한 사람이다.

이야기 여섯. 처녀를 구해 준 서경덕의 제자

- 서경덕徐敬德(1489-1546): 조선 중기의 문신으로, 본관은 당성唐城, 자는 가구可久, 호는 복재復齋 · 화담花潭이다. 이理보다 기氣를 중시하는 독자적인 기일원론氣一元論을 완성하여 주기론主氣論의 선구자가 되었다. 황진이의 유혹을 물리친 일화가 전하며, 박연폭포, 황진이와 함께 송도삼절松都三絶로 불린다.

이야기 일곱. 용골대와 마부대를 쫓아낸 박엽

- 박엽朴燁(1570-1623): 조선 중기의 문신으로, 호는 약창葯窓이다. 그는 광해군을 도와 북변의 방비를 공고히 하여 외침을 막았다. 그러나 인조반정 후 학정虐政의 죄로 평양 임지에서 처형되었다.
- 막객幕客: 조선시대, 감사監司나 유수, 수사, 사신 등을 따라다니며 일을 돕던 벼슬아치를 말한다.
- 용골대龍骨大와 마부대馬夫大: 청나라의 장수로, 조선을 침략하기 위해 염탐을 하였다. 또한 인조가 삼전도三田渡(지금의 송파구)에서 청 태종에게 삼배구고두三拜九叩頭의 예를 행할 때 인조를 인도하기도 하였다.

이야기 열. 박엽의 세 가지 선택

- 인조반정: 1623년 서인西人이 폐륜을 저지르고 실정을 계속한 광해군 및 대북파大北派를 몰아내고 능양군綾陽君을 왕으로 옹립한 사건이다. 박엽은 인조반정 후 처가가 광해군과 인척이었기 때문에, 학정虐政을 이유로 교형絞刑에 처해진다.
- 위타尉佗와 같은 꾀: 위타는 남월南越을 평정하고, 스스로를 왕으로 칭했다.

당시 효문제孝文帝는 그를 응징하지 않고 위타의 형제를 불러 관직을 하사하는 등 더욱 정성을 들였고, 육가陸賈가 설득하자 위타는 감동하여 제후로서 한에 복속하게 된다.

이야기 열하나. 정충신의 비범한 이야기

- 정충신鄭忠信(1576-1636) : 조선 중기의 무신. 임진왜란 때 권율 휘하에서 종군했다. 이괄의 날 때 황주, 서울 안현에서 싸워 이겼다. 정묘호란 때는 부원수가 되고 조정에서 후금後金과 단교斷交하라는 명에 반대해 유배된다.
- 권율權慄(1537-1599) : 조선 중기의 명장. 본관은 안동安東, 자는 언신彦愼, 호는 만취당晩翠堂이다. 금산군 이치梨峙 싸움, 수원 독왕산성 전투, 행주대첩 등에서 승리했다. 임진왜란 7년 간 군대를 총지휘한 장군이다. 특히 행주대첩은 임진왜란의 3대 승전의 하나로 꼽힌다.

이야기 열둘. 남편을 출세시킨 이기축의 아내

- 이기축李起築(1589-1645) : 초명은 일정日丁, 자는 희열喜說로, 병조판서 경유慶裕의 아들이다. 1620년(광해군 12) 무과에 급제하여 여러 관직을 맡았다. 조태억趙泰億이 쓴『국조인물고國朝人物考』등에 그에 대한 자세한 행적이 나오는데『파수록』의 내용과는 상당히 다르다.
- 이윤伊尹이 ~ 쫓아내다 : 태갑은 상商의 제3대 천자이며, 이윤은 그의 신하다. 태갑이 선왕의 법을 폐하고 정사에 힘쓰지 않자 이윤은 그를 동桐 땅으로 내쫓아 유폐했다. 태갑이 3년 동안 갇혀있으면서 잘못을 뉘우치자 이윤은 다시 태갑에게 정권을 돌려주었다.
- 장군목將軍木 : 대궐이나 성문 등의 큰 문을 잠글 때 빗장처럼 가로지르는 굵고 긴 나무를 말한다.

이야기 열셋. 이항복의 운명을 예견한 귀신

- 한 번 입 밖에 ~ 없다더니 :『논어論語』,「안연顔淵」에 나오는 말로, 한번 내

뱉은 말은 아주 빠른 말을 타고 쫓아도 따를 수 없다는 뜻이다. = 駟不及舌
- 이항복李恒福(1556-1618) : 조선 중기의 문신. 이덕형과 돈독한 우정으로 오성과 한음의 일화가 전해진다. 영의정까지 지내, 오성부원군에 진봉되었다. 임진왜란 때, 선조를 모셨고 전란 후에는 뒷수습에 힘썼다.
- 죽백竹帛 : 종이가 발명되기 전에는 대나무나 비단에 기록을 남겼는데, 전하여 역사를 가리키게 되었다.

이야기 열넷. 이정구와 사귄 중국 선비 왕세정

- 왕세정王世貞,(1526-1590) : 중국 명대의 학자로, 자는 원미元美, 호는 봉주鳳州 · 엄주산인弇州山人이다. 젊을 적부터 명성이 높아 가정칠재자嘉靖七才子로 손꼽혔고, 격조를 중히 여기는 의고주의擬古主義를 주장했다.
- 쌍륙雙陸 : 주사위를 굴려 말이 먼저 궁에 들어가는 것을 겨루는 놀이로, 여기에서는 예단 중 하나를 가리키는 것으로 보인다.

이야기 열다섯. 도적이 된 벗의 의리

- 정태화鄭太和(1602-1673) : 본관은 동래東萊, 자는 유춘囿春, 호는 양파陽坡이다. 병자호란 후 소현세자를 따라 심양에 다녀왔다. 다섯 차례나 영의정을 지냈다.
- 연경燕京이나 왜관倭館의 물건 : 북경으로 오가는 사신 편에 구한 중국 물건과 왜관에서 구한 일본 물건을 말하는 것이다.

이야기 열여섯. 효종의 북벌론

- 군포軍舖 : 대궐 밖을 경비하는 순라꾼이 머물던 곳. 성랑城廊과 같이 성 곳곳에 지어두었다.
- 독대獨對 : 임금 곁에는 반드시 승지承旨가 입직하고 사관史官이 입회한 하에, 왕의 일거수일투족을 모두 기록에 남겼다. 그 기록이 현재 UNESCO에서 세계 기록문화유산으로 지정된『승정원일기承政院日記』이다. 독대는 이들

을 물리치고 임금과 신하 둘만 만나는 것으로, 규정에서 벗어나는 것이다.
- 김경징金慶徵(1589-1637) : 병자호란 때 강화도 수비의 책임을 맡았으나, 적이 쳐들어오자 방어를 포기하고 도망친 인물이다. 그는 인조 대에 와서야 탄핵을 받아 사사賜死된다.

이야기 열일곱. 음란한 중을 죽인 유생

- 남촌南村 : 조선시대 청계천 북쪽 일대를 북촌, 그 남쪽 일대를 남촌으로 불렀다. 북촌은 권세 있는 양반들이 모여 살았던 데 비해, 남산 기슭을 중심으로 한 남촌은 몰락한 양반의 자손이나 과거에 급제하지 못한 불우한 선비들이 주로 살고 있었다.
- 허장虛葬 : 오랫동안 생사를 모르거나 시체를 찾지 못하는 경우, 시체 없이 옷가지나 유품으로 장례를 치르는 것을 말한다.
- 파루罷漏 : 조선시대 통행금지의 해제를 알리기 위해 종각의 북을 치던 제도. 밤 10시경에 종을 28번 치면 도성의 문이 닫히고 통행금지가 시작되었고, 새벽 4시경에 종을 33번 쳐서 파루를 알리면 도성의 8문이 열리고 통행금지가 해제되었다.
- 통자通刺 : 모르는 사람과 만남을 청할 때, 명함名銜을 먼저 보내 자신을 알리는 것이다.
- 조복朝服 : 조정에 나아갈 때 입는 옷으로, 붉은 색 비단으로 지었다.
- 김진규金鎭圭(1658-1716) : 조선 후기의 문신, 본관은 광산光山, 자는 달보達甫, 호는 죽천竹泉이다. 숙종대 붕당정치로 관직에 등용되고 파직되기를 여러 차례 하였다.

이야기 열여덟. 도적의 무리를 이끈 김생

- 반우返虞 : 장례를 치른 뒤에 신주神主를 모시고 집에 두는 일이나 그 절차를 말한다.
- 장패將牌 : 조선시대 군관이나 비장이 허리에 차던 나무패로, 자신의 신분을 증명하던 것이다.

이야기 열아홉. 사람을 잘 알아본 김수항의 부인

- 김수항金壽恒(1629-1689) : 조선 후기의 문신으로, 본관은 안동, 자는 구지久之, 호는 문곡文谷이다. 여러 벼슬을 역임하고 영의정에까지 올랐다. 기사환국己巳換局 때 진도로 위리안치되었고, 남인의 공격으로 사사賜死된다.
- 나양좌羅良佐(1638-1710) : 조선 후기의 문신으로, 본관은 안정安定, 자는 현도顯道, 호는 명촌明村이다. 과거에 뜻을 두지 않고 오직 학문을 수양하는데 전념했다.
- 삼연三淵 : 김창흡金昌翕(1653-1722)의 호로, 김수항의 여섯 아들 중 셋째이다. 이들은 18세기 전반 문예를 주도하였다. 일명 육창六昌이라고도 하는데, 몽와夢窩 김창집金昌集, 농암農巖 김창협金昌協, 삼연三淵 김창흡金昌翕, 노가재老稼齋 김창업金昌業, 포음圃陰 김창즙金昌緝, 택재澤齋 김창립金昌立이다.
- 민진후閔鎭厚(1659-1720) : 조선 후기의 문신으로, 본관 여흥. 자는 정순靜純, 호는 지재趾齋이다. 숙종의 계비인 인현왕후의 오빠이자 송시열의 문인. 기사환국 때 삭직되었다가 갑술옥사로 인현왕후가 복위 되자 복직되었다.
- 민진원閔鎭遠(1664-1736) : 조선 후기의 문신으로, 자는 성유聖猷, 호는 단암丹巖이다. 노론의 영수로, 소론의 영수 이광좌李光佐와 탕평蕩平을 기약하기도 하였으나 끝까지 소론에 대한 공격을 멈추지 않았다.
- 삼공三公 : 조선시대 정1품 관직인 좌의정·우의정·영의정을 함께 부르던 칭호이다.

이야기 스물하나. 술을 좋아한 민정중, 민유중 형제

- 부친 감사監司 공 : 민광훈閔光勳을 말한다.
- 별성別星 : 중앙 정부에서 지방에 파견하는 대소 관원을 두루 일컫는 말. 성星은 사자使者를 의미한다.
- 석고대죄席藁待罪 : 밖에서 거적을 깔고 엎드려 처벌을 기다리는 것. 큰 죄를 지었을 경우 자신의 잘못을 반성한다는 의미로 석고대죄를 하였다.

이야기 스물둘. 사람을 알아본 신임과 사위 유척기

- 신임申銋(1639-1725) : 조선 후기의 문신으로, 본관은 평산平山, 자는 화중華仲, 호는 한죽寒竹이다. 전적典籍으로 시작하여 육조의 여러 벼슬, 도승지, 대사헌 등을 역임한 후 기로소耆老所에 들어갔다. 경종이 즉위한 후 세제 대리청정의 근거를 『세종실록』에서 뽑기도 했다. 신임옥사가 일어나자 제주도로 위리안치 되고, 영조 즉위 후 사면되어 돌아오는 길에 해남에서 죽었다.
- 장동壯洞 : 종로구 효자동과 창선동 사이에 있던 옛 동네의 이름이다. 정치적으로 조선 후기 200여 년간 권세를 누린 장동 김문이 살았던 곳으로, 그와 관련된 노론 계열 가문이 주로 거주하였다.
- 파기疤記 : 병정, 죄인 등의 몸을 검사하여 그 특징을 적은 기록이다.
- 납채納采 : 신랑 집에서 신부 집으로 혼인을 청하는 의례이다.
- 동同 : 먹 10장이 한 동이다. 곧 100동이면 먹 1,000개가 된다.
- 봉물封物 : 시골 관원이 서울의 관원에게 선사하는 물건이다.

이야기 스물셋. 아이를 가르친 해인사의 스님

- 문임文任 : 조선시대 홍문관弘文館과 예문관藝文館의 제학提學을 이르는 말. 임금의 교서敎書 또는 외교문서를 맡아 보는 종2품의 관직으로, 매우 영예로운 자리였다.

이야기 스물넷. 세 여인을 거느린 선비

- 청지기 : 양반집에서 시중을 들거나 잡일을 맡아보던 사람이다.
- 갈도성喝導聲 : 귀한 사람이 행차할 때 길가는 사람을 피하게 지르는 소리로, 벽제辟除소리라고도 한다.
- 초헌軺軒 : 종從 2품品 이상의 벼슬아치가 타는 수레.
- 양소유楊少游 :『구운몽』의 남자 주인공. 팔선녀와 희롱한 죄로 지상에 인간으로 태어났다가, 역시 인간으로 태어난 팔선녀와 차례로 인연을 맺어 온갖 부귀영화를 누린다.

- 금관자[金圈] : 금으로 만든 관자. 정이품, 종이품의 벼슬아치가 닮. 관자는 망건에 달아 당줄을 꿰는 작은 고리이다.
- 권대운權大運(1612-1699) : 인조 · 효종 대의 재상. 호는 석담石潭. 1649년 문과에 급제하여 벼슬이 영의정에 이르렀고, 궤장을 받았다. 1689년 영의정으로 있을 때 폐비를 결사적으로 반대하다가 권세가 많았던 서인들에 의하여 탄핵을 받고 물러났다. 그 후 왕의 부름과 권유도 있었으나 끝내 거절하였다.

이야기 스물다섯. 지조 있는 조태채의 청지기

- 조태채趙泰采(1660-1722): 조선 후기의 문신. 자는 유량幼亮이고 본관은 양주楊州이며, 시호는 충익忠翼이다. 저서에는 『이우당집』이 있다.
- 청지기[廳直] : 양반집의 수청방守廳房에 있으면서 여러 가지 잡일을 맡아보고 시중을 드는 사람이다.
- 신임옥사辛壬獄事 : 경종 때인 1721(신축)년-1722(임인)년까지 일어났던 노론老論과 소론少論의 정치적 분쟁이다. 연잉군(후에 영조)을 왕세제로 책봉하는 문제를 들러싸고 일어난 노론과 소론의 싸움으로 신임사화라고도 한다.
- 대관臺官: 조선시대 사헌부司憲府의 관원. 왕과 관리들의 과실을 간쟁 · 탄핵하고 관리들의 인사에 서경권署經權(신임관원의 임명과 법령 및 시호 제정 등의 주요사안에 대해 대관의 서명을 받도록 한 제도)을 행사하며 풍속을 바로잡는 일을 했다.
- 재조사[發啓] : 의금부에서 처결한 사건에 미심쩍은 점이 있을 때, 사간원이나 사헌부에서 죄의 유무와 경중에 대하여 다시 조사한 후 왕에게 보고하던 형사 제도刑事制度이다.

이야기 스물여섯. 조태억의 처에게서 살아난 어린 기생

- 조태억趙泰億(1675-1728) : 영조 때의 문신. 호는 겸재. 1720년 문과에 급제하였으며 대사성이 되어 1708년 통신사로 일본에 다녀왔다. 1727년 좌의정이 되어 이듬해 사직하고 영돈령부사에 이르렀다.

- 조태구趙泰耈(1660-1723) : 숙종 때의 대신. 호는 소헌. 1686년 문과에 급제하여 1721년 왕세자 책봉문제로 노론과 소론이 대립하게 되자 소론파의 승지 김일경으로 하여금 노론의 김창집 등 4대신을 공격하게 하는 한편, 목호룡으로 하여금 4대신을 역모로 무고하여 노론를 몰아냈다. 한 때 소론이 정권을 잡아 그는 영의정에 올랐으나, 영조 즉위 후 노론이 재집권함으로써 실각하였다.
- 주전廚傳 : 주포廚庖와 역전驛傳. 즉 음식과 거마를 말하는데, 지방에 나가는 관원에게 경유하는 역참에서 제공하였다.
- 성가퀴 : 성벽 위에 설치한 높이가 낮은 담으로, 몸을 숨기고 적을 쏠 수 있도록 만든 시설이다.
- 염치없는[乞馱] : 염치나 체면을 돌보지 아니하고 탐욕스럽게 재물을 긁어들이는 것.

이야기 스물일곱. 뛰어난 힘을 지닌 이일제의 어린 시절

- 동상례東床禮 : 혼례가 끝난 뒤에 신부 집에서 신랑이 벗들에게 음식을 대접하는 일을 말한다.
- 별천別薦 : 정식 과거를 통해서 선발하는 것이 아니라, 특별히 천거하는 것이다.

이야기 서른하나. 죄인의 말로 목숨을 건진 조운규

- 조운규趙雲逵(1714-1774) : 조선 후기의 문신으로, 본관은 양주楊州, 자는 사형士亨이다. 1740년 급제한 이후로 30년간 여러 관직을 역임하여 호조판서, 판중추부사에 이르렀다. 또한 나주 괘서掛書의 변고를 일으킨 소론 윤지尹志 일당을 일망타진 했다.
- 선화당宣化堂 : 조선시대 관찰사觀察使가 사무를 보던 대청. 선당宣堂이라고도 한다.

이야기 서른둘. 은혜를 알고 따라다닌 까치

- 묘상각墓上閣 : 장사 지낼 때, 비나 햇빛을 가리기 위해 임시로 묘 주위에 치는 장막을 말한다.

이야기 서른셋. 절개를 지킨 기생 매화

- 어떤 노 재상이 : 다른 판본에서 이 사람은 어윤겸魚允謙으로 나온다.
- 어떤 선비가 : 다른 판본에서 이 사람은 홍시유洪時裕로 나온다.
- 연명延命 : 고을 원이 새로 부임한 감사를 처음 찾아 가서 뵙는 의식이다.
- 병신옥사丙申獄事 : 정조가 왕위에 오른 후, 벽파의 인물에 의해 억울하게 죽은 아버지 사도세자의 원수를 갚기 위해 벽파僻派의 인물들을 반역죄로 다스린 사건.
- 이 때 무덤가에서 매화가 불렀다는 노래가 전해진다. '매화 옛 등걸에 춘절春節이 돌아오니, 옛 피던 가지에 피엄즉 하다마는, 춘설春雪이 난분분亂紛紛하니 필동말동 하여라' 매화가 지었다는 시조 여덟 수가 『청구영언靑丘永言』에 전하는데, 이야기의 주인공인 매화가 지었는지는 불분명하다. 특히 위의 시조는, 평양기생 매화가 춘설春雪이라는 동료 기생에게 애인을 빼앗기고 탄식하여 읊었다고 보기도 한다.
- 예양豫讓 : 전국시대 진晉나라 사람. 조양자趙襄子가 지백智伯을 살해하자, 자기를 총애해준 지백의 원수를 갚고자 했으나 뜻을 이루지 못하고 잡히자 자결하였다.

이야기 서른다섯. 잊지 못할 두 명의 남자

- 마름[舍音] : 지주를 대신하여 소작지小作地의 관리와 감독을 위임받은 사람이다.

이야기 서른여섯. 이경무와의 의리를 지킨 기생 무운

- 이경무李敬懋(1728-1799) : 조선 후기의 무신으로, 본관은 전주全州, 자는 사

직土直이다. 황해도 병사兵使, 금군별장, 삼도 수군통제사, 포도대장, 형조판서 등을 지냈다.

이야기 서른여덟. 은혜를 갚은 김여물의 종

- 니탕개尼湯介가 ~ 쳐들어왔는데 : 여진족인 니탕개가 1583년 1월부터 7월까지 최대 3만의 병력을 이끌어 조선으로 쳐들어온 사건. 임진왜란 직전에 있던 최대의 외침이었다. 이는 여진에 대한 조선의 지원 및 관심의 부족에 대한 불만이 쌓였고, 흉년으로 인한 식량난, 수령들의 횡포, 여진족끼리 세력 다툼 등으로 인해 일어난 것이었다.
- 최립과 ~ 승리하였다 : 1583년 2월 9일에 벌어진 전투를 말한다. 이날 여진족은 약 1만의 병력을 규합하여 훈융진을 포위 공격한다. 훈융진에는 장병 197명이 전부였으나, 첨사 신상절과 신립, 이박 등의 지원으로 격퇴한다.

이야기 서른아홉. 김우항의 은혜를 갚은 권 아무개

- 김우항金宇杭(1649-1723) : 조선 후기의 문신으로, 본관은 김해金海, 자는 제중濟仲, 호는 갑봉甲峯이다. 숙종 대에 여러 관직을 지냈으며, 신임사화로 노론 4대신이 폐출되자 이의 부당함을 항소하고, 김일경의 사친추존론私親追尊論을 적극 반대하였다. 평생을 청빈하게 살았다.
- 화소火巢 : 산불을 막기 위하여, 능원陵園, 묘墓 등等의 해자垓子 밖에 있는 풀과 나무를 미리 불살라 버린 곳이다.

이야기 마흔. 소실의 말을 듣고 공을 세운 정충신

- 건즐巾櫛 : 수건과 빗을 말하는데, 옛날 부인이 남편을 수발하는 데 사용하던 물건이다. '건즐을 받든다'라고 하면 부인이 되는 것을 말한다.
- 자우子羽를 잃는 것 : 자우子羽는 공자孔子의 제자인 담대멸명澹臺滅明의 자字이다. 그는 인물이 매우 못나서 공자는 재주가 없으리라 여겼다. 그러나 그는 덕행과 학문을 열심히 닦아 제자가 크게 늘었고 제후들 사이에서도 명망이

높았다. 훗날 공자는 자신의 실수를 인정하게 되었다.

이야기 마흔하나. 이여송의 신통력과 이를 알아본 유성룡

- 벽제관碧蹄館의 패전 : 1593년 음력 1월 27일, 지금의 경기도 고양시 일대의 벽제관에서 벌어진 전투. 이여송의 명나라 병력과 조선 부대는 왜군과 이곳에서 전투를 벌였으나 크게 패배한다. 이여송의 정예기병 중 절반 이상과 조선에 파병된 명나라 장수 중 1/4이 전사하였다. 이후 이여송은 평양성으로 돌아가 주둔하다가 명나라로 돌아가 버린다.

이야기 마흔넷. 허생전

- 호포법戶布法 : 군역이나 요역을 하는 대신 호를 단위로 포를 징수하는 것. 조선 후기 군정의 폐단이 심각해지자, 이를 시정하기 위해 이 법을 제정하였다.

이야기 마흔다섯. 천하일색을 얻은 이여송의 역관

- 용양龍陽 : 중국의 전국 시대에 위왕이 동성애로 총애하던 신하를 용양군龍陽君이라 일컬은 고사에서 유래된 말로, 남색男色을 가리킨다.
- 서길사庶吉士 : 한림원翰林院의 관직명으로, 진사進士 중에서 문학에 뛰어난 사람을 뽑아 임명하였다.
- 숙종이 업후鄴侯를 봉래원蓬萊院에 거처하게 한 것 : 업후는 당대唐代의 이필李泌을 말한다. 현종은 태자인 숙종에게 이필과 포의교布衣交를 맺게 하여 그를 선생이라 부르게 하였다. 숙종은 황제로 즉위한 뒤로도 그와 함께 말을 타고, 잘 때도 탑榻을 마주하여 태자로 있을 때처럼 대우하였다.
- 남행南行 : 정당한 절차를 밟지 않고 조상의 은택[음직蔭職]으로 벼슬하는 경우를 말한다. =백골남행白骨南行

이야기 마흔여섯. 왜란을 예견한 청지기의 사위

- 용사龍蛇의 액운 : 용[辰]과 뱀[蛇]의 해로, 임진왜란과 정유재란을 가리킨다.

이야기 마흔여덟. 절개를 지킨 이 씨 부인

- 정려旌閭를 내렸다 : 충신忠臣이나 효자孝子, 열녀烈女 등을 기리기 위해 그 동네 입구에 정문旌門을 세워 표창하는 것을 말한다. 정려가 세워지면 그 자손에게 벼슬이 내리고 마을 전체의 세금이 면제되는 등의 혜택이 있었다.

이야기 쉰. 상사병을 고쳐 준 여인

- 거짓으로 봉수를 올린 짓 : 유왕이 포사를 웃게 하려고 거짓 봉화를 올렸던 일을 말한다.

이야기 쉰들. 항우의 귀신에게 빌어 아들을 살린 부자

- 석숭石崇 : 진晉나라 때의 부호였던 사람으로, 부자富者를 비유하여 일컫는 말이다.
- 소봉素封 : 천자天子로부터 받은 봉토封土는 없으나, 재산이 많아 제후와 비견되는 큰 부자를 말한다.
- 원대元載 : 당唐나라 때의 정승으로, 죽임을 당한 뒤 재산을 적몰籍沒(몰수)하니, 후추 팔백 곡斛과 많은 재물이 쏟아져 나왔다고 한다.
- 풍후風后와 역목力牧 : 전설의 유능한 신하이다. 황제가 탁록산 아래에 도읍을 설치할 때, 풍후風后·역목力牧·상선常先·대홍大鴻의 네 신하와 함께 일했다고 한다.
- 오자서伍子胥 : 춘추시대의 정치가로 초나라 사람이었으나 아버지와 형이 살해당한 뒤 오나라를 섬겨 복수하였다. 오吳 왕 합려闔閭를 보좌하여 강대국으로 키웠으나, 합려의 아들 부차에게 중용되지 못하고 모함을 받아 자결한다.

이야기 쉰셋. 이씨 부인의 기지

- 조운모우朝雲暮雨 : 중국 초楚나라 회왕懷王이 고당高唐에 노닐 때, 꿈에 어떤 여인과 사랑을 나누었다. 그녀가 떠나면서, 아침에는 구름이 되고 저녁에는 비가 되어 양대陽臺 밑에 항상 머물러 있겠다고 했다. 꿈을 깨고 나서 양대 쪽을 바라보니 과연 아침에는 안개, 저녁에는 구름이 항상 끼어 있었다고 한다. 곧 남녀 사이의 육체적 관계를 가리키는 말이다.
- 백량百兩의 예禮 : 『시경』,「소남召南」에 나오는 이야기로, 성대한 혼인식으로 뜻한다. 중국에서 제후諸侯가 딸을 시집보낼 때 수레 백 대를 사용한데서 유래한다.

이야기 쉰넷. 점쟁이의 시와 일치한 운명

- 동인지대유同人之大有 : 동인괘同人卦는 『주역』의 13번째 괘로, 사람들이 힘을 합쳐 조화하면 길하다는 것이다. 위의 내용은 『초씨역림焦氏易林』에 나오는데, 원문은 다음과 같다. [三翼飛來, 字我逢時. 俱行先至, 多得大利]
- 시귀蓍龜 : 점을 칠 때 쓰는 댓가지나 거북의 등껍질을 말한다.

이야기 쉰다섯. 임금을 만나 과거에 급제한 선비

- 정시庭試 : 나라에 경사가 있을 때, 대궐 안에서 보던 과거시험이다.
- 바람은 쓸쓸하고 역수易水는 차다 : 『사기史記』, 자객열전刺客列傳에 나오는 내용이다.
- 칠월시七月詩 : 『시경詩經』,「빈풍豳風」,〈칠월七月〉편을 말한다. 주공周公이 지었다고 전해지며, 통치자로 하여 백성들의 생업이 어렵다는 것을 일깨워 바른 정치를 하도록 권하는 내용이다.
- 미행微行 : 신분을 숨기기 위해 평복을 입고 돌아다니는 것을 말한다.
- 경사자집經史子集 : 동양의 전통적인 사부四部 도서분류법으로, 경부經部, 사부史部, 자부子部, 집부集部의 준말이다.
- 비록 공손홍公孫弘 ~ 급히 불려간 것 : 서한 때의 공손홍은 무제 때 돼지를 치

던 사람이었는데, 한무제漢武帝가 박사博士로 발탁했다. 또 당현종唐玄宗은 마주를 문장이 뛰어나다는 이유로 상서령尚書令으로 발탁했다.

이야기 쉰여섯. 배를 따먹는 노인을 막은 아이의 기지

- 옛날 왕길王吉은 ~ 먹지 않았고 : 왕길은 서한西漢 때 사람으로, 그의 아내가 종종 옆집에서 뻗은 대추나무 가지에 열린 대추를 따서 밤참을 해주었다. 왕길은 그 사실을 알고 아내를 집에서 쫓아내었다가, 옆집에서 대추를 다 수확한 후에 아내를 데리고 왔다.

이야기 쉰일곱. 임금께 배를 진상한 송길

- 백륜伯倫 : 유령劉伶을 말하며, 〈주덕송酒德頌〉을 지었다.

이야기 쉰여덟. 정려문을 세워 준 협객

- 주가朱家와 곽해郭解 : 서한西漢 시대의 대표적인 협객.

이야기 쉰아홉. 여우에게 홀린 선비

- 문기文記 : 땅이나 집, 노비 등의 권리를 증명하는 문서를 말한다.

이야기 예순. 여인을 죽게 한 청년의 운명

- 신은新恩 : 임금의 은혜를 새로 입었다고 하는 것으로, 과거에 급제한 것을 말한다.
- 흑개黑蓋 : 검은 깁으로 만든 양산 모양의 의장儀仗이다.
- 흑개가 ~ 돌아다녔다 : 과거에 급제하면 3일간 의장을 차리고 거리를 돌아다니며 축하받는 전통이 있었다.
- 대취타大吹打 : 행진음악
- 삼장三場 : 과거 시험에서, 초시初試, 복시覆試, 전시殿試의 세 단계를 말한다.

- 복숭아 꽃과 ~ 나왔다 : 『구당서舊唐書』, 〈맹교전孟郊傳〉에 나오는 이야기로, 당대唐代의 유명한 시인인 맹교는 벼슬에 뜻을 두지 않고 오직 시만 지었다. 그러나 41세 되던 해 어머니의 권유를 거절하지 못하여 과거를 보았으나 낙방하고 만다. 그로부터 5년 후에야 급제할 수 있었는데, 그 기쁨을 〈등과후登科後〉라는 시로 표현하였다. 이 시의 미련에서, '봄바람 맞으며 득의하여 말은 나는 듯하니, 하루 사이에 장안의 꽃 다 보았네.[春風得意馬蹄疾, 一日看盡長安花.]'라고 하였다.
- 학사學士 ~ 수레를 끌었다 : 미상
- 교공喬公의 딸 : 대교大喬와 소교小喬를 말하는데, 절세미녀로 유명하다. 둘을 일러 이교二喬라고도 한다.
- 주랑周郞이 ~ 돌아보기를 : 삼국시대 오나라의 주유周瑜를 말하는데, 그는 음악에 조예가 깊었다. 술에 흠뻑 취했어도 악사들이 음악을 잘못 연주하면 곧 알아차리고 악사 쪽을 돌아보았다고 한다.
- 사마상여司馬相如의 삼도三桃 : 미상
- 동관彤管 : 『시경詩經』, 「패풍邶風」, 〈정녀靜女〉에서, '참한 아가씨 예쁘기도 하여라, 나를 성 모퉁이에서 기다린다 하네. 사랑하면서도 만나지 못해, 머리 긁적이며 서성이네. 참한 아가씨 아름답기도 하여라, 나에게 붉은 대통을 선물했다네. 붉은 대통 빛나니, 그대의 아름다움을 좋아하노라.[靜女其姝, 俟我於城隅. 愛而不見, 搔首踟躕. 靜女其孌, 貽我彤管. 彤管有煒, 說懌女美.]'라고 하였다. 동관은 붓대에 붉은 칠을 한 붓으로, 주로 여자가 쓴다. 또한 사랑하는 사람 사이에 주고받는 선물을 의미하기도 한다.

이야기 예순셋. 사기꾼을 죽여 의인이 된 나장

- 시양자侍養子 : 4세 이상의 아이를 데려다 길러 삼은 양자. 수양收養은 3세 이하의 아이를 길러 삼은 것을 말한다.
- 선전縇廛 : 입전立廛을 말하는 것으로, 조선시대에 서울에서 상권商權을 독점하다시피 하였던 육주비전六注比廛의 하나이다. 옷감을 비롯한 각종 직조물을 취급하였다.

- 서시西施 : 춘추시대 월越 나라의 미인. 저라산 아래 살았던 나무꾼의 딸로, 오왕吳王 부차夫差가 그녀로 인해 정치를 태만히 하다가 나라를 멸망시켰다고 한다.
- 자도子都 : 과거 중국 정鄭 나라의 미남美男이다.
- 겸금兼金 : 품질이 좋은 금으로써 그 가치가 보통 것의 배가 되는 것이다.

이야기 예순넷. 처녀 귀신의 원한을 풀어준 이상사

- 소거素車 : 아무런 장식이 없는 수레를 말하는데, 주로 운구할 때 쓴다.
- 납초納招 : 죄인이 진술한 내용인 공초供招를 바치는 것을 말한다.

이야기 예순다섯. 아비의 원수를 갚으려던 종

- 관로管路나 곽박郭璞 : 과거 중국에서 점을 잘 치던 인물을 말한다.
- 탐화랑探花郎 : 과거 시험의 갑과甲科에서 3등으로 급제한 사람을 말한다. 방방放榜할 때에 임금 앞에서 모화帽花를 한데 받아서 여러 신은新恩에게 한 가지씩 나누어 머리에 꽂아 준다.
- 육효六爻가 타당하지 않고, 백호지세白虎持世하여 동動합니다. : 매우 불길한 괘를 말하는 것으로 보이는데 자세한 것은 미상이다.
- 예양豫讓 : 주인의 원수를 갚기 위해 여러 차례 시도하다가 결국 실패하자, 상대방의 옷을 칼로 찔러 갈기갈기 찢은 후 살해당한 의인이다.

이야기 예순여섯. 힘 센 스님의 특이한 내력

- 진장鎭將 : 각 진영鎭營의 으뜸 벼슬로, 정3품에 해당하였으며 지방의 군대를 관리하였다.
- 진보鎭堡 : 함경도와 평안도의 북방 변경에 있던 진이다.
- 지사地師 : 풍수지리설에 따라, 집터나 묏자리 등을 잡아주는 사람을 말한다.
- 용력勇力이 ~ 경기慶忌와 : 오확은 전국시대의 진秦 나라의 용사로 천 균鈞(3만 근斤, 약 1.8톤)의 무게를 들어 올렸다고 한다. 경기慶忌는 춘추시대 사람

으로 날래어 화살도 맞지 않고 마차도 따르지 못하였다고 한다.
- 신행新行 : 결혼식을 신부의 집에서 치르고 나서 신부가 처음 시댁으로 들어가는 의례이다.

이야기 예순일곱. 호랑이를 잡은 장사
- 사군四郡 : 조선 세종 때 서북 방면의 여진족을 막기 위해 압록강 상류에 설치한 국방상의 요충지로, 낙랑樂浪, 임둔臨屯, 현도, 진번眞蕃을 말한다.

이야기 예순여덟. 두 사람의 꿈
- 『황정경黃庭經』 : 도가의 경서로 양생養生과 수련修練의 원리를 담고 있어 선도仙道 수련의 주요 경전이다.
- 『청낭비결靑囊秘訣』 : 화타華陀의 의서醫書로 알려져 있으나, 세상에 전하지 않는다.

이야기 일흔하나. 점괘를 잘못 해석한 박엽의 운명
- 계해년 ~ 하였다 : 광해군을 내쫓고 능양군綾陽君을 인조仁祖로 옹립한 인조반정을 가리킨다.
- 후명後命 : 귀양살이를 하는 죄인에게 사약을 내려 사사賜死하는 것을 말한다.

이야기 일흔둘. 이항복의 인물됨을 인정한 정충신
- 무재武宰 : 무관으로서 예전에 판서나 참판의 벼슬을 지낸 사람을 말한다.

이야기 일흔셋. 문형이 되고자 한 신익성
- 권점圈點 : 조선시대 주요 관원을 임명할 때, 추천 대상의 명단 위에 동그랗게 그려넣는 점이다.

이야기 일흔넷. 기개를 꺾지 않은 윤강

- 우비優批 : 신하가 올린 글에 대하여 임금이 좋은 말로 비답을 내리던 일이나 그 비답을 말한다.

이야기 일흔다섯. 바른말로 상을 받은 윤강

- 이원梨園 : 배우, 연극 등을 하는 사람들의 모임을 가리킨다.
- 갈도喝道 : 높은 벼슬아치가 행차할 때 소리를 질러 행인들이 길을 비키고 예의를 갖추도록 하는 일, 또는 그런 일을 맡은 하인을 말한다.
- 몽두蒙頭 : 죄인罪人을 잡아오거나 데리고 갈 때 그 죄인의 얼굴을 싸서 가리는 것을 말한다.
- 금당禁堂 : 의금부義禁府의 당상관堂上官.
- 금난禁亂 : 금법을 어겨 어지럽게 구는 것을 금지하는 것으로, 여기에서는 임금 스스로 정한 규칙을 가리키는 것이다.
- 수속收贖 : 죄인이 죄를 면하기 위하여 바치는 돈을 거두어들이는 것.

이야기 일흔여섯. 동병상련의 마음으로 아전을 용서한 충익공

- 청좌請坐 : 이례吏隷를 보내어 으뜸 벼슬아치에게 자리에 나오기를 청하는 일.

이야기 일흔일곱. 유척기의 벼슬을 알아본 조문명

- 유척기兪拓基(1691-1767) : 조선 후기의 문신으로, 본관은 기계杞溪, 자는 전보展甫, 호는 지수재知守齋이다. 신임사화 때 탄핵을 받고 섬으로 유배되었다가 복귀하여, 우의정을 거쳐 영의정까지 올랐다.
- 정경正卿 : 정 2품의 관직에 있는 의정부의 좌·우참찬, 육조의 판서, 한성판윤에 해당한다.

이야기 일흔여덟. 관상으로 운명을 안 김수

- 사대신四大臣 : 조선 경종 원년(1721)에 세제世弟의 책봉을 주장한 노론 출

신의 네 대신을 말한다. 김창집 · 이이명 · 이건명 · 조태채로, 모두 신임옥사 때 죽임을 당하였다.
- 신임옥사辛壬獄事 : 1721년부터 1722년에 걸쳐 왕위 계승 문제를 둘러싸고 노론老論과 소론小論 사이에 일어난 사화를 말한다.
- 산반散班 : 산관은 직무가 없는 벼슬을 말하는데, 그러한 반열을 가리킨다.
- 공초供招 : 죄인이 범죄 사실을 진술한 말을 가리킨다.

이야기 일흔아홉. 풍류 있는 선배 장붕익

- 장붕익張鵬翼(1646-1735) : 조선 후기의 무신으로, 본관은 인동仁同, 자는 운거雲擧이다. 1699년 무과에 급제한 뒤 당쟁의 어려움을 겪었고, 이인좌의 난 때 공을 세웠다.
- 무신戊申년의 난 : 조선 후기 소론少論이 주도한 반란으로, 이인좌의 난을 말한다.
- 을해역변乙亥逆變 : 나주 괘서의 변, 또는 윤지尹志의 난이라고도 한다. 1755년 소론 일파가 일으킨 모역 사건이다.
- 방방放榜 : 방榜을 붙여 과거 시험의 합격자를 발표하고, 합격 증서인 홍패紅牌나 백패白牌를 내려 주던 일을 말한다.
- 신은新恩 : 과거科擧에 새로 급제한 사람. 임금의 은혜를 새롭게 입었다 하여 이렇게 부른다.
- 응방應榜 : 과거에 합격한 것을 축하하여 잔치를 베푸는 것을 말한다.
- 신래新來 : 처음 관아官衙에 종사從事하는 사람으로, 과거에 합격한 사람을 가리키는 말이다.
- 솔창率倡 : 방이 난 뒤 귀향할 적에 광대를 앞세우고 피를 불리던 일을 말한다.
- 창방唱榜 : 방목榜目에 적힌 과거급제자의 이름을 부르는 것을 말한다.
- 산붕山棚 : 나무로 단을 만들어 산봉우리 모양으로 높다랗게 하고 오색 비단 장막을 늘인 일종의 무대이다.
- 헌수獻壽 : 오래 살기를 비는 뜻에서 주인공에서 술잔을 올리고 선물을 드

리는 것을 말한다.

이야기 여든. 호랑이를 쫓아낸 이우

- 지인知印 : 통인을 말하며, 조선시대에 경기 · 영동 지역에서 수령守令의 잔심 부름을 하던 구실아치. 이서吏胥나 공천公賤 출신이었다.

이야기 여든들. 왜란을 미리 알고 집안을 구한 며느리

- 참척慘慽 : 자손이 부모나 조부모보다 먼저 죽는 일. 여기서는 외아들이 죽은 것을 말함.
- 면례緬禮 : 이장할 때 지내는 제사. 곧 묘소를 이장하는 것을 말함.
- 부계符契 : 부절符節과 같은 말로, 예전에 돌이나 대나무 · 옥 따위로 만들어 신표信標로 삼던 물건이다. 둘로 갈라서 각각 보관하였다가 증거로 삼아야 할 때 사용하였다.
- 혼행婚行 : 혼인할 때에 신랑이 신부 집으로 가거나, 신부가 신랑 집으로 가는 것을 말한다. 당시에는 대체로 신부 집에서 혼례를 올렸다.

이야기 여든셋. 백인걸의 마음을 얻은 안생의 기지

- 사마司馬 : 생원生員과 진사進士를 선발하는 사마시司馬試를 가리킨다.
- 백인걸白仁傑(1497-1579) : 조선 중기의 문신으로, 본관은 수원水原. 자는 사위士偉, 호는 휴암休菴이다. 조광조의 문인으로, 그를 존경하여 그의 집 옆에 집을 짓고 사사하였다. 기묘사화에 일어나자 비분강개하여 금강산에 들어갔다.
- 포흠逋欠 : 관가의 물건을 빌렸다가 돌려주지 않거나, 조세를 납부하지 않는 것. 또는 이러한 미납으로 인한 결손액을 말한다.
- 추노推奴 : 노비가 주인의 거주지를 벗어나 따로 살아서, 그 자손이 번창 하더라도 선조先祖의 노적奴籍은 주인집에 있다. 주인은 이 노안奴案을 가지고 그 노비로부터 몸값을 받을 수 있었다. 또 도망한 노비를 수색하여 잡아오

는 것을 가리키기도 한다. 여기서는 전자를 가리킨다.
- 침랑寢郞 : 김씨의 벼슬이 가장 낮은 종9품 침랑寢郞이므로, 안씨는 한 단계 높은 정9품에 속하는 벼슬을 해야 한다. 따라서 '침랑寢郞'이라고 한 부분은 오기誤記이며, 훈도訓導 · 정자正字와 같은 정9품 벼슬이 되어야 한다.
- 대관臺官 : 사헌부의 대사헌 이하 지평持平까지의 벼슬아치를 가리킨다.
- 기묘사화己卯士禍 : 1519년 남곤南袞 · 홍경주洪景舟 등의 훈구파勳舊派에 의해 조광조趙光祖 등의 신진사류新進士類들이 숙청된 사건.